凝煉知識品味閱讀

讀懂民調：
讓公民變民調專家

Herbert Asher◎著　陳陸輝◎譯

POLLING AND THE PUBLIC
What Every Citizen Should Know

Sage Publications, Inc.

作者序

自從本書上一版出版後，民意調查在美國以及全球的顯著性與普及性與日俱增。美國民眾定期被詢問他們對於阿富汗戰爭、反恐戰爭、美國經濟情況、健保改革，以及總統表現的看法。除了上述發生中的事件之外，其他議題如槍枝管制、海上鑽油、全球暖化、移民、同性婚姻，還有其他許多，都成為民意調查熱門的主題。

美國民眾不僅透過民調瞭解其他民眾對諸多議題的想法，他們也可以藉著民調瞭解其他國家民眾對美國、美國文化以及美國政府政策的看法。例如，美國民眾瞭解到許多中東國家的民眾強烈反對美國的外交政策。事實上，隨著許多原本是威權國家的民主化以及民意調查的國際化後，全球民眾現在可以透過民調表達意見，並瞭解其他國家民眾在想些什麼。

在過去十年，民意調查面臨新科技與方法上的挑戰。隨著對手機依賴的增加、市內電話使用的減少，以及來電顯示的廣泛使用，讓傳統的電話調查變得更為困難。網際網路（Internet）使用的大量增長使得網路民調成長快速，這些網路民調有些是以謹慎且具敏感度的民調水準來執行的，有些則只是現代版的假民調（pseudopolls），跟過去新聞媒體或其他組織的民調一樣，讓受訪者自由參與調查。因此，我們見證到民調納入許多實質議題、民調產業無所不在以及民調從業者在方法論上面對挑戰等重要發展。

儘管民調如此重要，但許多美國民眾對它仍未全然瞭解。我第一次著手寫這本書的主要目標是希望幫助讀者成為更聰明的民意調查使用者。在準備本書的第八版時，我仍然秉持相同的目標。民意調查的氾濫及常被誤用，使得民眾必須要能批判性地評估其他人、組織與政府以民意調查為基礎所做出的各種宣示。競選公職的候選人、在政府任職者，以及許多不同政府的、私人的以及非營利的團體贊助民意調查以求遂行其各自目的，當民調資料成為政治與公民論述愈來愈重要的素材時，讓民眾能夠瞭解哪些因素可以影響民調結果，就變得至為重要。

當我試著協助讀者成為更好的民調使用者時，我也要設定本書的範圍以及限制。本書的主要焦點是公共議題民調的使用者，所以較少注意在市場消費者偏好的研究。我傾向使用討論民意的學術期刊與書籍作為本書的主要資料來源，而較少關注大量關於市場研究的出版作品。最後，為了涵蓋不同的主題以及爭議的話題，我僅提供少量具有代表性的相關文獻與研究，讓本書儘量不那麼鉅細靡遺、太技術性、不易親近以及太過冗長。

本書第一章將解釋民調的類型、它們的重要性以及美國民眾對於民意調查研究的各種態度。第二章到第五章闡述民意調查在方法上的各個面向，諸如無態度（nonattitude）的評估、問卷題目的遣詞用字與順序、抽樣技術以及訪問程序。這些主題我們將以不涉及專業用詞的方式，輔以許多實例來說明我們的主要重點。第六章到第八章則較為分析性與實質性，我們將聚焦於新聞媒體如何報導民調、民調在競選與選舉中的角色，以及民調的詮釋。最後一章則考量民意調查在民主政體中的地位。在每章最後會列出許多習題，讓本書讀者能更具技巧性的評判民意調查。

本書應可讓不同背景的讀者容易瞭解──修習政治、民意、傳播、新聞的大學生，以及從事新聞與競選管理的實務界人士。此外，一般民眾也將發現本書可以用作為評估民調方法與民調價值的指南。如同前幾版一樣，讀者不須具備統計訓練即可輕鬆瞭解本書內容。

兩位俄亥俄州立大學（Ohio State University）的研究生Christopher Devine及Nicholas Felts是極優秀的研究助理，協助準備了此第八版的資料。其次，我也感謝在內華達大學（University of Nevada, Las Vegas）的David F. Damore、東卡羅萊納大學（East Carolina University）的Jonathan Morris、邁阿密大學（Miami University）的Monica Schneider與南美以美大學（Southern Methodist University）的Carole J. Wilson，他們在修訂本版時提供許多有用的建議。國會期刊出版社（CQ Press）的工作人員再一次地做了完善的編輯工作並如期將本書出版。我特別要感謝Charisse Kiino、

Nancy Loh以及Laura Steward的貢獻。我也要對許多民調機構以及報紙慷慨地分享他們的民調結果給廣大民眾，表達由衷的感謝，他們提供了本書實際運用的案例。特別是CBS新聞網／紐約時報民調、ABC新聞網／華盛頓郵報調查、蓋洛普公司、馬里蘭大學（University of Maryland）的國際政策態度計畫（Program on International Policy Attitudes, PIPA）以及皮尤民眾與媒體研究中心（Pew Research Center for the People and the Press）皆是本書準備再版時的寶貴資料來源。最後，像美國民意調查研究學會（American Association for Public Opinion Research, AAPOR）以及全國公共民調委員會（National Council on Public Polls, NCPP）這些組織在加強民調的操守與品質上，具有重要貢獻。

Herb Asher

譯者序

《讀懂民調：讓公民變民調專家》一書是美國有關民意調查與選舉政治領域相當普及的大學教科書。本書的特色是不需要任何統計或是民意調查的專業，讀者也可以輕鬆上手。現代公民每天面對著各種民意調查數字，但是透過Herbert Asher的這本書，我們可以知道，民意調查的定義、抽樣、問卷的遣詞用字、資料蒐集的方法以及民調資料的詮釋。比較特殊之處，是這本書也說明了民意調查中「無態度」的問題，以及民調與媒體及選舉之間的關係。在本書的最後一章，作者還討論民意調查與民主之間的關係。在2016年的民意調查發生了許多事情，特別是英國的脫離歐盟公投通過以及川普當選美國總統，這些與選舉投票之前民調專家預測不同的結果，更突顯了一般民眾瞭解民調的重要。

在台灣，隨著民主深化，主要政黨陸續使用民意調查結果作為公職人員選舉提名的依據，選舉期間相關民調報導絡繹不絕但卻良莠不齊的今天，一般民眾能否讀懂民調，實在與民主政治健康運作息息相關。本書以非常簡明清晰的例證，說明民意調查如何正確執行與詮釋，以及常見的民調誤用，讓讀者可以在熟讀此書之後，成為民調的聰明消費者。在這個版本中，更加入美國當前熱烈討論的健保改革以及台灣也開始關注的性別議題，讓本書能夠與時俱進。譯者以為，在民主社會的公民，具備解讀民調能力，是重要的公民素養。特別是對民調諸多細節的關注與掌握，更是讀懂民調的關鍵。很幸運地，本書豐富的例證、深入淺出的說明以及作者本身對於社會科學研究的紮實訓練與豐碩成果，讓本書讀者可以在不具備專業知識與訓練的情況下，即可輕鬆入手。

本書的前一版翻譯，獲得目前已經是師範大學、臺北大學以及馬里蘭大學的教授與研究生的黃信豪教授、劉嘉薇教授以及章榮明先生的協助，特此致謝。由於本版內容大幅更新，因此有重新翻譯的必要。譯者在洽談新版的翻譯時，因為獲選教育部頂尖大學策略聯盟（TUSA）的交換學者，而在美國麻省理工學院（MIT）進行交流與研究，本想利用研究之餘儘快譯完本書。不過，返回台灣後，教學、研究與服務的工作負擔讓本書翻譯過程多所延宕。還好，再版的新書終能順利出版與讀者見面。譯者感謝五南圖書公司發行人楊榮川先生對於相關領域研究與翻譯的長期支持與協助出版；也對副總編輯劉靜芬小姐的包容諒解與積極督促，責任編輯吳肇恩小姐的細心與信任，致上崇高的謝意與敬意。

本書雖經仔細校對，不過，受限於譯者學養，疏漏之處在所難免，尚祈各方先進，不吝賜教。

陳陸輝

於政治大學選舉研究中心

2017年2月

目次 CONTENTS

第一章 民意調查和民眾

現今的美國民眾被大量民意調查淹沒，這些民意調查可能是由新聞媒體、政治競選和許多的公共、私人或非營利組織所贊助。有些民調議題是舉國關注且有即時性，例如伊拉克與阿富汗戰爭、美國經濟表現、健康保險改革、移民議題或是反恐戰爭。只要是人們想得出來的議題都可以進行民意調查，無論是一個真實的公共議題，如人工流產、教育改革、財政赤字、環保或是海上鑽油，乃至較不嚴肅的，例如一位被指控犯罪的名人是有罪或是無辜、美國人最喜歡喝哪一種酒，或是誰會在《美國偶像》節目勝出，這使得美國民眾對他們周遭公民在各種不同議題上的態度有愈來愈多的瞭解。

隨著世界各地極權國家的瓦解、民意調查方法與技術的普及，以及民調機構在世界各地的興起，民意調查逐漸成為國際的現象。民意調查過去主要集中在北美洲和歐洲，而如今在拉丁美洲的許多國家、中東、亞洲以及非洲，民意調查幾乎變成例行公事。這些不同國家的民意調查讓美國人更得以瞭解其他國家人民的態度，包括他們對美國流行文化和外交政策的想法。2002年到2003年間，在伊拉克戰爭爆發前，對於其他國家的民意調查、公民上街頭抗議甚至包括德國和法國這些美國傳統盟邦國家的民眾對美國採取行動的反對，這些行為所表現出來的大量敵意讓許多美國人感到非常驚訝。在2006年黎巴嫩所進行的一項民意調查顯示，相當多數的黎巴嫩民眾並不相信美國在黎巴嫩真主黨（Hezbollah）與以色列的衝突中，扮演了誠實的仲裁者。在2010年，皮尤全球態度計畫（Pew Global Attitudes Project）顯示：歐巴馬總統在其他國家受歡迎的程度遠勝於美國。皮尤的資料也指出，2007年與2010年在20個國家所進行的調查中顯示，對美國持正面觀點的比例已大幅度地提升，且對美國總統有信心的比例也大大地增加。儘管此調查中的部分國家，因為對美國的外交政策有所挑戰或持歧異立場，而對美國仍然抱持懷疑與小心的態度（Stokes 2009）。民意調查的國際化可以由世界各國在全國性選舉期間所出現的民調（以及美式的競選技巧）中窺知。不僅選前民調的運用相當普遍，連在巴勒斯坦、墨西哥與俄羅斯都使用過出口民意調查。

瞭解其他國家民眾的民意雖然相當迷人，不過，去評估其他國家的民意調查品質卻相當困難，特別是對那些缺乏由具聲望之調查研究組織執行民意調查傳統的國家。更值得一提的是，美國媒體報導的國際民意調查經常更為關注實質的調查結果，而較少注意這些研究方法以及技術面向。在2003年，全國民意調查協會（National Council on Public Polls, NCPP）發出一個警告的聲明，敦促在報導國際的民意調查時要特別注意他們如何執行調查。在全國民意調查協會觀察的幾個案例中，這些案例宣稱該調查代表全國，不過，事實上這些調查可能只是從該國的部分地區或是從該國某類的公民進行抽樣。雖然本書主要關注美國的民意調查，不過，本書的經驗也可應用在評估國際的民意調查上。

在美國，民調漸漸地不僅用來提供民眾資訊，更被用來說服和操縱美國民眾，以導向對民調贊助者有利的方向。民意調查融入了政治辯論與討論之中，各方都希望援引支持他們論點的民意調查以推動其主張。本書之目的是幫助公民成為對民意調查更精明的判斷者，以免被那些以民調資料為基礎的論斷所誤導。我將以最不具技術性的用字來說明影響民調結果的各種因素，例如民調題目的遣詞用字、抽樣的技巧和訪問的程序，並評論不同種類的民調及其應用，來達成本書的目標。

民調的重要性

公民為什麼應該成為更精明的民調消費者？一個簡單的原因就是為了避免被那些為達自己目的而不當使用民調結果的有心人所利用。其他的原因則較為正面。有些人以民意調查作為他們經濟上和事業上重要決定的依據，例如一個進行消費者喜好調查的企業主，或是一個從事閱聽人基本人口背景統計資料調查的電視台經理人，他們都將利用民調結果來做出重要的企業決策。一個想參加公職競選的潛在參選人在參選前也可能會委託一個民意調查來評估他們勝選的機率。政府機構，例如學校的董事會或是圖書館的委員會，他們的基金來自於選民以投票決定是否要通過特定稅收的項目，因此他們會在決定是否於選票放上稅收項目之前進行民調，以瞭解民眾對該項目支持與否。以上這些情況，通常都會委託商業的民調機構來進行調查，而若是前述這些企業主、參選人以及委員會成員對民意調查有愈多的知識，他們愈能夠把他們的目標和需求更好地傳達給調查機構，同時也更能妥善地運用所產生的調查結果協助他們決策。

民意調查對一般的民眾也很重要。透過新聞媒體對民調的大量報導，公民得以比較自己和他人的信念。當公民這樣使用民調時，他們更需要知道影響民調的因素，以免太快地或是毫不批判地接受或拒絕民調的結果。

民調不論是在全國、州級或地方性的政治事件中，都扮演著不可或缺的角色。在任何重要事件或決策中，民調結果必定是新聞媒體報導和決策者考量的一部分。國際危機例如北韓或是伊朗的核武威脅該如何解除？面對阿富汗、中東或墨西哥灣發生的事件美國應該如何反應？最高法院大法官被提名人需要經過參議院同意嗎？社區新的娛樂中心最好設在哪個地點？州稅是否該調高？正因為民調可能影響政治人物對公共議題的反應，民眾需要瞭解民意調查的要素。

最後，因為民調科技的進步，民意調查對於美國政治論述的發展所扮演的角色愈來愈重要，從新聞系課表中加入民調方法的課程，普遍認為民調是測量民意的最佳方法之假定（此觀點被Benjamin Ginsberg所挑戰，詳見第九章），和因為民調能讓所有人提出觀點而普遍相信民調是民主的工具。較令人擔心是大量出現的所謂假民調——由私人或公共團體經由不同媒介，包括平面與電子媒體以及網路，所進行非科學且常為不公正的調查，這些調查經常會與正當的民意調查相混淆，這些因素都確保了未來政治性議題的辯論將更依賴民調，為了讓自己瞭解且具備分析能力地來參與對這些議題的討論，美國民眾必須學會掌握民意調查——一種對公民與領導人都很寶貴的資訊來源。

民調的普及

民意調查在美國無疑是一個成長的產業。一般美國民眾最熟悉的民調乃是由主要傳播媒體所執行和報導的。例如，美國主要新聞網經常和平面新聞機構合作贊助民意調查：CBS新聞網和《紐約時報》、ABC新聞網和《華盛頓郵報》、NBC新聞網和《華爾街日報》。其他的平面媒體與電子媒體也與特定的民調機構合作：福斯新聞與民意動態（Opinion Dynamics）、《今日美國》與蓋洛普、CNN與民意研究公司。這些媒體贊助的民意調查經常成為平面或電子媒體新聞的一部分。同樣地，主要的雜誌也時常將民調資訊納入他們的新聞中。檢視美國三個領先新聞雜誌：《時代雜誌》、《新聞週刊》以及《美國新聞與世界報導》，他們在1995年到2003年中的封面報導顯示：大約有30%的封面故事引用民意調查；在雜誌中的其他報導也有很多引用民調資料。這些雜誌的讀者如果瞭解民意調查的優缺點，他們將能更精明地判斷這些報導。

民調的普及性也可以從報紙和電視新聞的報導中看出，一般來說，引述民調的報導都會調查公民對於政治議題、參選人及現任公職人員（尤其是總統）的看法；他們對政府可能採取的行動之偏好；對政治以及政治過程的一般態度，還有一些其他數不盡的政治與非政治性的事務。更具體地說，在2010年，民調便時常詢問美國人對移民、健保改革、經濟、聯邦預算赤字、恐怖主義、戰爭、墨西哥灣漏油事件、金融機構管理、總統與國會的表現，以及茶黨運動的看法。

民意調查也針對非政治性的議題，其中有些是輕浮的議題，也有些是對國家重要的議題。實際上，幾乎任何議題都可以在民意調查中出現，例如2000年1月31日出版的《美國新聞與世界報導》的專題報導，報導了一個題目為「地獄」的民意調查，調查以美國民眾為樣本，詢問他們是否認為地獄存在（64%回答是），以及他們認為地獄是什麼模樣？電視劇《歡樂酒店》（Cheers）在1993年接近尾聲時，「時代明鏡民眾與媒體中心」（Times Mirror Center for the People and the Press）詢問美國民眾一些惱人的話題，像是：Sam是否應該維持單身？還是與Diane或是Rebecca結婚？同一個民調也問到美國民眾最喜愛該劇的哪一個角色，也問到希望看到誰可以有自己的新影集（Mills 1993）。在2006年，很多好萊塢超級巨星，像是珍妮佛．安妮斯頓、喬治．克隆尼、湯姆．克魯斯、安潔莉娜．裘莉、布萊德．彼特等幾位因為職業或是個人因素而常出現在新聞中，蓋洛普民調用美國代表性的樣本調查發現：民眾只有對湯姆．克魯斯有不喜歡多於喜歡的評分，而他確實在前一年流失了大量的人氣。很明顯地，民調無所不在。

重要的全國性民調經常與具知名度與公信力的州級及地方民調伴隨而生，這些民調專注在州和地方性議題，以及全國性議題，例如《紐約日報》和電視節目《目擊者新聞》（Eyewitnesss News，由ABC在紐約的子公司製作）多年來調查過市民對紐約警察、紐約市長、洋基和大都會棒球隊進入世界大賽的可能之看法，以及他們對一些地方事件的意見。而《紐約時報》與WCBS-TV也對紐約市的種族關係進行過詳盡的研究，很多州都有一流的民調機構，這些機構常屬於大學或主要新聞組織。如Rutgers大學的Eagleton中心，連同Newark Star-Ledger調查紐澤西居民對他們州政府及紐澤西州生活滿意度的看法。同樣地，Cincinnati大學的俄亥俄民調（the Ohio Poll）即定期調查俄亥俄州居民對於選舉以及公共事務的看法。像《民意季刊》（*Public Opinion Quarterly*）等出版品也都提供過州級和地方（及全國）性民調的摘要報告。

目前所提到的都是最主要和對美國民眾最具公信力的民調，它們的重要性來自於調查結果獲得顯著的媒體報導，它們的公信力則來自公眾對它們科學化地執行民調之信心，以及贊助該民調的新聞機構或是其他組織本身是正規且客觀的。讓這些民調科學（且有效）的最關鍵因素是仔細地選樣；畢竟沒有民調機構有辦法普查母群體超過2億2千萬的美國成年人口。從這樣的樣本，大眾和媒體便能將民調結果（在本書之後討論的一定限制下）推論至更大的母群體。在後面的章節，我會詳細討論哪些因素才能得到「好的」樣本。目前指出兩項觀察應該是適當的。首先，具公信力的民意調查也需要有效的測量策略、有效率的資料蒐集技術以及有能力的資料分析。其次，在某些情況下，儘管選樣並未達到科學的水準，但還是可以得到一些有用的結論（詳見第五章有關網路民調的討論）。

委託民調

由大型新聞機構進行的民調雖然較引人注意，但他們只占美國境內所進行民調的一小部分，很多其他組織進行的民調並不以告知民眾為目的。例如一些公司會聘請民調公司評估民眾對他們產品的反應，學術研究者則會在其研究中使用民調，這些民調的結果未必會吸引民眾的注意，但他們仍能影響民眾的生活。一個絕佳的例子是美國國稅局在1984年委託進行了一項關於逃漏稅問題的民調，委託民調（commissioned polls）中，要求受訪者針對下列的敘述表達同意或是不同意的看法：

問：反正政府花太多錢了，我們保留一點稅金也沒什麼不對。

問：現行的稅務制度對富人有利，對一般工作階層的男性或女性並不公平。

問：既然很多富人根本不用繳稅，那像我這樣的一般民眾少繳稅一點也沒什麼大不了（Sussman 1984）。

受訪者當中有19%承認報稅不實，而且年輕、常搬遷的專業人士，報稅較不誠實。這份國稅局報告也詢問民眾有關減少報稅不實的方法，結果發現：美國民眾強烈反對以獎勵告密者的方式來抓出逃漏稅者（Sussman 1985b）。雖然說報稅不實者是否誠實回答逃漏稅頗有疑問，但是國稅局應該對報稅不實的情況和各種解決方案的可行性得到一些有用的資訊。

國稅局研究屬於上千個公營和私人團體委託民調公司特定問題調查的典型例子。實際上，聯邦政府委託相當多的調查以瞭解民眾的態度與行為。這些調查通常是長期的，他們是長期重複的調查。有些調查自全國抽樣，有些則因特定議題而針對特定樣本抽樣。政府委託的調查也許會研究美國民眾消費的實際情況，或是評估不同類型高風險性行為的頻率，或是掌握非法藥品的使用情況，或是追蹤民眾的受僱歷史。這一類型委託的民調，不論是政府委託或是私人企業或非營利組織委託，通常都是高品質的研究，主要是因為贊助者對於解決組織目標或問題需要真正精確的資訊，為求精確，贊助者聘僱有口碑的公司來設計和執行研究，甚至連同資料分析和詮釋。

美國民眾對於民意調查常有的抱怨就是他沒被選中參加民意調查。不過，當愈來愈多企業、組織以及政府單位關切消費者滿意度以及品質管控時，民眾參與民調的機會迅速上升。例如，美國郵政總局寄給企業消費者的顧客滿意度調查，這些調查可以填答後將郵件寄回或是上網填寫。郵局也蒐集消費者對美國郵政表現的意見。當我在2010年7月去一個郵局的支局買郵票時，我的收據上寫著：

協助我們提供您更好服務
請上：https://postalexperience.com/Pos
告訴我們您最近到郵局的經驗
您的意見對我們非常重要

在我去俄亥俄州立大學醫療中心之後，我收到一個病患滿意度調查；而各種企業在其收據上請我填答問卷的次數也引起了我的興趣。例如：巨鷹超級市場（Giant Eagle supermarket）寫道：

您的意見對我們很重要！
請到gianteaglesurvey.com填寫問卷

梅西百貨（Macy's department）也寫道：

有問題或是建議嗎？
請上www.macys.com/tellus與我們聯繫

上述例子有一個重要的特色：比起一般民意調查需要瞭解民眾對關鍵

議題的意見或是預測選舉結果，上述例子有多少百分比的人回覆以及回覆者之樣本代表性也許並不特別重要。在那些消費者滿意度調查中，對組織更有幫助的是從不滿消費者的意見中，獲得能改進他們服務的有價值之建議。和其他想要推論更大母群體的民調不同，上述那些調查中回覆率並不是關注的重點。

假民調真募款、假民調真推銷以及假民調

有些團體所贊助執行的民調並不是為了以有信度與效度的方式瞭解民眾的意向，而是為了推銷特定的立場並說服民眾該立場的正確性。贊助者通常利用在調查中設計具有強烈誘導性的問題，以期取得想要的結果，儘管他們使用的方法頗巧妙。有時這類調查所訪問的對象皆經過挑選以確保能得到預期的結果。在很多時候，調查本身是次要的，主要的目的是募款或是得到別人對其目標的支持。

在電腦化的郵寄方法與其後的網路發達後，很多組織已經開始以直接郵件或是網路勸募而成功地募款。民調也成為製造捐款的工具——也就是說贊助機構鼓勵收到信件與電子郵件者寄回他們的看法並且為了正當的理由而捐款。很多這些訴求都來自政治團體，從民主黨和共和黨到不同的議題以及意識形態取向的團體與組織。他們在提供的資訊上以及訴求的技巧上都相當熟練。其實每個調查中的問卷題目透露著每個組織所設定的議程，例如，美國公民自由聯盟請受訪者對於以下兩個具高度誘導性（loaded）的題目表達其同意程度：

問：我認為一些州如亞利桑那州，通過違憲的種族輪廓法（racial profile law），要求警察以民眾的穿著、使用語言或是他們的長相為判斷，可當街攔下民眾並要求他們「拿出合法入境證明文件」，是錯誤的。

問：我認為用納稅人的錢去贊助純禁慾的教育計畫，倡導特定宗教信條、禁止年輕人接觸有關避孕的可靠資訊、讓他們更難

避免意外懷孕以及性接觸傳染的疾病，是不對的。

雷根總統基金會曾詢問以下兩個有偏頗（biased）的問題：

問：雷根總統也相信教會、慈善以及其他志願機構在我們社區扮演重要角色，而政府不能也不該嘗試去解決所有社會問題。左派人士想要所有社會福利由歐洲式的社會福利國家所提供。**您同不同意，我們不該希望政府要處理對美國來說是錯誤的每件事情？**

問：就任總統初期，當面對經濟衰退時，雷根以減少賦稅以及政府支出，讓經濟在1980年代後期繁榮。今天，政府印務局加班工作來支付聯邦政府的紓困以及接收破產企業。**您同不同意，財政的保守主義、賣力工作、事業心，以及對自由市場的信心仍然是在景氣不好時的最佳拯救經濟的方法？**

美國民意研究協會（The American Association for Public Opinion Research, AAPOR）是美國主要的民意研究者專業協會，該協會部分的任務是保護民調產業的尊嚴和名聲，即嚴正譴責「假調查真募款」（FRUGing – fund-raising under the guise of surveying）以及「假民調真推銷」（SUGing – selling under the guise of research）的行為。美國民意研究協會關注這些案例的部分原因是基於自利：好的民調需要受訪者願意參加調查。近年來民眾參與意願下降，在諸多原因中的一個重要因素，是一些違反研究倫理的電訪行銷者透過不當的電話訪問方式騷擾了受訪者。很多電話行銷的訪員假裝他們在進行民意調查，實際卻在募款或是推銷產品，讓美國民眾無法忍受，也使得民眾對於參與正當的民意調查充滿了敵意。為了因應民眾對那些過分的電話行銷業者上升的怒氣，聯邦政府成立了「不准打」（do not call）的註冊。民眾一旦將他們的電話號碼註冊為「不准打」後，可以免於接到電話行銷業者的來電。幸運的是，這種「不准打」的註冊提供合法的調查研究與民意調查例外條款，後續的法院判例也支持區分騷擾的電話行銷與真的民意調查研究。現今，「不准打」註冊以及聯邦政府的規定要求慈善募款在電話訪問一開始即應表明他們來電的目的在於徵詢募款意願，如此一來將可減輕「假民調真募款」以及「假民調真推銷」的問題。

不過，這些團體還是可以透過直接郵寄或是網路民調的方式募款，而利用民意調查的手法募款仍然相當普遍。很多參與募款和／或產出支持自己議程的民調反應之團體，會以極度偏頗的調查詢問受訪者的意見。以下面為例，反對政府浪費委員會（The Committee Against Government Waste）曾問道：「在您收到這封信件之前，請問您知不知道國防部在零件採購經費上嚴重管理不當和浪費？」美國農地信託基金（The American Farmland Trust）曾經問過：「在收到這封郵件之前，請問您知道美國農地消失的問題之嚴重性嗎？」假如說伴隨民調的文宣沒有說服受訪者該團體立場的正確性，經過仔細擬定的問卷題目或陳述也能達成相同的目的。我們用以下列贊助機構及他們的問卷題目來說明：

問：您同不同意讓建築工會裡那些獨裁的領導者有權力在和某一個承包商發生爭執時，關閉整個工地，讓更多員工屈從在公會特務之下？

全國工作權利委員會

（National Right to Work Committee）

問：儘管股市變化很大且大眾反對，共和黨仍然希望社會福利由民間公司經營。請問您同不同意由民間公司經營（privatization）？

民主黨國會競選委員會

（Democratic Congressional Campaign Committee）

問：您是否覺得所有的電視公司會因為聘僱很多之前替泰德．肯尼迪（Ted Kennedy）、華特．孟岱爾（Walter Mondale）、蓋瑞．哈特（Gary Hart）、喬治．麥高文（George McGovern）、馬利歐．寇摩（Mario Cuomo）、吉米．卡特

（Jimmy Carter）和全國民主黨（National Democratic Party）工作的民主黨積極人士作為公司的高級主管，而處在失去公眾信心和嚴重的信任危機之中？

媒體公平會（Fairness in Media）

問：請問您知不知道美國還持續與一些使用監獄犯人、奴工以及童工的國家進行令人作嘔的貿易交易？

美國反擊（Fight Back America）

問：眾議院議長南希．裴洛西（Nancy Pelosi）以及現在掌握國會的自由派人士提到恢復死亡稅（Death Tax）——一個終結美國成功小企業的重要原因。恢復死亡稅將增加稅收估計約910億美金。請問您支持還是反對死亡稅？

傳統基金會（The Heritage Foundation）

問：如果歐巴馬政府屈從於激進環保人士而對二氧化碳排放、能源使用，以及交通等實施超乎其他工業化國家的嚴峻管制後，您認為美國的企業與工業在世界經濟中能夠與其他國家競爭嗎？

共和黨全國委員會（Republican National Committee）

所有上述題目都經過細膩的建構，使贊助者可以得到民眾同情他們目標的回答。事實上，以上例子不應被當作「民調」可以有好幾個原因：首先，大多數的案例，樣本未經科學方法地選取，這些調查和募款都是寄出給可能的支持者。這些實際回答者是否能代表母群體並不重要。其次，問題本身設計得既差且（是故意地）有瑕疵。第三，就算調查結果有製表整理出來（大多數沒有），也因為訪問的問卷很短，且省略受訪者的人口學背景與政治特徵等關鍵題目，使得能進行的分析少之又少。換言之，蒐集意見不必然就是有效的民意調查。

Orton（1982）也指出他稱為假民調（pseudopolls）的相似例子。例如，各種媒體時常鼓勵他們的觀眾表達看法。儘管有成千上百個回收樣本，會自願參與的民眾跟整個母群體常有著重要的差異，使得這些所謂的民調不具有代表性。因為這些受訪者對媒體的主題可能較感興趣、具備較多資訊且較為關切，使他們和整個母群體持有較為不同的意見。

廣播電台談話性節目及電話叩應在1990年代成為假民調的主要來源。時代明鏡（Times Mirror）在1993年的民調顯示：收聽廣播然後打電話叩應的民眾，無法代表一般民眾；他們在背景上偏共和黨、較保守、男性較多、較富裕且教育程度較高。所以廣播電台的電話叩應民調的意見比科學化民調的結果更為保守及偏向共和黨的立場，也就不足為奇了。

其他假民調的例子是國會議員寄送到他們選區民眾家中的問卷。這些問卷通常都指定給「貴住戶」（Postal Customer），所以到底是由家庭中的哪一位完成問卷填答是無從得知的。雖然數以千計的問卷會寄回到國會辦公室，但是要確認回覆者的基本特徵與意見是否真的代表廣大選區民眾則頗為困難。有時這些誘導性的問題是為了確保受訪者的回答符合該議員政治傾向以及參政記錄。這不是說這些填答回收的問卷會被忽略及拋棄，很多情況調查結果會被整理出來然後在選區通訊中報導。不過，這些問卷主要是要說服選民：他們的國會議員關心他們的意見。

女性主義作家Shere Hite及報紙專欄作家Abigail van Buren曾經執行了一個針對婚姻關係而高度被關注的調查，也就是稱為「親愛的艾碧」（“Dear Abby”）的假民調（Squires and Morin 1987; Smith 1988）。Hite對女性團體和自行要求的個別女性發出了100,000份內容廣泛的開放式問卷。她回收了約4,500份，回收率僅有4.5%。艾碧在她的一個專欄中寫道：「讀者們，我需要你們的幫助來做一個重要的調查。我要問的問題是：你是否曾經對你的伴侶不忠？你們在一起多久了？你不需要具名但請寫下你的年齡和性別。」她收到了超過200,000份的回答（Smith 1988）。

在Hite和「親愛的艾碧」調查中，儘管在艾碧的調查有大量的樣本，他們抽樣方法及問卷題目產生的是不具代表性且有誤導性的結果（有口碑、科學化的民調通常會包含約1,000到1,500位受訪者）。Hite發現結婚五年或以上的婦女中，70%的有婚外情；艾碧則是發現15%的已婚女性宣稱對婚姻不忠。Smith（1988）指出：因為選樣與所使用問卷的缺失，使得兩個調查應該都不正確而且極有可能是錯誤的。當民眾可以自我選擇是否參與調查，促使他們參與的動機會讓民調得到偏差的結果。

雜誌自1970年代便定期發表他們讀者的性調查結果，雜誌知道性議題會增加他們的銷售量。過去他們進行調查的方式是將問卷附在雜誌內然後鼓勵讀者填好後寄回，如今則鼓勵上網回覆。曾經贊助過類似調查的雜誌有1970年代的《紅書》（*Redbook*）和《柯夢波丹》（*Cosmopolitan*），1980年代有《花花公子》（*Playboy*）和1990年代的《聲援者》（*The Advocate*）。有些時候儘管回收率偏低，但因為讀者群的規模很大使得回收的問卷非常多。例如說，《花花公子》的成功率約2%，但換算為回覆份數則是100,000份。相對來說《聲援者》的成功率是18%，回收的問卷僅接近13,000份（Lever 1994, 18）。儘管說一般雜誌調查的回收數量都很大，若要把結果推論到較廣的母群體中則必須非常小心，不管是《花花公子》調查中的異性戀男性或是《聲援者》調查中的同性戀男性。主要因受訪者的自我選擇而有兩個問題。首先，參與填答的雜誌讀者和訂閱者，可能無法代表母群體的一般的民眾。第二，實際填答問卷者也許無法代表雜誌所有的讀者和訂閱者。儘管如此，這些調查的結果普遍受到新聞媒體的關注（這通常也會提升雜誌的銷路）。

假民調最新的發展是網路上的線上調查（on-line survey）。很多公司、媒體和其他的組織邀請他們網頁的瀏覽者到他們的網站參加線上調查。雜誌過去較常將問卷紙本附在當期雜誌中，現在則更傾向邀請其讀者參加線上調查。例如，在2006年9月的《寶貝談》（*Baby Talk*）雜誌就發表了一個以超過15,000份參與線上調查的結果，有關年輕媽媽與年長媽媽觀點的報導。就如同其他的假民調，線上調查也許會產生數以千計的填答成功問卷，但因為參與者是自我選擇而並非以科學方法選出的，所以它不是有效的調查。這類的受訪者不太可能是代表性樣本的一部分，是因為只有對該議題有足夠興趣的民眾才有可能參加調查，而且很多民眾並沒有上網的管道，儘管這個問題愈來愈小。

線上調查現在成了很多媒體組織的網頁上的家常便飯。例如，民眾在2010年7月28日，上CNN的網頁以及「福斯新聞」的網頁，即可參加網路調查。CNN的「快速投票」（Quick Vote）問道：「電玩遊戲對小孩不好嗎？」而福斯新聞的問題較為複雜些：

> 本週三聯邦法官阻止了一些亞利桑那州非法移民法中最嚴苛的條款，讓該州暫時無法執行聯邦移民政策。雖然該法律其餘的條文在週四還是生效，但是部分禁止SB1070意味著亞利桑那州目前無法要求警察去確定任何他們盤查或是逮捕者的移民身分。您認為，亞利桑那州應不應該對抗聯邦法官的判決？

當我進入每個網頁時，我看到回答的數目非常大，在CNN是15,091而福斯新聞網則是56,528。CNN的受訪者有56%對44%的比例，認為電玩遊戲對小朋友是不好的。而福斯新聞網的受訪者則有96%認為亞利桑那州應該對抗法官的判決。

就我看來，CNN與福斯新聞網問卷題目的遣詞用字還算合理，不過，儘管成千上萬的民眾填答問卷，也無法確保這些受訪者可以代表廣大的美國民眾。幸好這兩個網頁有提醒他們的讀者：「這不是科學的民意調查」。而在四年前， CNN提供其使用者對調查結果更詳細的注意事項。內容是：「這個『快速投票』並不科學，且它只反映了選擇參與的網路使用者之意見。不能假定這個結果可以代表一般網路使用者或全體大眾的意見。此『快速投票』對其內容、功能或在此表達的意見不負任何責任」。線上調查及他們可能提供有效資訊所需的條件在第五章中將有更詳細的討論。

當然，上述的關鍵在於假民調是非常有問題的，且由於誘導的及不公允的措辭、自我選擇參加的受訪者、對民調結果公然舞弊造假，或是其他缺失，它可能只反映出一個誤導的民意圖像。儘管這些不科學調查有諸多缺失，因為它們在美國很常見，所以這些不科學的調查必須加以討論與批判。有時候美國民眾聽到假民調的結果就把它當成是合法民意調查的結果並傳遞給同事，這樣便讓假民調得到超乎它應得的更多公信力和傳播機會。舉個例來說，在2010年7月，我曾經跟一位對於剛通過的健保法案不太喜歡的朋友聊天。他的部分主張是引用可倫坡地區對醫生的調查。該調查指出：有74%的受訪者表示，通過該法案後，健保的服務將變得較糟或是更糟。我對他的資料提出異議，他要我看《可倫坡電訊報》（Columbus Dispatch Newspaper）的一篇報導。我找出該篇報導，其中的第二段中記者指出該調查結果並不科學。事實上，在有七個郡的可倫坡都會區共有5,500位醫生可以參加線上調查，但只有78位醫生參加，填答率只有1.4%。所以74%的數字是從78位填答者的58位計算出來的，顯然，這是很淒慘的填答率以及從絕對數字來說非常少的樣本。會不會參與填答問卷的是那些對健保改革最憤怒的醫師？上述例子告訴我們，儘管記者下筆謹慎，但不科學的線上民調結果還是成為反對健保改革的部分論證。

有相當多的美國民眾對各種的假民調給予一定的肯定。Brodie等人（2001, 13）曾指出有26%的美國民眾相信，雜誌所提供給讀者填寫的問卷，總是或是時常反應公眾的想法。有27%的民眾相信網路調查總是反應了公眾的想法，35%的民眾對於郵寄到府然後請求完成後寄回的問卷調查給予高度評價。根據Brodie和她同事的研究發現：美國民眾當中只有少於40%的比例，瞭解隨機挑選的受訪者會比依賴如電台叩應或雜誌寄回的自行選擇的樣本提供較好且較精準的結果。當一位朋友催我上CNN的網頁，對以色列在黎巴嫩的行動合理與否的調查表達支持以色列的立場時，也讓我瞭解到這些不科學的線上民調的重要性問題。我的朋友說：「這個民調全世界都看得到，所以對於世界的民意將具有強大的影響力。」

上述例證顯示不良的民調實務和結果會誤導很多美國民眾。民眾接觸到多種不同的民調，當很多決策是建立在這些民調上時，民眾將受到這些民調的影響。這正是為什麼民眾除了要瞭解民調外，具備能夠評估民調的能力也是非常重要的。如果他們能夠辨識出不科學的民調及其相關的缺失（這也包括科學的民調之缺點），他們就比較不易被這類民調的結果所誤導。這就指向了這本書的主要重點——民眾作為民意調查的潛在消費者。

民眾作為民調的消費者

無論民意調查的品質如何，它都能影響公民的態度和行為。即使是媒體贊助的調查，其目的只是單純報導公民的態度（又或者是為了跟上同業競爭者和提升閱聽率），也可能有助於形塑民眾的偏好，特別是在總統初選的期間。在這時候，民意調查非常頻繁，且候選人在民調的排名、新聞媒體報導、初選結果等相關連結都會被報導（關於民意調查在選舉中所扮演的角色，請參閱第七章的說明）。

美國民眾在廣泛的各項議題上，都是民意調查研究的主要消費者。但他們是聰明的消費者嗎？美國民眾在「相信」任何的民調結果之前，應該要先明瞭民調的問題及限制。經常可以看到某些人積極地推銷民調結果，以達到他或她的目的。也可能是總統援引民調，以宣稱美國民眾支持其行政團隊的政策。也可能是地方的建商，揮舞著一個支持鄰里重分區計畫的民調結果，好讓他的商業建築企劃得以順利通過。這也可能是個地區的運輸委員會，引用民調結果好讓在高速公路設置巴士專用道變得合理。或者也可能是某個朋友或鄰居選擇性地引用民調結果來贏得一場辯論。

民眾並不需先成為抽取樣本、設計問卷或分析資料的專家，才能夠成為更好的民調資料的消費者。只要他們可以瞭解民調進行的步驟以及各個步驟的相關後果，他們就可以拒絕不良的「商品」和欣賞好的「買賣」。

讀者們千萬別把本書詮釋為對民意調查研究的譴責。事實上，多數廣為人知的民調以及私人進行的民調都是高水準的民調。而在過去六十年中，民意調查在抽樣設計、問題措辭及格式、訪問技巧及資料分析方法，都有長足的進步。有興趣的讀者可以參考《民意季刊》（*Public Opinion Quarterly* 1987）五十週年紀念特刊，就可以瞭解民意調查迄今的發展。關於民調的簡史可以參考Public Opinion: Measuring the American Mind（Bardes and Oldendick 2003，第二章）；Weisberg（2005，第一章）對於調查研究作為一個科學學門的發展，提出了一個資訊豐富的鳥瞰。幸運地，民眾可以上許多網頁查看最新的民調結果以及民調程序與方法的資訊。本書附錄中提供了一些網頁的名單，但我在此處指出其中幾個。美國民意研究協會（AAPOR）的網頁提供眾多民調主題的資訊，包括執行民調最佳的實務與倫理標準（www.aapor.org）。許多民調與調查研究組織提供他們民調的結果以及他們民調使用的方法與程序。四個重要的機構是蓋洛普組織（Gallup Organization）（www.gallup.com）、美國全國選舉研究（American National Election Studies）（www.electionstudies.org）、皮尤公民與媒體研究中心（Pew Research Center for the People and the Press）（www.people-press.org）以及全國民意研究中心（National Opinion Research Center）（www.norc.uchicago.edu）。那些對政治上癮而想要跟上最新選舉民調以及各項議題調查者，有很多媒體以及以州為基地的民調組織之網頁。這些媒體與州的組織只報導他們贊助而進行的民調。下面四個網址對於政治民調的深度報導（以及經常提供調查的執行與程序等資訊）上非常有用：www.fivethirtyeight.com、www.politico.com、www.pollster.com，以及www.pollingreport.com。當然，隨著網際網路的發展以及傳統電話調查面對持續的挑戰，調查的執行持續在改變中。我們將在第四章與第五章討論這些主題。當民意調查被其贊助者視為科學且其結果的呈現不受到質疑與挑戰時，對於執行以及分析民調之藝術的欣賞，讓民眾對智識獨裁者較少疑慮。

民眾對民調的看法

從過去以來，雖然一般民眾對民調從業人員的看法有些疑慮，但他們對民意調查的反應通常是較正面的。有個研究評估了44個專門對公共議題發聲的不同專業團體之可信度：民調從業人員的排名是第34名（Morin 1996b）。但蓋洛普（Gallup）在1996年的調查則指出：有25%的受訪者表示他們定期參考報章雜誌上的民意調查結果，另外有16%的民眾表示他們偶爾參考（Morin 1996b）。59%的受訪者說他們不會定期參考平面媒體上的民調；當然，他們偶爾還是可能會讀到這些民調的報導，或是由電子媒體上得知這些民調結果。蓋洛普及其他相類似的調查顯示美國人對民調的準確性持相當正面的態度。超過三分之二蓋洛普的受訪者說民調多數時候是正確的，87%的民眾贊成民調是個「好東西」。

在2001年，Henry J. Kaiser家族基金會與《公眾觀點》（*Public Perspective*）雜誌聯合進行了一個關於民調在民主國家的角色，以及民眾、政策領導人和媒體對於民調的看法之深入調查（Brodie et al. 2001; Witt 2001），結果顯示民眾對民調的意見是有好有壞的。28%的受訪者表示進行民意調查是個瞭解國內多數民眾在想什麼的好方法，而另外有56%的民眾則說這是一個還不錯的方式。但當受訪者被問到如果官員想要瞭解民眾在想什麼，以下何種方式較好？是市政廳大會、民意調查、在街頭或購物中心跟民眾聊天、或跟那些會打電話、寫信或寄電子郵件給官員的民眾聊聊？結果43%的民眾選擇市政廳大會，只有25%的民眾選擇民意調查。

該調查也詢問到民眾認為民調在讓華盛頓政府官員瞭解民眾對議題的看法上有多大的幫助，22%的受訪者表示民調非常有用，54%認為還算有用，13%認為不太有用，而8%的民眾認為根本沒用。其中認為還算有用或更差意見的共計75%（54+13+8）的民眾，後續又被問到以下問題：

問：針對以下的各個選項，請您告訴我，若官員想瞭解民眾對於重要議題有何想法，您認為民調是不太有用或是根本沒用的主要原因、次要原因或者不是原因有哪些：

選項	認為是主因的百分比
民調不能準確地反應民眾想要的	43%
民調並沒有選對適當的議題來詢問民眾的意見	39%
儘管你想要說一些議題，但民調結果會被扭曲	58%

在同一民調中，只有50%的受訪者非常同意或有點同意「民意調查是建立在紮實的科學原則上」，而80%的人非常同意或有點同意「民調中所問的問題通常並未給民眾真正表達他對某議題的意見之機會」（Brodie et al. 2001, 22-23）。所有的結果都顯示美國民眾對於民調產業及政治人物在

使用民調上，持保留的意見。

另外，其他有趣的證據也支持上述發現。多數教師及民調從業人員都曾碰到民眾向他們表示極度不信任民調。有些是抱怨說他們從未受訪，也沒聽說過有誰接受過訪問，因此他們質疑樣本的代表性到底有多好。Koch（1985）發現從未參與過民調的民眾對調查結果的正確性較會存疑。

其他的質疑則在「樣本的大小」。針對不同的對象做民調時，我不斷地聽到有人問：用1,500位受訪者的成功樣本如何能代表全兩億兩千萬位美國成年人？儘管我用比喻的方式聰明地回答——醫生只需要一個血液樣本（幸好如此）就能做檢驗，廚師只要嚐一湯匙就可以知道湯的味道如何（假設這湯適當地攪勻）——但是民眾對民調仍存疑慮。的確，在1985年洛普（Roper）調查的估計，只有28%的美國民眾相信樣本數只有1,500～2,000的全國性民調是準確的，而有56%說這根本就不會正確（Sussman 1985c）（現在很多全國性民調的樣本數只接近1,000）。1996年蓋洛普的調查也得到類似的結果。另一個研究發現質疑民調準確性的民眾將這份質疑歸因於受訪者的特質及民調產業本身上（Dran and Hildreth 1995）。質疑者擔心民調機構是否訪問到適當的人以及足夠的樣本數（我將於第四章討論抽樣及讓民調是科學的原因是什麼）。其他的關注則聚焦於民調從業人員操弄民調以及媒體對民調的誤用。

民意調查因為在選舉和新聞媒體對於選舉報導中的角色愈來愈吃重，而招致諸多批判。爭論通常在於民調提供候選人的包裝：見識超凡的領導者被指責說是先觀察民調的意向而後才表達他們的立場，這使得他們捨棄在重要公共議題的領導責任。民調被視為鼓勵新聞媒體間的賽馬心態，從民調結果來關注選舉期間誰領先及誰緊追在後，或誰又超前而誰轉落後，反而不把焦點放在議題和對候選人條件的討論上。事實上，大多數在選前民調落後的候選人宣稱，真正算數的民調是選舉當天的民調。在總統候選人提名的程序中，當多位候選人尋求被所屬政黨提名時，媒體無法也不會對所有候選人公平地報導。取而代之的是媒體對可能出線的候選人大幅報導，這些知名度是由該候選人的募款能力以及在民調中表現所決定的。很清楚地，民調不止反映候選人當下的表現如何，更影響到他們未來的表現

（請參考第七章針對此一現象更詳細的討論）。

出口民調（exit polls）——訪問剛投完票的民眾——使電視新聞網可以在投票結束前就先推斷選舉結果。這種做法惹惱許多民眾及政治菁英。報紙專欄作家Mike Royko鼓勵選民對作出口民調的訪員說謊，而其他人（如Munro and Gans 1988）則直接鼓勵民眾抵制出口民調。國會也召開公聽會來促使新聞網自願地改變他們報導出口民調及選舉預測的方式。2000年選舉夜在佛羅里達州的災難讓出口民調、調查者及廣電媒體灰頭土臉。在選舉當晚，電視網過早宣稱佛羅里達州由高爾獲勝，稍晚時又改口但仍過早地宣稱應由布希獲勝，媒體依賴出口民調來報導選舉結果的過分行為與缺失展露無疑。在2004年過早公布出口民調結果，特別是在俄亥俄州與佛羅里達兩地的出口民調與實際投票結果並不一致，使得選後對於選舉結果的公正性出現爭論。在2008年對於出口民調的爭議較少，部分原因是選舉結果並不像前兩次總統選舉那樣接近且並無單一州的結果可以決定最後的大選結果。本書將在第七章討論出口民調。

其他觀察家則譴責民調對美國政治的影響，其中最嚴厲的為Daniel Greenberg（1980），他寫道：

> 以民意調查對美國政治過程所帶來的毀壞來說，我們不該問如何加強民意調查，而該問民調為什麼被忍受以及怎樣被禁止。
> 在我們當前隨波逐流、多變的政治中，民調是維生系統，它也是那些在政治工作但卻如競選肥皂劇中之意識形態空洞的人們不可或缺的工具。
> 民調對行政團隊在競選和非競選期間之作用，在於一再使他們著迷於行銷政策而不是國家治理。

很多美國的政治漫畫家和本身有執行民調的報紙合作，樂於攻擊民調，特別在總統選舉期間，更可見到他們出現的頻率、持續與介入。Smith（1987, 209）分析漫畫和卡通後發現，有61%是以負面的方式看待民調，他擔心這會影響民眾對民調的反應。數年之後，政治評論家Arianna Huffington成立了一個稱為「沒有民調的美國伙伴」（Partnership for a Poll-

Free America）的網站。因為民意調查民眾回覆的成功率很低，Huffington對民調產業特別批判（本書第四章將討論此主題）。

不同民調和調查從業人員開始注意到愈來愈多對民調的質疑、冷嘲熱諷、興趣缺缺甚至有些敵意的態度。著名的民意調查專家，像是洛普機構（Roper organization）的Harry O'Neill和CBS新聞網的民調中心主任Kathy Frankovic，開始呼籲他們的同業對民調事業要更加自省，且對其不足要更加敏感（O'Neill 1997; Morin 1998a）。Black（1991）提出研究者要對受訪者的需求更敏銳，他建議：(1)讓訪問本身成為一個對受訪者更有趣且更值得的經驗；(2)信守對於受訪者在訪問時間長短和提供最後報告的承諾，以及(3)維持整個民意調查產業的高品質。

從很多方面來說，現今進行民調變得比較容易，部分是因為有很多販售樣本或是執行民調以及進行資料分析的人員更為眾多的緣故。當網路調查的技術愈來愈易得且便宜，也讓我們有更多的網路民調。民意調查的普及讓我們擔心新進入民調產業者會不會專業度較不足，或是較不信守對於民調高標準的承諾，這使得民調產業需要小心的自我監督以維護民調在民眾心目中的專業與聲譽。如同本書強調的，民眾需要成為對民調具有更好教育的消費者。因為民調曾經擁有的高尚地位岌岌可危，使得很多民調從業人員覺得日益不安。

在1997年5月美國民意研究協會（AAPOR）發布了一份刊物，其中詳細列出了規範民意研究的「最佳行為準則」。其最後的建議是要求揭露「可以讓我們評估以及重製該調查的所有方法」，以及列出超過AAPOR最低揭露準則標準的更廣泛之清單（見第六章對於揭露標準的完整討論）。AAPOR同時也譴責多種調查行為，例如任意將自我選樣的民調結果當作真正科學化調查研究的產物。該協會也非常嚴厲地批判「推開式民調」（push polling）——將選舉的競選技巧偽裝成正當的民調。推開式民調於競選活動中接觸大量的選民，在提供其他參選人負面資訊之後便詢問民眾一些關於該參選人的問題。事實上，推開式民調的警訊之一就是接觸大量的選民，該樣本數遠超過一般有效與代表性民調所需。推開式民調的目的不是要取得選舉競爭的正當資訊，而是要把潛在的選民從特定參選人的支持陣營中推開（推開式民調在第七章將會較深入的討論）。

倫茲（Luntz）案件說明了AAPOR如何協助自我管理民意調查專業。在1997年4月，AAPOR的執行理事會正式地懲戒民調從業人法蘭克·倫茲（Frank Luntz），因為他違反了AAPOR的專業倫理和行為準則。在1994年國會選舉前，倫茲宣稱他的研究顯示相當多數的美國人支持共和黨所有的「與美國有約」（Contract with America）內容。但當他被要求公布民調問卷內容和其他的資訊，倫茲拒絕了。AAPOR斥責他沒有達到揭露的標準（AAPOR 1997b）。之後發現倫茲所提出支持「與美國有約」的證據頗有疑義且具誤導性。儘管如此，共和黨的領導者還是用了這份被指控的調查結果，來從事「與美國有約」相關項目的立法工作。能利用民調來「證明」大眾支持他們立場的政治領導人，一般會在議題的公共討論中站在較有利的位置。

儘管對民調結果偶爾生氣或是存疑，美國民眾通常認為民調是準確的和公正的。他們時常排斥民調的侵擾和錯用的權力，但是他們卻熱切地吸收最新的有關各種議題的民調結果。這愛恨交織的關係在美國政治體系中應該是無可避免的。美國民眾要他們的聲音被聆聽，所以當他們認為民意調查對真正的公民參與和公民影響力造成傷害時，他們便會攻擊民調。對一個如美國這樣廣大又異質的國家來說，民調可能是反映民意多元性的最佳機制。民調一般所採用的人人等值的簡單事實，賦予民調民主的特質也強化了他們在民主社會中的訴求。

民調與民主

不同的理論和意見，對民調在民主社會中的角色有不同的看法。民調的擁護者強調民意調查給公民參與民主的機會，它可迅速且反覆地評估民意。對那些偏好由人民直接治理而非經由民選代表來治理的民眾來說，他們尤其看重民調。有些人支持直接訪問民眾對於政策的偏好，然後依照他們的偏好行事，這樣一來便可以跳過所謂的「中間人」——即民意代表——雖然說這種制度會忽略許多治理過程中的重要特色，如對話、審議、協商和妥協。這群人期盼因為科技的創新而有公民直接治理的可能。近年來通訊的大幅進步使得經由科技來實施直接民主的好處與可行性更具誘惑。

一些支持傳統代議民主理論者也歡迎民意調查，因為民調提供民眾偏好的系統化資訊。他們表示，民意應可影響民選代表的行為，而任何能提供有關民意資訊的辦法都有助於培養民主。但是對於民眾偏好被轉換成公共政策的程度之實證研究結果是混雜的。一方面，許多例子顯示政府似乎對於民意沒有反應。例如，在2006年民調不斷顯示多數美國民眾支持擴大胚胎幹細胞的研究，不過，國會卻無法推翻總統的否決，而無法擴大幹細胞的研究。同樣地，在2006年夏天的民調顯示，美國民眾對於伊拉克戰爭的批判日漸增加，也對於美國減少涉入的時間表之支持度與日劇增，但是，布希政府在2006年選舉的口號仍是「堅持到底」。當然，我們可以爭辯說像幹細胞研究以及伊拉克戰爭這種太過複雜的議題，認為民調顯示的民眾偏好就應該要自動地轉變成公共政策有點太天真。但事實依舊顯示民眾的意見跟政府的政策之間還是有落差。在1993年國會通過的布萊迪法案（Brady law）之前幾年，民意調查經常顯示美國民眾中有壓倒性的多數，支持某種型式的槍枝管制，例如買手槍要登記以及買槍要經過一定的等待期。該法案在1987年初次被提案，此法案也是自1968年以來，第一個主要的聯邦槍枝管制立法。在2009年俄亥俄州的一個民調也顯示：有73%的俄亥俄居民支持醫療使用大麻，但是州的議會以及州長卻堅決反對該措施（Marshall 2010）。在2009年也有多項民調顯示，多數美國民眾反對用納稅人的錢來援助美國汽車產業，但美國國會卻還是通過了。此外，一些實證研究則發現在某些公共議題上，公眾的態度與政府的行動實質上是一致的（Erikson 1976; Page and Shapiro 1983, 1992）。雖然這些研究小心地不貿然將政府決策歸因於大眾偏好，但它們確實顯示了在特定情況下，公民的影響是相當重要的。

民意調查支持者主張，民調的另一個優點，是民眾有機會得知其他人的想法，並消除那些可能會誤導公眾討論的迷思與刻板印象。例如，

Morin就指出民意調查結果對於「一般民眾認為福音傳道派與基督教基本教義派信徒都是宗教權利堅定與一致支持」的刻板印象提出挑戰（Morin 1993a, 1993c）。一個《今日美國報》（*USA Today*）／CNN／蓋洛普（Gallup）在1993年12月共同進行的民意調查顯示，對於槍枝管制辯論中反對者的刻板印象，是一種誤解。例如，槍枝擁有者對於槍枝管制諸多面向的態度與非槍枝擁有者之間，並沒有實質的不同，特別是關於較不徹底的槍枝管制法案。其他針對種族和美國國內族裔偏見的民意調查，也提供了較深刻甚至是令人驚訝的研究發現。在1993年Louis Harris進行的一個民意調查顯示：傳統中種族偏見的受害者——黑人、亞裔和拉丁裔——對於其他少數族群，也表現出較不容忍的態度。Sniderman等人（1993）的研究則揭露了所謂保守派人士對於黑人與自由主義者有歧視的簡單想法。雖然說保守派在很多項目上比自由派較不能忍受黑人，Sniderman與他的同事指出的重點是，上述的差異通常非常小。

民調偶爾也顯示美國民眾是多麼無知與消息不靈通。例如，在2004年10月蓋洛普進行的一個民調發現，有42%的美國人相信海珊（Saddam Hussein）親身參與了2001年的九一一的恐怖攻擊，儘管完全沒有任何證據。在2006年7月Harris的民調顯示，有64%的受訪者相信海珊與蓋達組織（Al Qaeda）有很強的關聯。當美國參與伊拉克戰爭時，有50%的民眾相信伊拉克有大規模的毀滅性武器。人們不禁懷疑這些意見究竟從何而來，我們將在第九章討論此一主題。

更令人驚訝的是在2006年7月由全國Scripps Howard／俄亥俄州立大學所執行民調的研究結果。該調查發現：有三分之一的美國民眾相信聯邦政府官員不是協助了九一一恐怖攻擊就是故意不採取預防手段，好讓美國可以合理地前往中東發動戰爭（Hargrove and Stempel 2006）。有16%的民眾臆測世貿大樓倒塌的原因不是因為飛機撞擊，而是因密謀計畫的爆炸所造成的；另有12%的民眾懷疑五角大廈不是被飛機攻擊而是遭軍事飛彈擊中所致。對於上述情況的部分解釋，是民眾從何獲得資訊：經常上網但不依賴主流媒體的公民，較容易相信九一一恐怖攻擊的陰謀論。而每天讀報紙或是收聽收音機廣播的民眾較不相信上述的說法（Hargrove and Stempel

2006）。當資訊來源種類更多、更多元、更專業，而民眾對於資訊來源更具有選擇性時，對於特定主題的民意調查，出現讓我們更訝異的態度，就變得不意外了。

資訊來源的選擇性使用，伴隨著民眾個人既存的意識形態與文化傾向，或許有助我們理解民眾在民調中所展現的對歐巴馬總統的一些想法。一個在2010年皮尤研究中心的民調發現：差不多有20%的美國民眾認為總統是個回教徒，其中，保守的共和黨認同者有超過三分之一相信這個觀點。華盛頓郵報／ABC新聞網的調查詢問民眾一個開放的問題，有關歐巴馬的出生地，有68%的民眾表示其出生在美國，有14%說他出生在其他國家，另有19%回答不知道。當這19%回答不知道的民眾被繼續追問，請他們猜測總統在哪個國家出生時，有77%說他出生在美國，另有20%說他出生在其他國家。當我們以民眾的政黨傾向與意識形態進行交叉分析時，發現了相當大的差異。15%的民主黨認同者相對於31%的共和黨認同者，認為總統是在其他國家出生。同樣地，有12%的自由派人士相對於36%的保守派人士認為總統是出生在其他國家。Harris民調發現，有14%的樣本（有24%的民主黨認同者）認為歐巴馬是反基督者（Brynaert 2010）。讓人心煩意亂的其他民調結果可能還有很多，這些都能幫助我們瞭解，當前的美國政治為何充滿怨懟的氣氛。

不同於擁護者的支持立場，很多批評者是擔心民調對於民主政治體系的傷害。他們同意公民有影響力是民主政治的關鍵要素，而適當的測量民意也有助政府治理。不過他們認為民調讓我們對於民主國家如何真正地運作，給了誤導的印象。民意並不等同於民調的結果，但如今這兩者似乎被視為是相同的。單單關注民調結果會忽略民意形成以及變化的動力，也會忽視像是領導或是利益團體的行為如何塑造（與操縱）民意。民意調查能鳥瞰意見的分布，但民調的報導及使用經常忽略次團體在偏好上的重要差異。此一結果導致我們誤以為：美國人口裡的不同族群是具有相同態度的錯誤圖像。Margolis（1984）表示：對政治上及社會上的敏感議題，民調並不是測量民眾意向的最佳方法。他認為在某些例子中，實際的行動比口頭上的意見反映，更能有效表達公眾意見。

一個對於民意調查更激進的批評指出：民調不過是對公民的小賄賂，只是給民眾自認為他們有影響力的錯誤印象，但事實上政治權力還是由那些菁英掌握與運用，菁英可能會也可能不會照顧民眾的福祉。社會科學家Johan Galtung（1969）提出很有效的論證，說明民調有時是民主過了頭：調查視所有受訪者為平等的，其實他們在做政治決策時，擁有的資源與技巧是極為不同的。在某種程度上，我們視民調為對某一個議題的公投，但因為此公投的參與者在塑造政府決策上有著相當不同的機會，因此，將民調視為公投是一個誤導。

Weissberg（2001）主張民意調查不應該塑造公共政策，且決策者應該忽略民調。他為此立場提供一個詳細的理由，但主要的論點是認為：在考慮採納特定政策時，民調受訪者不會也不能廣泛考量政治決策者所需要顧及的所有元素。Weissberg表示，雖然民調測量了民眾所需，但那些民眾的需要在大多時候並未將其偏好的成本與風險納入考量。也就是說，一個民調的受訪者說他偏好政府在教育上或健康保險上有更多支出是很容易的，但這些回答並不考量增加支出的相關成本或潛在問題。只有政策決定者擁有那些相關資訊，這就是政策決定者必須超脫民眾偏好去做出最後決策的原因。

與民調相關的另一個批評主要關注民調對美國領導的影響。對這個討論的簡單說法就是執政者只是盲目地跟隨民調結果，而非努力地教育及說服民眾。這個討論在《艾克隆燈塔日報》（*Akron Beacon Journal*, May 8, 1994）社論中被提出，該社論篇名為「外交『調』策」（Foreign Poll-icy）。這社論由以下內容開頭：「Stanley Greenberg也許並不為多數美國人所熟悉，但其實大家應該要認識他。他是柯林頓總統的民調顧問，實際上，他指導了這個國家的外交政策。」其他觀察家，像是Barnes（1993）也描述了Greenberg在柯林頓政府扮演的關鍵角色，就如同他在總統選戰中扮演的一樣。在1998年及1999年關於健保、病人權利以及處方藥的民調結果，都顯示了美國人關心這些議題，促使了共和黨的國會領袖提出他們自己的健保方案，以避免因為他們反對柯林頓政府的提案而蒙受政治上的對立反應（Alvarez 1998）。

對於民調的其他批評則認為：當民調讓大眾廣泛知悉了民眾偏好時，它會限縮領導人做出不受歡迎政策的能力。仍然有其他人抱怨領導人可以輕易地操縱民調——例如，藉由一個可以影響民眾意見的主要的、電視轉播的演說，之後立即做民意調查，從而產生一個對於他們政策有某種程度支持的錯誤表象。有些人認為民意調查（及新聞媒體）太著重在政治人物的行為對於下次選舉的重要性，以致扭曲了政府治理的型式與本質。上述的結果導致解決問題的方法都是短視的。相對於上面一派認為民調對於領導的限制，「民調擁護者」則認為政府官員做決策時應該先掌握民眾的意向。儘管民調有其限制，但仍然是獲取民眾意向資訊的最佳方法。

如前所述，民眾對於民調常是愛恨交織。此一矛盾情緒也影響了民調在民主治理中應該扮演何種角色。民眾不希望領導者對民調言聽計從與冷嘲熱諷，他們希望領導者瞭解民眾的看法，而瞭解民眾看法的其中一個方法就是透過民意調查。在2005年10月小布希政府執政時，蓋洛普執行的一個民調結果發現：民眾認為，當國家領導人更緊密地跟隨民意時，有61%的美國民眾認為國家會更好，另有33%的美國民眾認為國家會變更糟。但是當我們以受訪者的黨派進行交叉分析時，有關民調應該扮演的角色變得更加複雜：共和黨認同者認為國家會變更好與變更差的百分比分別是49%對44%，民主黨認同者則是76%對17%，而獨立選民（independents）則介於兩者中間。很明顯地，民主黨認同者因為該黨在野，所以推崇民調且相信民調會展現民眾反對布希政府的政策。相反地，對共和黨的認同者而言，他們的政黨正在執政，所以民調變成治理較不需要的工具了。

在2000年的總統大選，候選人小布希（George W. Bush）抨擊柯林頓／高爾政府決策對民意調查言聽計從，並聲稱其未來的決策將以原則及價值為考量，而非民意調查。回頭來看，我們會發現在柯林頓及小布希政權，在他們提到民意調查及政治研究時有著驚人的相似之處，但有一個重大的不同（Harris 2001a, 2001b）。簡單地說，他們的相似之處就是雙方政府都同樣使用民調、焦點團體（focus groups）及其他各種相似的方法，深入地探詢美國人們在想什麼、對不同政策方案的反應如何，以及包裝這些不同方案的最佳方式是什麼。兩者主要的不同是，柯林頓自己積極地和主要行政團隊成員在每週的會議檢視民調結果（Harris 2001a），小布希則更依賴他的主要政策執行人Karl Rove的建議。Harris說明了民調結果如何影響柯林頓政府的政策。例如，一個為了遏止愛滋病蔓延而為吸毒者設立的交換注射針頭計畫，在民意調查顯示相當多的民眾反對後，這計畫即被放棄。在其他的例子裡，當柯林頓政府的聯邦財政有盈餘時，他們並不希望由共和黨所掌握的國會將這些盈餘轉為減稅。民意調查讓柯林頓政府得知：民意壓倒性地支持將這些盈餘用在社會安全而非減稅上。因此，總統以「救社會安全第一」的口號挑戰國會，迫使共和黨將減稅方案擱置到小布希當選總統後才再推動。

這兩個例子指出了重點。當然柯林頓政府為了政治目的運用民調來締造支持（即如何運用盈餘），也避免了選民的憤怒與反對（在交換針頭計畫上）。然而它也同樣顯示了，民調告知行政機關「民之所欲」為何，且行政機關也就遵循民之所欲。明顯地，對領導者的問題在於「他們應該遵循民調與民意到怎樣的程度」以及「他們可以領導並嘗試改變人民意見的程度有多少」？任何總統的執政團隊都需做到這兩點。Harris指出：柯林頓政府在貿易政策、軍事介入巴爾幹半島以及其他議題上，在當時是和美國主要民意相左。Murray和Howard（2002）發現，雷根與柯林頓政府從上任的第一天起，就開始大量地進行民意調查；反之卡特與老布希政府在上任的前三年只是偶爾地做一下民意調查，等到他們執政的第四年才積極地調查。他們的結論是，民意調查的運作在白宮雖然變得制度化，但是，每個執政團隊在民調的運用和政治的研究上，還是有些不同。

證據顯示，在小布希擔任總統期間，民意調查、焦點團體，以及政治研究活動都變得跟在柯林頓執政時期一樣重要，儘管他們宣稱並非如此（Harris 2001b; Tenpas 2003）。例如，華盛頓郵報記者Peter Baker與Dan Balz（2005）分析小布希總統在新聞黃金時段針對伊拉克發表演說的語調，即受到民意研究的影響。小布希政府將研究戰爭時期民意調查的學術專家Christopher Gelpi帶入國家全委員會擔任策略規劃的特別顧問。Gelpi與他的同僚Peter Feaver曾研究決定民眾對於軍事任務支持的決定因素，他們發現，維繫民眾對於軍事行動支持的關鍵，在於民眾認為該戰爭能夠、且將會勝利。相較於民眾認為該戰爭是否會勝利的信念，戰爭的代價以及戰爭如何發動的情況，對於民眾支持戰爭與否較不相關。那些研究影響了總統的演講內容以及他對伊拉克戰爭提供的後續訊息：戰爭有進展且戰爭將獲勝。

在歐巴馬總統就任後的前18個月，行政團隊對於民調的依賴，可以從健保改革順利通過以及對於健保改革實施後，民調數字所顯示出，民眾更加支持此一政策而看出。在2009年的4月，在由白宮能源與氣候政策協調人Carol Browner主持的一場氣候變遷會議中，歐巴馬政府人員倡導推動氣候變遷的立法，民調資料顯示，使用綠能政策以及能源獨立的字眼比使用氣候變遷更容易推動法案通過（Wasserman 2010）。當共和黨人反對歐巴馬政府的議程時，民調對於共和黨的策略擬定也扮演了重要角色。當威斯康辛州的眾院議員也是共和黨預算赤字縮減的領袖Paul Ryan被問到，為何他的共和黨同僚不支持他的預算計畫（包括健保、醫療補助以及社會安全的重要改變），他回答：「他們詢問他們的民調專家，而這些專家跟他們說『遠離這些議題，我們才會贏得選舉』」（Bacon 2010）。

那麼，民調在美國的定論是什麼呢？它們現在是政治和社會風貌不可或缺的一部分，即使民意調查的技術一直在改變，它們有可能在未來變得更重要。民意調查可以提供公民和領導人有用的資訊；它們也可能是會誤導與不正確的。民調可能強化公民影響政策的機會；它們也可能操弄大眾。在1965年George Gallup對於民意調查的未來寫了一段樂觀的文字：

> 當學生、學者，及一般大眾對於民調有更多的理解後，他們將更感謝民調在民主中提供的服務。我個人的意見是：現代的民調經由展示大眾支持改革的心聲以及提供測試新想法的操作方式，它們將是把政府提升到更高層次的主要希望。……民調可以幫助政府使其更有效率且快速回應；它們也可改進公職候選人的品質；它們也能使這個社會更為民主（Gallup 1965-1966, 549）。

從Gallup寫下這些聲明迄今已經超過四十年了，而對民調的論述變得愈來愈嚴苛。儘管如此，當民眾成為更具智慧的民意調查消費者時，

Gallup崇高的抱負將更可望實現。

接下來的各章將詳述民意調查的細節，並通常在重要實證例子的脈絡中，提出一些方法論的觀點。第二章提出「無態度」（nonattitudes）的問題——他們是一群受訪時對於某些議題雖沒有真正意見，但還是回答民調的民眾。儘管民調研究者盡了最大努力，民眾還是時常會回答自己不具有真正意見的問題，使民調產生誤導的結果。

第三章討論問卷題目的遣詞用字以及問題排列順序與問題所在的脈絡。我們會提出很多措辭糟糕的問卷題目所產生偏差結果的例子，但問題的用字並非唯一的重要考量。畢竟一個調查終究是一連串的問題題目，這些問題的先後順序以及在問卷中所處的上下脈絡，會大大影響最後結果。

第四章聚焦在不同的抽樣技巧及它們的優缺點。在這章也處理了樣本大小及抽樣誤差的問題。第五章詳細解釋不同的訪問程序會如何影響結果。

第六章檢視新聞媒體如何報導民意調查，而第七章則分析民意調查在選舉中的角色。因為美國民眾主要經由大眾傳播媒體得知民意調查，媒體如何報導民調對民意有很大的影響。這種影響在能見度高的全國性民調尤其有趣，因為報導民意調查的機構同時也是執行民意調查的機構。第七章討論民意調查在選舉中的干擾角色，以及候選人利用民調與媒體對民調的報導，對選民及選舉程序造成的負面影響。選舉是民眾可以影響他們政府的最明確機會，因此，民眾對民意調查可能對選舉造成的影響，應更加敏感及小心。

第八章說明關於民意調查結果的分析，與其說它是一種科學，不如說是一種藝術——而且當中有很多機會可以透過操弄解釋和散布民調結果來引導民意。第九章總結以上不同的主題，提出更適當使用民調的建議，並討論民意調查對於美國政治的影響。

習題

1. 蒐集你當地日報上所出現的民調結果並做出一週的記錄。注意這些調查的主題及資料來源。也注意有多少關於如何完成此調查的資訊被揭露。基於這些發現你能做出什麼結論？你認為這些報導是否有提供足夠的資訊說明民調是如何執行的？
2. 選一本全國性的新聞雜誌（例如：《時代雜誌》或是《新聞週刊》）並檢視它們在一個月中，如何使用並報導民意調查。記錄下民調的議題和報導中提供多少關於民調如何執行的資訊。也註明這些民意調查結果是如何被使用的；它們是納入在故事中並予以討論，還是只以不起眼的方式被呈現？
3. 在一週內，每天瀏覽福斯新聞及CNN的網站，並記錄他們每天詢問使用者的民意調查題目以及調查結果。然後試著找出在同時間問到類似問題的真正的民意調查。比較類似主題在網路調查的結果和科學化民調結果。兩者之間的結果有多異同？你會如何解釋這個結果？
4. 在本章第10-11頁，有數個作者宣稱有偏頗的調查項目。你同不同意這些問題是偏頗的？如果同意，你認為是什麼造成它們偏頗？具體地說出你對它們的批評。

第二章 無態度者的問題

要產生一份訊息豐富且準確的民意調查，一個研究者必須成功地完成幾項工作。這包括設計一份遣詞用字適當且題序得宜的問卷、抽取一個具代表性的樣本、正確地訪問該樣本中的受訪者、適當地分析資料、並在最後提出正確的結論。但在上述任何一個工作執行之前，研究者必須問一個根本問題：對民眾而言，這份調查所提出的研究主題，他們會不會有真正的意見呢？如果會的話，這個主題才適合做民意調查。若這主題並非民眾所關切的議題，以致他們沒有真正的看法，那任何關於此主題的民調將只會測量到「無態度」（nonattitudes）而非「態度」。即使問卷題目遣詞用字都沒有問題、樣本也經科學化地抽取、且資料亦經適當地分析，該研究所取得的資訊仍將受質疑。

無態度者的出現，是民意調查遇到的諸多問題中，最簡單卻也最令人困惑的。在一個調查脈絡中，經常發生人們針對一些他們沒有真正態度或意見的問題做出回答。[1]更糟的是，分析者、民調贊助者、或是新聞媒體視這些無態度的回答為真正的民意。因為無法區辨對某議題有真正意見的人，和那些只是為了想滿足被訪問的慾望又可以表現得像是有知識的民眾，在這種情況下，將會出現一個誤導的民意描述。很不幸地，民意調查者要去區別真正有意見的人與單純表示無意見的人，常是一件困難的事情。

1 本書交替使用「態度」及「意見」這兩個名詞。很多社會科學家區分態度與意見這兩個名詞，認為意見是民意調查中民眾表達的一些較暫時性的文字，如同一些潛在的態度透過言語表達。根據本章目的，雖然讀者應該瞭解，民調者希望能夠精確掌握民眾一些潛在態度，但民調資料有時可能只是受訪者對問卷題目的文字或是語詞上的回應（意見）。因此，態度與意見兩者的差異並不那麼重要。

去假設民眾對於官員和媒體所廣泛討論的議題是感興趣且知悉，的確是一個很誘人的想法。研究人員時常理所當然地認定民眾瞭解他們的政府和政治系統的基本現實。但那些假設，有時會導致民調人員設計一些主題雖然重要，但實際上很少人瞭解該議題的問卷題目。例如，國家的經濟狀況是一個最常見的民意調查議題，雖然說民眾絕對可以對他們本身和國家經濟狀況表達有效的意見，但是當進一步詢問延伸的議題時，民眾可能會因為對於經濟現況的無知而未能回答。Morin（1993b）引述了有關民眾欠缺經濟相關數據知識之研究：其中只有五分之一的受訪者能提供約略接近正確的全國失業率數字，且只有大約一半的民眾能在訪問者提供的四個選項中，指出聯邦政府預算赤字的正確定義。民眾對美國政治體系的知識也有重大差異。一個研究比較了1940年代及1950年代的公民與當代人的知識水準，結果發現：在控制教育程度之後，今日在每個教育程度的美國人，對很多政治面向的瞭解，都不及於早他們幾十年的相同教育程度者（Delli Carpini and Keeter 1991）。該研究推測，今日的人們就是對政治比較沒興趣。因為興趣較低的受訪者較容易表達無意見，這些結果表示民調人員須更小心地避免測量到無意見者。

民意調查中民眾無意見的情況已經有廣泛的研究（Converse 1970; Taylor 1983; Norpoth and Lodge 1985）。Bishop、Oldendick與Tuchfarber（1980）在大辛辛那提區域執行一項包含了一個虛構項目的有趣研究。訪員詢問受訪者對於一個不存在的「公共事務法案」（Public Affairs Act）的意見：「有些人說1975年的公共事務法案應該被廢除。請問您同不同意這個想法？」三分之一的受訪者提供了意見。在努力地過濾了對這個虛構問題無意見的回答之後，研究人員發現樣本中10%的受訪者仍然提供意見。當1995年華盛頓郵報在一個全國性的調查中加入一個關於不存在的公共事務法案的問題，43%的受訪者提供了意見，有24%支持廢止這個法案，剩下的19%則反對（Morin 1995a）。該郵報針對另外兩組樣本微幅地修改問題的版本。一組樣本被問到，「柯林頓總統說1975年的公共事務法案應該被廢止，請問您同不同意？」另一組樣本被問到：「國會中的共和黨說1975年的公共事務法案應該被廢止，請問您同不同意？」當提及柯林頓或共和黨，回答的比例會隨之改變：有53%的受訪者提供了意見。並且正如所預期的，柯林頓版本的這個問題造成民主黨認同者比共和黨認同者以36%比18%的幅度更支持廢止這個法案。但在共和黨版本，結果正好相反，相較於19%的民主黨認同者，有36%的共和黨認同者偏好廢止。很清楚地，受訪者在題目本身的措辭當中找尋線索和指示，這在人們面對他們並未抱持有意義態度的議題時比較容易發生。在Bishop最近出版的一本書中（Bishop 2005, xvi），他堅定地認為，在媒體民調中報導的民調只是「一個假象、測量的加工品，是因為問卷問題所設計及執行方式讓受訪者回答研究者想要的答案。受訪者常在面對語意模糊或是模稜兩可的問題時，在回答的當下建構他們的答案」。Bishop指出當受訪者只有微弱或是沒有真實意見時，他們對民調的回答更易受題目的格式、措辭、題序以及選項所影響。

無態度的存在並不意外。畢竟，不論是電話訪問或是親身面訪，訪問是一個受訪者與他不認識的訪員互動的社會情境。很少人願意在此情況下承認他們是一無所悉的，特別是一些熱門的或是時事的議題。所以，大多數民眾回答民調問題，而訪員則恰如其分地記錄這些答案。即使在自填的郵寄問卷或是網路民調，受訪者也覺得需要展現一下他們通曉世事，因此，他們會對自己僅具有些許資訊的問題加以回答。

直接責難公民的知識水準低與對於公共事務欠缺關注，遠較探查無態度者的原因與程度來得簡單。例如，一個無態度的潛在徵兆是回答答案的不穩定性。亦即，當同一位民眾在不同的時候被問到相同的問題卻給出不同的答案，就表示他們的答案並不是深植於他們根本的信念裡，而只是反映了無態度。另外一種解釋是在不同時間的多次調查中，態度真正改變。也許是社會條件的混亂，也許是新聞媒體或政治領導人的陳述影響了公民的回答，或者是調查本身改變，如問題措辭的修改或整體問卷調查項目的前後順序變動（第三章將討論問題順序和問題脈絡的重要性）。

既然存在這些可能的影響，要評估回答不穩定當中有多少是無態度造成，或者是別的因素所導致，就變得困難。當調查只利用一或兩個項目來測量一個複雜的議題或現象，這個問題就變得更困難了。有鑑於此，我們以一個無態度的民意調查結果可能會如何誤導民眾，藉以向民眾說明無態度的問題。

一個無態度的例子

幾年前，一個詢問俄亥俄州民眾關於土地使用問題的民調中，我是中選樣本中的一位受訪者。這是個電話訪問，樣本可能是由電話簿或是選民註冊名單中挑出來的（我會這麼推測是因為訪員知道我的名字）。在訪員自我介紹並說明此民調的贊助單位後，她問道：「Asher先生，請問，當您聽到土地使用（land use）這個名詞時，您心中想到的是什麼？」作為一個熟悉民意調查的社會科學家，我意識到這是一個篩選用的問題，用來讓訪員決定是否值得繼續問下去。當然，如果我對土地使用連一丁點模糊的概念都沒有的話，那這個訪問就沒有再進行的意義。於是我這樣回答了：「嗯，土地使用……就是你如何使用土地！」這個回答對於訪員來說肯定是出色到可以繼續進行訪問，她接著問我，「Asher先生，您認為俄亥俄州所面臨最重要的土地使用問題是什麼？」我內心忐忑不安並且暗自感謝電訪員無法看到我要想出土地使用問題時的囧樣。在遲疑了約十秒之後，我答以類似「有計畫的成長與發展」的答案。她接著問，「對於處理有計畫成長的問題，您認為這是哪一個層級的政府的主要責任呢？是州、郡還是地方政府？」我當時回答了，儘管到今天我還是想不起來我到底是回答了哪一個層級的政府。

訪問繼續，大約三分鐘後訪員問我，「Asher先生，您認為俄亥俄州面臨第二重要的土地使用問題是什麼？」這次我真的必須掙扎地想出一個答案。最後我得意洋洋地吐出，「足夠的公園跟綠地」。當然，那訪員接著問我哪一個層級的政府——是州、郡還是地方——應該負起解決這個問題的主要責任。我給了一個（我還是想不起來的）答案，並且告訴自己說，如果那訪員再問我關於俄亥俄州面臨第三重要的土地使用問題的話，我會批評她和這整個研究計畫，因為它測量的只是無態度。幸好訪員沒有再問那個問題，而訪問也就結束了。

幾個月過後，一個根據此次民調所做出的政府報告出爐了，其指出何者是俄亥俄州人所評估為最重要的土地使用問題，以及應由何種層級政府負責主動處理。這個報告也包含了政策建議並引用科學證據來支持它的結論。我愈看這個報告愈生氣；它引用的調查結果都是像我這樣對土地使用瞭解很少或沒什麼興趣的無態度受訪者所提供的意見。

民調的贊助者必須瞭解，並非每個他們認為重要的議題，皆可作為詢問大多數公民的研究主題。每個人關注的事情不同，執行民調者，在他們規劃與進行民調時，須將此事實納入考量。

篩選性問題的使用

研究者在執行民調時，可採取一些措施來減少那些只是對訪問的刺激作出膚淺反應的回答。最單純的策略就是讓受訪者覺得他們對問卷題目不熟悉這件事，是社會可以接受的，並讓他們可以跳過那個問題。另外一個策略是使用篩選或過濾問題來區別有態度及無態度的受訪者。Bishop、Oldendick與Tuchfarber（1980）所做的虛構公共事務法案（Public Affairs Act）研究引入了各種篩選性問題（screening questions）來減少無態度者的比例，例如，「您對這法案有沒有意見？」「關於這個議題您曾經思考過嗎？」不能通過這些篩選問題的受訪者，就不會再問他們對公共事務法案的看法。

經過多個選舉週期，美國全國選舉研究（American National Election Studies, ANES）計畫使用多種方式去來降低無態度者造成的問題。例如，在2000年調查中的一個題目詢問受訪者他們是不是認為聯邦政府的權力變得太大。該題目確切的用詞是，「為了國家以及個人好，有些人害怕華盛頓政府變得太有權力，有些人覺得華盛頓政府並沒有變得更強勢。請問，您對此議題有沒有意見？」有62%的受訪者表示他們「有意見」，而38%則說「沒有意見」。考量聯邦政府的適當規模及權力大小在美國政治上一直有持續的爭論，並且也一定是2000年選舉中的議題之情況下，這樣為數不少的無態度者，會讓讀者感到驚訝。這個例子顯示：政治菁英與媒體所熱烈討論的議題，對市井小民可能沒那麼重要。在此情況下，詢問民眾有沒有意見而因此篩掉了將近五分之二的受訪者，顯示那是一個有效的篩選問題。在62%對此議題有意見的受訪者中，有65%認為政府變得太有權力，有31%認為並沒有，其他的則回答看情形或是不知道（儘管他們在回答篩選問題時已經表示他們對這個議題有意見了）。

在美國全國選舉研究中使用多年的篩選問題，是讓受訪者可以回答他們對這個議題並沒有想過。對於這樣回答的受訪者，訪員不再詢問他們對該議題的意見，因此降低了對無態度者測量的比例。這個題目如下：

> 有些人認為：「為了降低支出，政府應該減少一些服務的提供，即使在健康和教育上也一樣」。假設這些人是在量尺的一端，以數字1表示。有些人認為：「政府提供更多的服務非常重要，即使增加支出也沒關係」。假設這些人是在量尺另一端，以7表示。當然，還有些其他人的意見是在兩者之間，如在2、3、4、5或6上。您會將自己放在量表的哪個位置？或是您並沒有想過這個議題？

根據過去經驗，當被問到這個問題時，約有15%的民眾說他們並沒有思考過這個問題。然而並不是這樣就代表其他的85%有思考過這個問題且具有真實的意見。過去的調查中當民眾被問及這類的題目時，民眾的答案傾向集中在中間——也就是4的選項。這個分配可能反映了大多數公民滿於現狀，或他們確實對此議題持中立立場；或是這可能反映一些對此議題有真正且非中間立場的民眾，以選擇安全的中間選項來隱藏他們真正的偏好。我們可以利用一種續問格式的題目（branching format question）詢問回答中間選項的民眾他們比較偏好哪一邊，而將很多這些民眾從中間選項移往其他類別（Aldrich et al. 1982）。

當受訪者大多選擇中間選項時，可能是測量裡有無態度的問題。也許將自己放置在中間選項的某些受訪者是因為他們不想向訪員承認他們並沒有想過這個議題，或他們無法將自己放在量尺上。對他們而言，中間選項看起來是一個安全的立場，既可以讓他們看起來有概念又不用在議題上選邊站。如果真是如此，一些選擇回答4這個類別的可能是無態度而不是真正的立場中立，那我們描寫美國民眾在這議題上所採取的立場就有可能是誤導的。

2008年美國全國選舉研究（以及先前的研究）使用了所謂情感溫度計（thermometer questions）去評估民眾對不同政治人物的感受。但在受訪者回答問題之前，對於那些他們不認識的名字可以選擇跳過去，以減少測量到無態度者的比例。這個測量工具是以人們對溫度計上相關數值的分辨能力來指出某對象的感受冷暖程度。調查時提供受訪者以下的說明：

> 我想要瞭解您對一些政治領導人與最近出現的新聞人物的感覺。我會念出一個人的名字，然後我請您用我們稱為「情感溫度計」（feeling thermometer）的量表來評估那個人。50度到100度之間表示您對這個人感到喜歡且溫暖，0度到50度之間則表示您不喜歡且不太在乎那個人。如果您對那個人並沒有特別溫暖或寒冷的感覺，您可以把他評估在50度。如果我們說出了一個您不認得的名字，您並不需要評估那個人。只要跟我們說，我們就跳過去，而問您對下一個人的看法。

理想上，當受訪者不能認出某個名字或是認為他們無法評估一個人的時候，就會提出來讓訪員知道。然而，上述的回答說明卻很可能會鼓勵某些受訪者把調查評估的對象放在50度的位置，這包括那些他們根本不認得的名字。表2-1顯示受訪者如何評估2008年不同的政治人物。要記得小布希是即將屆滿的共和黨總統，歐巴馬（Barack Obama）跟麥肯（John McCain）是主要政黨的總統候選人，拜登（Joe Biden）跟裴琳（Sarah Palin）是主要政黨的副總統候選人，萊斯（Condoleezza）是小布希總統最高顧問，林堡（Rush Limbaugh）是著名的共和黨評論家。

受訪者中不認得小布希、歐巴馬或是麥肯，或是不能評估他們的比例非常少；相較之下，其他四位的比例就高多了。拜登是27%（4+23）、林堡25%（3+22）、裴琳16%（3+13）以及萊斯15%（2+13）。這顯示出，篩選性問題發揮了很好的作用，因為很多受訪者並沒有對比較不知名的政治人物進行評價。不過，令人憂慮的是，在真的對這些政治領導人給予情感溫度評價的民眾當中，比起對於小布希、歐巴馬與麥肯，有較高比例的民眾給予拜登、裴琳、萊斯跟林堡50度的評估（參考表2-1最後一欄）。例如，他們給小布希50度評價的比例只有11%（11/(11+88)），但給林堡50度的比例卻達到27%（20/(20+55)）。

因為林堡不像小布希、歐巴馬跟麥肯那樣有名，所以有較高比例的民眾給他50度的評價並不足奇。但無態度的問題很可能在此悄悄起作用。也許50度是一個真正的中立位置，更或許只是對那些沒被篩選問題過濾掉的無態度者，單純的一個方便又安全的藏身處。後面的說法從林堡的議題立場獲得更多有力的支持。作為一個極為保守又強力推銷他立場的林堡來說，他不太可能讓民眾對他抱持中間的態度，除非受訪者對他的政治立場不太知悉故只是無態度而不是表達真實的意見。

表2-1　對七位政治人物的情感溫度評價（百分比）

人名	評價					
	50以外的評價	給50的評價	不認識	無法評價	總計% (N)	評價50的%
小布希	88	11	0	1	100 (2,323)	11
歐巴馬	87	12	0	1	100 (2,323)	12
麥肯	80	19	1	1	100 (2,323)	19
拜登	54	19	23	4	100 (2,323)	26
裴琳	66	17	13	3	100 (2,323)	20
萊斯	66	19	13	2	100 (2,323)	22
林堡	55	20	22	3	100 (2,323)	27

資料來源：2008年美國全國選舉研究計畫，由密西根大學與史丹佛大學共同執行。

註：表格內數值是受訪者對各個政治人物評分的橫列百分比。最後一欄是由最前面兩欄相加後除以第二欄。

2008年美國全國選舉研究中，選民回答自己意識形態的位置，提供了另一個有關篩選性問題效果的例子。受訪者被問道：「最近我們常聽到很多有關於自由與保守的討論。這裡有一個關於人們從極為自由到極為保守的七個刻度政治態度量表，您會把自己放在量表上的哪個位置？或是您沒有想過這個問題？」儘管在政治以及競選的討論中，自由—保守的用詞非常普遍，幾乎有四分之一的美國民眾說他們並沒有想過這個問題。在那些將自己放在七點量表的民眾中，21%說他們是較傾向自由派、32%說他們是較傾向保守派，另有22%說他們屬於中庸派。當一開始說他們沒有想過這個問題或是中庸派的民眾被追問（如果您需要選擇的話，您會認為自己是自由派還是保守派？）自我定義的意識形態量表中，說自己是保守派的比例上升，54%是保守派、36%是自由派，另外10%是中庸派（受訪者自己表示的），當然，對於迫使中庸者離開中間的位置（此處是中庸派）是否恰當略有疑義，我們將在下一節討論這個問題。

Benson（2001）提供了一個問卷中包含篩選性問題後，調查產生讓人訝異結果的例子。在一個研究民眾對學校教育券跟特設學校（charter schools）態度的調查中，直接以沒有篩選性問題或「無法決定」的選項的問題，詢問其中一半的受訪者支持或是反對這些提議。另外一半的樣本雖被問到相同的問題，但多加了一句：「或是說您沒有得到足夠的資訊來提供您對這個問題的意見？」對於那個沒有加入篩選性問題的教育券訪問，只有4%的受訪者主動回答「不知道」的答案；但是當提供了「沒有得到足夠資訊」的選項時，33%的民眾選擇這個選項。關於特設學校的調查差異更大。在前一個問題中只有9%自願給予「不知道」的回答，但在後一個問題中，63%回答他們沒有得到足夠的資訊來表示意見。Benson（2001, 40）指出，因為增加了篩選性問題使得支持特設學校的比例從62%暴跌至25%。一般民眾對特設學校的支持度會因為所選擇的問卷問題形式的不同，而有差異極大的結果。

最後，在2009年時針對兩個議題進行的民調展示了包括篩選性問題與否對於回答模式的影響。第一個例子是有關提名Sonia Sotomayor擔任美國聯邦法院大法官。AP-GfK在2009年5月28日到6月1日進行民調，詢問美國的成人受訪者以下問題：

問：也許您知道，最高法院大法官David Souter即將退休，歐巴馬總統提名Sonia Sotomayor取代他。請問您對大法官被提名人Sonia Sotomayor支持、不支持還是您對Sonia Sotomayor不夠熟悉所以無法表示意見？

支持：	34%
不支持：	18%
不夠熟悉：	39%
不知道：	9%

幾乎在同一時間（2009年5月26日到6月1日），昆尼皮亞克（Quinnipiac）大學民調詢問受訪者：

問：您贊不贊成歐巴馬總統提名Sonia Sotomayor擔任大法官？

贊成：	55%
不贊成：	25%
不確定：	20%

兩個題目明顯的差異，是第一題包括了篩選的用詞：「還是您不夠熟悉……」。不過，我們檢視它對於回答模式的影響。想像某份報紙的報導或是政治上的討論引用其中一個而非另一個問卷題目。第一份調查結果可能達到只有三分之一民眾支持Sotomayor的結論，但第二份結果卻可以宣稱有明顯過半數的美國民眾支持Sotomayor。

在2009年底由不同民調機構針對健康保險（譯者按：台灣的全民健保）進行的民意調查也出現了包括篩選問題所造成的結果。由ABC新聞網／華盛頓郵報（在2009年11月12-15日）進行的民調，詢問民眾：「您對歐巴馬處理健康保險的方式贊成還是不贊成？」結果發現：有47%的美國民眾贊成，49%的美國民眾不贊成，另有3%不確定。而CBS（在2009年11月13-16日）的調查詢問相同的問題時，得到有44%贊成，48%不贊成，另有8%不確定。至於CNN／民意研究公司（在2009年10月30日到11月1日）

進行的調查，詢問民眾：「就您目前為止所聽到與讀到的相關資訊，您對歐巴馬健康保險的改革計畫贊成還是不贊成？」結果發現有45%贊成、53%不贊成，另有2%不確定。最後，NBC新聞網／華爾街日報（在2009年10月22-25日）進行的民調，詢問：「就您所聽到有關歐巴馬的健康保險計畫，您認為他的計畫是一個好主意？壞主意？如果您沒有特定想法，也請跟我們說。」結果有38%說是好主意、42%說是壞主意、16%沒有表示意見、4%不確定。明顯地，NBC新聞網／華爾街日報的民調給了我們不同風貌的美國民眾意見。其顯示了，約有20%（16+4）的美國民眾對健康保險沒有明確的意見，相對於CNN的民調只有2%的美國民眾表示他們沒有明確的立場。

無態度者和調查問題的中立立場

前述例子說明了評估無態度者的數量有多麼困難。這些例子在態度和意見的測量上也指出另一個問題：當一個人回答「我不知道」、「我無法決定」或是「看情形」時，到底是什麼意思？這些回答代表了真正的中間立場或是別的呢？無態度者的回答是不是該被放在中立或中間立場？還是說他們不應該被歸在測量尺度上的某一點，以免造成大量民眾採取中間立場的錯覺？

問卷項目中所包含的選項，會影響無態度者的比例。例如1985年11月時，一個CBS新聞網／紐約時報的全國性民調中，詢問美國民眾：「為了平衡預算，誰應該有權力來決定要刪減政府那些部分的支出？是總統？還是國會？」需要注意的是，該問題並沒有將總統和國會應有同等權利的這個選項提供給受訪者。約有4%的受訪者自動選擇這個選項，但如果這個選項直接被列出來的話，會有多少百分比的美國人會做出這個選擇呢？與上述極為不同的是1985年11月ABC新聞網／華盛頓郵報的民調：「您覺得美國還是蘇聯哪國在軍事上居於領先的地位？還是他們勢均力敵？」有24%民眾說美國領先，26%說蘇聯領先，4%沒意見，不過有46%的民眾說兩國在軍事上勢均力敵。事實上，ABC新聞網／華盛頓郵報在1979年至1991年間總共問了美國民眾八次同樣的問題，回答兩國勢均力敵的比例介於34%到55%，平均為44%。我們可以想想，如果沒有提供中間選項，結果可能會是什麼樣。

根據加入中間選項對調查結果影響的相關研究顯示，加入中間選項一般會增加大約25%「不選邊站的」（noncommittal）回答（Shuman and Presser 1997; Bishop, Oldendick, and Tuchfarber 1980; Presser and Shuman, 1980）。這個發現顯示：將中間選項省略，將會把對議題僅有微弱或無立場民眾的回答，轉變成具有數量但卻沒有意義的答案。Presser與Shuman（1980）在一個研究中，將民眾隨機分為兩群樣本而用兩種版本的問卷進行調查。兩種版本唯一的差別是：一個提供了中間選項，另一個則沒有。例如一個問到使用大麻的罰則：「您認為使用大麻的罰則應該比現在更嚴？更鬆？還是跟現在一樣？」另一個版本則問到：「您認為使用大麻的罰則應該比現在更嚴？還是更鬆？」若問題包含中間選項，平均約23%的受訪者回答「跟現在一樣」。當問題沒有包含中間選項，得到這樣的答案則只有約8%。

Bishop（1987）的研究進一步指出：中間選項的存在與否，會影響調查的結果。從一系列的實驗中，Bishop的研究確認了過去研究提出的：當調查問題提供中間選項時，民眾會比沒有中間選項時，更會選擇中間選項。甚至於，只有在調查的說明中提到中間選項，而完全沒有被列在回答選項當中，仍然會讓受訪者選擇中間選項。更重要的是，Bishop（1987, 227）證實：當不提供中間選項，而讓「選擇中間選項的人被迫要在兩端選擇時，他們的回答不一定會和其他受訪者相同」。

要詮釋「不知道」這個回答的意義，遭遇到的問題更多，因為「不知道」可能意味著很多不同的意義（Coombs and Coombs 1976-1977; Faulkenberry and Mason 1978）。對於有些人來說，「不知道」只是單純地反應對於主題沒有意見，但對於其他人來說，這可能意味著無法從對立的立場中選擇。Smith（1984, 229）也指出，「不知道」回答可能會出現的其他情形：受訪者可能覺得選邊站沒安全感、或者他們因為注重隱私而拒絕表態、或是他們不想得罪人。有些受訪者會為了加速完成訪問而說出「不知道」，以跳過續問的題目。最後，正如其他無態度的受訪者可偽裝成有意見，這些受訪者的中間答案（包括「不知道」）可能掩飾了真正的意見。Gilljam與Granberg（1993）發現：在民意調查進行前，訪員告知受訪者可以回答「不知道」的意見後再進行訪問時，當受訪者表示具體態度之後，這些態度可以預測他們的行為。他們得出的結論是，有些民調的受訪者確實利用「不知道」回答來隱藏自己真正的態度。

Berinsky（2004）對於「不知道」選項的後果，提出了重要的規範性理由。他指出受訪者可能答以「不知道」的兩個原因。當然，不論什麼原因，受訪者可能不知道該議題。不過，Berinsky指出：有些民眾對某些民調問題有意見，但是研究者卻不能提供他們適當的選項。取而代之的是，受訪者因為社會壓力以及考量對該問題表達明確意見後的成本，故選擇了「不知道」這個選項，使得那些表達出來的意見也許未必完全代表民意的各種面向。例如，當一些民眾認為對種族相關議題的特定回答，可能使他被別人歸類為反對黑人（anti-black），因為他們不想讓人覺得他們有偏見，所以這些民眾表示「不知道」，而非他們的真實意見（參考第七章David Dinkins紐約市長選舉的真實案例）。Berinsky的分析顯示：在各種不同議題中，民眾回答「不知道」可能是隱藏他們的政策偏好，因此，那些明確表達偏好的民眾並不能完全代表所有樣本的意見。Berinsky的研究對於科學民調的長處——他們的代表性，提出了重要的挑戰。如果受訪者中有特定次群體有理由用「不知道」選項去隱藏他們的真實偏好，那我們就失去民眾的寶貴資訊。媒體與民調的使用者對於「不知道」的真正意義是什麼需要更為小心。

Converse（1976-1977）分析哪些受訪者的特性或是調查問題的性質會影響「無意見」和「不知道」答案的頻率。不出所料地，她發現學歷愈高的受訪者，愈不會回答「無意見」。就問題的性質來說，她發現最重要就是問題的內容。如果民眾對問題內容愈沒興趣或愈不相關，「不知道」答案出現的頻率便會愈高。

其他的研究則對回答的選項以及順序如何影響調查的回應，提供進一步的線索。Krosnick與Alwin（1987）發現受訪者的認知練達程度愈低——正式教育程度愈低或是字彙能力較差——他們的回答愈容易受到選項順序的影響。Bishop（1990）也發現，在調查問題中提不提供中間選項，對那些較不關注該主題民眾的影響最為顯著。整體而言，Converse、Bishop，以及Krosnick與Alwin的研究顯示了：回答選項和其順序真的會造成影響，但其影響機制又相當複雜。因此，對於回答選項如何呈現的問題上，民調人員必須對這些潛在扭曲甚至操縱的回答結果特別小心。

讓受訪者必須在正反兩端上做出選擇，以降低中間或中立的答案，是個好主意嗎？還是鼓勵民眾選擇中間的立場較好？答案當然是「要看情形」。如果人們有真正的態度，那民意的研究者就要讓這些態度明確地表達出來。這時候加入中間選項可能導致謹慎的民眾選擇中間立場，特別是在他們不願意向訪員透露他們在爭議性議題上的真實意見時。但是省略了中間選項，將導致不太有意見甚至無意見的民眾選邊站，造成我們對真實民意錯誤的印象。利用篩選的問題也遇到類似的困境。研究者想要篩選掉無態度的受訪者，但又不要讓真正有意見的民眾輕易地閃躲而不願回答問題，或避免在不太有意見時，困難地回答問卷。

這是一個沒有簡單解決辦法的難題。民調研究者和民調的消費者，對於民調中是否要使用以及使用哪種篩選性的問題上，要非常謹慎。他們也要注意應提供給受訪者哪些答案的選項。最後，針對特定民眾所進行特定實質問題的研究是否適當，是政治分析人員和民調消費者要特別注意的。在政治的領域中，對政治菁英極關切的議題，一般老百姓可能興趣缺缺。

回答的不穩定性和無態度者

如果一個調查是在測量真正的態度，則答案在不同時間點上應該仍有其穩定性。可是，很多調查的答案卻在很短時間內，出現大幅度的波動。這種波動不免讓人對最先測量到的意見之真實性起疑。運用相同的民調題目卻在不同時間點獲得不一致的答案，這可能是無態度的表徵之一。不過，Zaller與Feldman（1992）對於態度不穩定提出了不同的解釋。他們指出民眾對很多議題並沒有高度具體或固定的意見；反而是人們時常對議題有著多元但或有矛盾的意見。一個人回答某議題的民調問題時，可能只是他們當時腦袋中正好想到的事情。這些腦袋中浮現的事情，則受到他們最近經歷的事情和調查問題本身提供的線索所影響。所以民眾在短時間內，對於議題的態度有著不同的回答是有可能的，而且這個不穩定性也不一定就意味著無態度：這有可能是真實世界或民眾回答民調問題時的調查情境改變了。這樣一來評估無態度的問題就變得更難了。

Zaller與Feldman的研究有著很多意涵。首先，他們提醒了我們調查工具的特性，包括問題的措辭、問題的順序和回答的選項，可能影響民眾的回答結果。第二，他們也警告，我們應該用多個問題，而不是只用一至兩個，來評估民眾對複雜議題的意見。不幸的是，在很多綜合的民調中，研究者嘗試涵蓋各種主題，他可能因為時間和空間的考量，無法在單一主題上容納多個問卷題目。調查結果就看問卷中使用哪個特定題目了（這個問題在第八章有較深入的討論）。

最後，Zaller與Feldman認為：民眾在訪問情境下的各項考慮，會影響調查結果的這個研究發現，讓我們在調查時給民眾新的資訊，看他們態度是否改變的做法，提供了一個合理的依據。例如假設有人抽樣一群資深公民詢問對提供他們健保處方箋用藥的看法，然後得到壓倒性的支持意見。再假設我們接著告訴他們這個計畫將導致較高的健保費用後，受訪者對該計畫的支持度就降低許多。這個意見分布上的改變，是否為無態度的一個指標？答案當然是否定的。不同的意見分布只是反映了：民眾在回答兩個不同問題時，有著不同的考量罷了。第一個問題探討的是健康的問題。第二個問題則納入了成本的因素，因此改變受訪者對議題的想法（這個提供新訊息給受訪者的例子不應該和第七章所討論之不當的推開式民調混淆。探討受訪者在得到新訊息後，對議題的看法會不會改變的研究是適當的）。

一個利用多個問題來確定所測量的意見真實與否的策略是由民調公司Yankelovich、Skelly以及White所發展的「多變程度指標」（mushiness index）。多變程度指標是用來評估民眾在議題態度的不穩定性，特別是當民眾對陌生的或沒什麼概念的議題提供意見時。多變程度指標除了個人對某議題的立場外，還包括四個部分：議題對受訪者個人的影響程度、受訪者覺得他對議題的瞭解程度、受訪者和家人與朋友對該議題討論的情況，以及受訪者在該議題的態度上會不會改變的情況（Keene and Sackett 1981）。基於這些標準，Yankelovich、Skelly與White將議題分類成三種類別，從態度非常不穩定或是「多變」（mushy），到非常堅定。整體而言，他們發現：相較於外交政策，民眾在國內議題的意見上較少變化。

我們可用以下例子說明多變程度指標的有用性（Keene and Sackett 1981, 51）。在美國的一個研究中詢問受訪者：「對於比美國生產還便宜的產品，如日本汽車、布料和鋼鐵，限制其進口的問題上，請問您是贊成還是反對？」54%支持限制進口，41%反對限制，只有5%不確定。但是當受訪者依照四個多變程度的標準分成三類後，他們回答的分布模式就很不一樣了。在最多變的一組中，有39%支持限制，有37%反對，另有24%不確定。在最堅定的一組中有62%支持限制，37%反對，1%不確定。

民眾對於議題的瞭解程度（這是多變程度指標的一個部分）當然也影響到他們的態度。在1997年當北約（NATO）的擴張成為一個重要的政治議題時，民調專家開始詢問民眾對該議題的意見。由於美國民眾對於北約以及北約的擴張瞭解程度低且有相當比例的無態度者，應用多變程度的調查方法以確定民眾對北約未來的看法，就成為一個適當的方式。在1997初年，一項民調發現：大約有70%的民眾對於北約擴張知之甚微（Morin 1997b）。大約有四分之一的民眾錯誤地以為俄羅斯是北約的成員。原本有60%的民眾支持北約的擴張，但是當他們瞭解擴張是納入新的成員國以及有更多財務與成本的支出時，支持度大幅下降。整體而言，因為國際事務對美國民眾較不重要也較無趣，所以關於國際事務的民調更容易受到無態度的影響。

Moore（2009）對於民調從業者給受訪者一些資訊然後詢問他們態度的做法非常反感。他認為，民調從業者必須先確認民眾對該議題是否有資訊，如果有，再詢問他們的意見。Moore引用兩個想要瞭解在2008年選舉之後，美國民眾對於單一政黨控制政府（按：就是行政部門與立法部門）的意見。其中一個CNN（在2008年11月6-9日）的調查，詢問了以下封閉選項的問題：

問：如您所知，民主黨將會控制國會的參、眾兩院的多數且同時贏得總統選舉。您覺得這樣對我們國家是有好的影響？還是有不好的影響？

好的影響	59%
不好的影響	38%
不確定	3%

另一個美聯社／GfK民調（2008年11月6-10日）詢問以下問題：

問：如您所知，民主黨將會控制眾議院、參議院的多數同時贏得總統選舉。您覺得這樣對我們國家是有好的影響？有不好的影響？還是民主黨同時控制參、眾議院與總統職位其實真的沒什麼差別？

好的影響	42%
不好的影響	34%
沒什麼差別	20%
不確定	4%

很明顯地，第二個調查加入「沒什麼差別」選項讓回答的分布產生劇烈的變化。在第一個問題中，有遠多於半數的民眾認為民主黨控制政府是好事，但是在第二題只有略微多數的民眾抱持這個態度。不過，Moore反對之處在於，提供民眾意見其實是創造意見。他認為：

……兩個民調組織以提供資訊來刻意操縱民眾以獲致答案。他們為何需要告訴民眾民主黨控制參、眾議院與總統三個機構？為什麼不先瞭解有多少民眾知道這個情況，然後，再針對那些知道的民眾詢問他們，這對我們國家是有好的影響？有不好的影響？沒什麼差別？還是他們對此事並沒有意見？

> 不過，主要媒體的民調專家對於民意的真實測量並不感興趣。……對CNN來說，他們報導有97%的民眾認為民主黨控制政府是「好的」或是「不好的」……可能符合新聞需要，不過，……這完全不是事實。

多變程度指標在一般調查中並不常被使用，部分是因為要問完所需建構的問題，要太多的成本且費時，尤其是當一個調查要涵蓋的其他主題較多時。儘管如此，多變程度能夠幫助解釋美國民意調查中多個異常現象，因此，它仍是一個在分析層次上有趣的概念。一個令人困惑的現象是：每當美國總統針對某議題，特別是在外交事務上，發表演說之後，我們觀察到民意的大幅擺動。民意在以下議題上尤其不穩定：(a)當它對人們的影響似乎還很遙遠時和(b)公民不容易對該議題產生影響時。美國民眾常讚嘆他們的總統具備影響民意的能力，但他們沒有意識到，如果白宮能夠將議題設定為對總統和民眾的目標都有益的方式時，民眾不加思索就「跟著領導走」的心態就會起作用，也讓總統能夠成功地帶領民意走往任何方向。

建構多變程度指標的原理並不是源自Yankelovich、Skelly與White。超過五十多年前，George Gallup（1947）即主張利用多個面向來測量民眾意見的調查設計。的確，Shuman與Presser（1981）和其他的研究者也都強調，除了測量意見之外，同時瞭解議題對一個人的重要性，更有助瞭解態度改變的動態機制。不過，Yankelovich、Skelly與White利用其他早期奠基的民調研究結果，以他們足夠的公共關係敏銳度來為他們的發現設計出一個容易朗朗上口的專有名詞。

有人懷疑很多調查問題應該得到較高的多變程度分數，但很不幸地，因為問卷裡的時間和空間不足，研究者不會去問所需的後續問題，自然也無法計算這些題目的多變程度分數。所以民調使用者需要問自己：調查的議題對受訪者來說是否值得關切，或者只是一件不太切身也無實際相關的小事情。如果是前者，那多變程度和無態度將不太會是個嚴重的問題。一個讓問題變得更複雜的因素是調查的主題對不同次群體的美國民眾很可能會有不同的重要性。失業的鋼鐵工人和汽車廠的勞工會對國外進口品較關注，所以會比像是大學生這樣的次群體一般，在這些議題上有較為穩定的態度。資深公民較年輕民眾對於社會安全和全民健保抱持的看法也相對成熟。美國民意在很多議題上都包含不同次群體的分歧看法，這些次群體中有些對議題有著真正的意見，有些則沒有。更重要的是，當試圖將民意與政府程序和決策連結在一起時，全體民眾意見的重要性可能遠遠不及某個次群體的意見。在特定議題上，少數擁有真正意見民眾的看法，對政府政策和政策制訂者才享有最大的影響力。

對於民主和公共政策的意義

在民意調查當中，對於無態度的問題的嚴肅討論，近年有增加的趨勢。雖然大家同意美國的民眾（或是其中相當大的比例）在很多政治和公共領域的諸多層面上的資訊是貧乏的（Delli Carpini and Keeter 1991, 1996; Alvarez and Brehm 2002），不過民眾在某些議題上的無知，對於民意調查和民主運作會有怎樣的影響，學者則有不同的看法。有些學者責怪民眾漠不關心和資訊匱乏，並懷疑民調結果告訴我們，關於民眾對特定議題政策偏好，到底具有多少意義。其他學者則指出民調方法也必須分攤部分的責難，因為他們沒有提供民眾闡述他們偏好和意見的完整機會。其他學者試圖以政治知識高低來將民眾分為幾個不同的群體，然後找出不同的政治知識程度對意見形成和意見穩定性上有什麼影響。例如Gilens（2001）區分政治知識和特定政策資訊，探討兩種資訊對美國民眾在政策看法上的影響。他觀察到，公民若是對特定政策資訊無知，相較於如果他們獲得特定政策的資訊，會導致他們對於政策持有不同的政治看法。但他也發現，特定政策資訊對於有較高政治知識的美國民眾影響最大；這一群民眾是最有可能將新的資訊融入他們的政治判斷，進而可能改變他們的看法。在此情況下，態度的改變就不是回答的不穩定或無態度的證據，反而應該是接受新資訊與融會貫通後「學習」的一種指標。

相關的脈絡中，在1997年加拿大的選舉中，三位政黨領袖都是政壇上的新面孔，我們利用此一機會研究學習對於民眾態度的影響（Blais 2000）。在選舉前進行的一個民調中，受訪者被問到他們對各個領袖知道很多、一點點、還是一無所知。在選後進行的另一個調查，同樣的受訪者（包含那些當初表示對這些政黨領導人完全一無所知的民眾）被問到他們喜歡或不喜歡各個領導人。一個基本的結果是：在當初表示對領導人沒概念的加拿大受訪者中，平均74%表示他們願意也可以提供對某領導人的意見，這反映了人們就算在只有極少資訊的情形下，仍然提供答案的傾向。民眾對於領導人的好惡真的可以預測他們的投票選擇，其中，對本身有較多知識的受訪者影響較大，但對具備較少知識的受訪者也仍具有影響。作者的結論是：具備較少知識的受訪者並不是隨機回答或者無態度，他們對領導人的好惡反而是個有意義的評估。

我個人的觀點〔與Perlmutter（2002）及Bishop（2005）和多位其他人相同〕認為：美國民眾即使只有些許資訊，也能對很多事情表達意見，而民調的整個過程和所詢問的問題，時常創造出可能平常不太明顯的意見。無態度問題的嚴重程度，部分取決於民調結果如何使用。如果一個研究者只是單純描述美國民眾對某些調查項目的意見分配情況，那其中出現一些無態度的反應就不用太擔心。但是如果民調結果是用以採取、持續推動、修正或是停止某些政策或是方案時，無態度的反應則會是較嚴重的問題。在政策辯論時，對民調的描述經常是被利用和扭曲的，因此，對無態度的問題一定要持續注意。當我們聽到政策擁護者引述某知名民調，顯示美國民眾支持在利比亞的維和任務、增加自由貿易協議、與北韓協商，或是在世界各地更積極涉入時，我們不禁懷疑研究人員在蒐集資料階段是否小心地降低無態度的問題，以及他們在公開報告結果時對無態度的問題有多麼謹慎面對。為避免讓讀者以為無態度的問題只存在於外交政策和國際事務上，讓我用一個州級的民調之討論來總結這一段落。在2001年，俄亥俄州進行了一個民眾對於鐵路載客服務的民調（Williams 2001）。調查中的兩個關鍵的題目如下：

問：俄亥俄州的官員正考慮推廣鐵路載客服務。請問您對俄亥俄州的鐵路載客服務是強烈支持，支持，不支持不反對，反對，還是強烈反對？

強烈支持	30%
支持	50%
不支持不反對	11%
反對	5%
強烈反對	1%
拒答	0%
不知道	3%

問：如果您在考慮一個離家約75到300英里間的旅程，而俄亥俄州可以提供一個快速又現代化的鐵路系統，請問您在這個旅程上，考慮使用鐵路運輸的可能性為何？

非常可能	47%
有可能	37%
不太可能	6%
絕不可能	9%
拒答	0%
不知道	1%

鐵路載客服務的支持者大肆渲染這次民調的結果。Bill Hutchison〔俄亥俄州鐵路乘客協會（Ohio Association of Railroad Passengers）會長〕也是民調贊助者之一，他表示：

> 我們覺得：民眾支持（鐵路運輸）但卻無從支撐這樣的想法。我們現今的移動能力正受到一個猶如在僅有兩支腳的板凳上想要取得平衡的威脅。我們需要加上第三支腳，而這支腳正是鐵道載客服務。我們希望公職人員、社區領袖和其他人都會注意到這次調查的結果（Williams 2001）。

顯然地，鐵路載客的擁護者想利用民調結果幫助他們達成目的。那為什麼民眾要小心鐵路載客的擁護者如何利用這個民調？

首先，這裡面沒有篩選性問題來過濾掉對此議題沒有看法的受訪者。其次，第一個題目中並沒有提供一個「不知道」選項，而是直接要受訪者在五種選項中選擇其中一種。第三，第二個題目的措辭讓人較為保留，因為它詢問的是受訪者有多少機率會考慮利用鐵路來旅行，而不是直接詢問他們會不會利用鐵路交通來旅行。此題目的另外一個具有引導性的爭議在於問卷題目出現「快速又現代化的鐵路系統」。第四，這個調查裡面應該沒有足夠的問題來測量鐵路載客服務的多個面向，這包括鐵路載客服務的經費來源。調查當中只有一個關於經費的問題；受訪者被問到他們喜好四種經費來源的哪一種：利用州的一般收入資金如營業稅收（24%），經由發行州債券來舉債（23%），將州汽油稅每加侖調高一角（21%）或從高速公路和運輸基金挪用（19%）。這不是一個不好的問題，只是它把支付載客鐵路的費用，在看起來在沒有造成普遍公民太大的負擔下，輕易地達成。該問題並沒有直接詢問俄亥俄州民眾有多高意願去支付這個鐵路載客服務的費用或是挪用其他計畫的經費來支付此服務。整體而言，這個調查使得俄亥俄州民眾很輕易地就為鐵路載客服務背書；畢竟，如果鐵路載客服務可以這麼輕易地達成，又有誰會反對呢？回答當中應該有很多無態度者；至少，這樣的研究很適合做「多變程度」的評估。因為此民調結果用以影響鐵路載客服務的公共政策辯論，因此，「多變程度的評估」應該是該民調公布前的基本要求。

結論

民意調查中的無態度問題，仍是關注甚少的一個主題。民意調查的其他層面，例如題目的措辭和抽樣，都獲得非常多的注意，甚至在電視和報章在報導民意調查時都會提到。但是很少人會提出最根本的問題：民調的主題內容是不是受訪者感興趣的？民調是不是訪問到對議題真正有意見的民眾？民調的問題是不是妥善地捕捉到該研究議題的複雜性？

當民眾回答民調，不是針對問題詢問的真正目的或內容，而是以問題所提供的線索和自己對問題的解讀時（很多時候極具特色），則要評估無態度問題的程度大小是一個困難的工作。例如一個受訪者被問到支不支持將軍事設備賣給沙烏地阿拉伯，他的回答可能不是基於對沙烏地阿拉伯的任何知識，而是基於他對武器產業的既有立場（她可能持有某個武器製造商的股票）。當民眾被問到他們支不支持美俄聯合太空探險，他們的回答可能是基於他們對蘇聯的既有看法，而不是從哪種是最佳探索太空的方式來表達意見。

雖然無態度對民調是個問題，美國民眾還是不應忽視民調，因為民眾在很多議題上是具有真正的意見且願意表達出來。只有一小部分的民眾對於其他議題有真正的意見，即使如此，一些事件可能轉換某項議題成為一個引起廣大民眾注意的問題。有時候民眾在其所關心的議題和對這些議題的立場都表現得很多變。例如Oreskes（1990）觀察到：在1989年，有64%的美國民眾說毒品問題是美國面臨的最重要問題；但短短一年之後只有10%說毒品是美國最嚴重的問題。這絕對不是反毒戰爭的勝利讓民眾降低毒品問題重要性的認知，反而這是因為媒體和總統他們所強調的議題有所改變所致。當媒體和總統關注毒品的肆虐時，很多美國民眾便將此議題視為國家所面臨的嚴重問題，但是隨著新議題的產生和媒體及政治焦點的轉移，美國人認為關鍵的議題隨之改變。

總之，如果一個民調研究者只是想知道選民對某些艱澀議題的瞭解或是看法，他們可以問些問題，得到很多無態度的回應以及報導這個結果。除非整個調查結果顯示民眾偏好某個政策選項勝於其他的選項，否則不會造成任何傷害。但是，一旦調查結果宣稱民眾偏好某些政策選項，特別是該調查是與民眾日常生活非常遙遠的議題時，我們就必須抱持懷疑的態度。例如，當美國民眾對伊拉克有所知悉也有一定的態度立場，但極少人知道達佛（Darfur），不過，民調研究者兩者皆詢問。當2006年2月蓋洛普詢問美國民眾他們可不可以說出以下六個世界各地的領袖人物的名字：包括美國國務卿、古巴領導人、俄羅斯與墨西哥總統、英國首相以及德國總理。有18%的美國民眾一個都說不出來，17%可以說出一個，14%可以說出兩個；而另一方面，只有2%可以說出六位，另外有15%可以說出五位。這表示多數美國民眾對於國際事務與世界領袖的知識，存在著很大的落差。這也表示我們在進行有關國際事務的民調時，必須注意無態度的問題。當華盛頓郵報的民調（在2009年4月21-24日執行）詢問民眾：「對於歐巴馬總統處理美國與古巴關係的方式，請問您贊成還是不贊成？」然後接著詢問一系列沒有中間或是不確定選項的問題，包括：外交關係、貿易禁運以及旅遊限制等議題，或許我們會認為這樣的調查結果只是測量到許多無態度或是許多看似具體但卻並不存在的意見。也許應該先問問受訪者他們知不知道美國對古巴的政策，只有那些對此議題有概念的受訪者才繼續詢問他們對美國與古巴關係的看法（詢問民眾對國內議題的看法也應該用同樣的方式）。民調研究者與媒體如果將民調結果與受訪者的知識程度、教育程度、或其他測量受訪者練達或是知悉程度的特徵做交叉分析，就可以進一步瞭解民意以及無態度可能存在的情況。當我們發現不同資訊程度的受訪者的意見或是偏好出現顯著差異，則提醒我們受訪者中可能存在著無態度的問題。

造成無態度的這個問題，來自受訪者的部分遠多過來自測量工具的部分　亦即一個沒有包含任何誘導用詞或隱喻選項而細心設計的問卷題目，無態度的問題仍然可能發生。不過，問卷題目本身的缺失以及在民意調查中所遭遇到的各項困難，都會造成無態度的問題。在下一章我們會更仔細地檢視問卷題目的措辭、問題的順序和問題的內容可以會如何影響民意調查的結果。

習題

1. 在第一章的第一和第二個練習題中，要你蒐集新聞及新聞雜誌的民調。現在檢視這些民調的主題內容，並自行判斷是否有無態度的問題。然後檢視問題的實際遣詞用字（如果有問卷題目的話），檢視是否有使用篩選性問題，以及在題目中是否納入「不知道」的選項。

2. 針對流行文化的不同層面，設計一個五個題目的調查。這個調查要能在一個大學學生的樣本中產生真正的態度，但卻在大學生的家長樣本中，產生很多的無態度。
3. 找一個民調機構的網站，如Gallup、Harris Interactive或PIAP，搜尋任何針對外交政策和國際事務（伊拉克、阿富汗和反恐戰爭除外）的民調總結報告或是媒體新聞稿。檢視那份報告或媒體新聞稿，請你自行判斷無態度會不會是問題。

第三章　問題的措辭與脈絡

在與民意調查相關的所有陷阱中，問卷題目的措辭（wording）也許是民調消費者最熟悉的。運用誘導的（loaded）措辭或煽動的措辭可影響民眾回答調查問題的答案。例如，如果一個民調要顯示民眾不太支持聯邦政府協助財務困難企業（像是1990年代對儲蓄或是貸款企業，或是2009年對汽車產業）的話，調查者只需要問美國民眾他們贊不贊成聯邦政府對於那些團體進行「緊急援助」（bailout）。很少人會支持緊急援助，但有較多人會支持有適當擔保措施讓貸款可以償還給政府的聯邦貸款。如果希望民調顯示出民眾不太支持提供國際援助，則會以具爭論性和誘導性的題目詢問，像是：「當國內還有孩童挨餓時，您贊不贊成美國對其他國家提供國際援助？」的問題。如果想要展現民眾支持對其他國家提供外援時，民調者則可以用不同誘導的問題，詢問受訪者：「您贊不贊成提供其他國家外援來協助他們抵抗恐怖主義，進而增進我們的國家安全？」

一些別有用心的個人和團體，可以輕易地設計出能夠產生他們所想要之答案的問卷題目。他們提供給受訪者的回答選項，也可以協助他們達到預設的結果。就如同第二章中所提的，若選項中並沒有提供中間選項，民眾很少會主動說出那個選項，這就能改變我們對民調結果的詮釋。例如，如果一個市長希望民調能展現市民對目前垃圾清運費用支出的政策，可以詢問他或她這個問題：「您認為本市在垃圾清運的支出上，是太多？太少？還是剛剛好？」很清楚地，「剛剛好」是對於市長目前政策的背書，而把這個列為一個明確的選項將會製造一幅民眾更支持市長政策的樣貌。

如果某個倡議團體希望藉由民調，證明它的議題是民眾關注議題的前面幾項，它可以利用委託的民調，請民眾在一串選項中指出，國家當前面臨的最重要問題。委託者可以在選項中列出一些相對不重要的問題，並夾帶著該團體所關注的選項。例如，如果一個環保團體想要展示環境問題的重要性，他們可能會問民眾：「下列哪一個問題，是我們國家當前面臨的最重要問題：環境品質、過度的電話行銷、交通的擁擠及娛樂表演的黃牛票。」無疑地，這個調查會發現環境品質將會在所列出議題中排名第一。但假若那環保團體在發表這個頗膚淺的結果時並沒有提供問題的實際措辭和回答選項，將會造成什麼的結果？民眾可能就會誤以為教育、國防、恐怖主義、移民、社會健保和其他重要的議題也都列在選項中，但環境品質卻在眾多競爭者中脫穎而出。

就算民調贊助者沒有明確的圖謀，問卷題目措辭的選擇還是對所調查的結果有很大的影響。很多知名的調查機構針對相同議題得到出入極大的調查結果，主要就是因為他們運用（儘管經過良好設計）不同的問卷題目。

問題措辭的影響顯而易見，相較之下，問卷題目提供的選項以及問卷題目被放在哪些題目前後的脈絡之下的這些影響是較不明顯的。一般民意調查會包含很多問卷題目，而某特定題目所在的位置會影響它的答案。然而大多數民意研究的消費者對選項排列次序的影響所知有限，所以對於題目所在的前後脈絡如何影響回答就沒有什麼概念了。

看看另一個假設性的例子——一個評估民眾對於與中國之間經貿關係的研究，主要在瞭解民眾支不支持給予中國最惠國（most-favored-nation）的地位；不過在此之前，問卷先詢問了一系列中國的經濟與貿易政策，造成美國民眾失業的問題。顯然地，由於先問到中國的經濟與貿易政策的題目，會讓受訪者對給予中國最惠國待遇存有敵意。或者，我們再想像一下，當要測量總統滿意度的調查題目，出現在一系列關於行政團隊的醜聞、處理經濟問題的困境以及府會之間的僵局等相關問題之後。在詢問這些問題之後，受訪者對總統施政表現的評價將較為負面。

較為明確的是，有些「問題效應」（question effects）非常明顯，所以它們比較無法誤導民眾。不過，其他的問題效應較不易察覺且問題更大的，可能會實際操縱或是誤導那些不設防的民意研究的消費者。

問題措辭

Stanley Payne在六十年前寫了一本《提問題的藝術》（The Art of Asking Questions），此為訪問技巧的奠基之作。他在最後一章提出了一個圍繞著哪些議題已被研究、問題結構、回答選項、給受訪者的刺激、題目措辭本身、偏差來源和問題的可讀性等主題，共計有一百個需要考慮的檢查清單。Payne當時說的大多數重點，至今仍然有效。且它顯示了：大致上只要利用常識就可以設計出好問題（Payne 1951）。

特別是在假民調中，因為贊助者想得到特定結果，所以有一些問卷題目在措辭上有問題，是很顯而易見甚至是刻意的。顯然地，使用有立場的措辭會影響結果。例如，提及工會的幹部時，把他們稱做工會沙皇（union czars）或工會老闆（union bosses），而非工會領袖，這樣當然會影響受訪者對於工會幹部的意見。問卷題目也可能是具有爭議性的，將受訪者推向特定的方向。例如，在1994年美國愛滋研究基金會詢問受訪者以下的問題：

> 愛滋疫情是一個全國性的危機。它在美國就已經奪走超過18萬條人命，還有超過150萬美國民眾是愛滋病的帶原者。您認為大多數美國人瞭解此一悲劇已經廣泛蔓延，且最糟的還在後頭嗎？

請注意這是一個複合的問題。它一個題目同時問了兩個主題——疫情的程度及它的未來——然而受訪者在回答時卻無法將這兩者予以區分。有時候複合問題是被掩飾的，使得一個題目有兩個項目的情況，直到他人在解讀結果時才會發現。經典的例子像是：「您是不是還打您的配偶？」「您是不是已經停止使用非法藥物？」不管對這些問題的答案為是或者不是，他們都留下受訪者在某個時點有打過配偶及使用過非法藥物的印象。顯然地，解決之道是用兩道題目：您是不是曾經使用過非法藥物？您現在有沒有使用非法藥物？

在2009年由通用汽車委託執行的一個民意調查可以說明研究者如何讓民調受訪者更傾向於回答一個組織所偏愛的立場（Bishop and Moore

2009）。在直接詢問美國民眾聯邦政府應不應該對美國汽車製造業提供財務支持之前，這個通用汽車委託的調查首先提示受訪者，汽車產業對於經濟的重要性，以及如果這些公司不再生產汽車所可能造成的傷害。他們詢問了如以下的問卷項目：

> 問：有關汽車產業對美國經濟影響的四個事實，我念給您聽：
> (1) 因為美國汽車產業是鋼鐵、銅、塑膠、電器，以及電腦晶片最大的採購者，所以它對其他產業的影響非常大。
> (2) 美國汽車產業提供77萬5千位美國民眾退休金以及200萬美國民眾健康保險。
> (3) 美國汽車產業在全美50個州提供將近500萬個工作機會。
> (4) 美國汽車產業在各個鄉鎮共有1萬4千個車商，提供73萬個工作機會。

> 問：在您瞭解上述事實之後，如果通用汽車、福特、克萊斯勒等車廠在未來幾個月內破產的話，您認為會引起美國經濟蕭條的可能性是如何？是極為可能、非常可能、有可能、不太可能、還是根本不可能？

結果有超過四分之三的受訪者回答極為可能或是非常可能。然後受訪者被問到，他們支不支持聯邦政府對汽車產業提供財務協助，大約有25%的民眾表示贊成。

直截了當與事實的問卷題目在措辭上的問題

在正規調查的例行主題中，問卷題目措辭的問題也會發生。即使是用詞簡單看似直截了當的問卷題目，受訪者可能也會覺得模稜兩可。即使如「家中有幾個人」或是「家中的小孩數目」等基本問題都可能出現困難。例如，當太太和先生分開受訪的調查中，對於他們有幾個孩子這類的事實問題之回答可能就不完全相同（Asher 1974b）。錯誤也許是出在謄寫他們回答的時候，也許是因為問卷題目模稜兩可。一個配偶可能是以「住在家中的小孩人數」回答；另一個則以「總數」回答。或是一配偶可能把前次婚姻的小孩也加入，而另一個可能沒有。Martin（1999）發現受訪者對於有誰住在家中的回答通常是準確的，除非是家中有成員並不是一年到頭住在家裡，像是學生，或是因為工作原因而週期性地離家者。Martin估計全國可能有多達四百萬的人，因為家庭人口數回報的問題，而在調查中被忽略掉。另外，對於受訪者年齡的測量，也讓人意外地問題叢生。Peterson（1984）指出在調查中四種不同的年齡測量方式，產生了相當不同的拒答率（refusal rate）（就是說，拒絕回答問題的受訪者的百分比），儘管四種方式取得的年齡資料都很類似。Harker（1998）發現：兩種不同測量個人所得的方法並不影響訪問成功率，但會產生不同收入水準的結果。最後，隨著美國在種族和種群上變得更加多元化且有更多公民有著多重種族背景，舊式調查中種族分類的簡單方法——白人、黑人，和其他——可能將不再足夠了。2010年的人口普查讓美國民眾可以說他屬於超過一個以上的種族。

Fowler（1992）認為，即使是看起來直截了當的問卷題目，在被納入到正式的民調之前，一定要適當地經過前測（pretested）。他討論了七個——用於全國健康調查——且經過前測的問卷題目，卻有一些模稜兩可的用詞。例如非常簡單的問題，「請問您有沒有定期運動或是打球？」這個題目，因為不同的受訪者對於什麼叫做運動可能有不同的意見，所以這題的題意是模稜兩可的。後來，這個問題就被改成，「請問，您有沒有定期打球或是有任何讓身體活動的嗜好，包括走路或任何運動？」

我們可以試想一下，「您最近幾年有渡假過嗎？」這樣的簡單問題可能會引起哪些模稜兩可的疑問：「最近幾年」是指一年還是二年？還是對某些受訪者來說是指三、四或五年？且什麼才是假期——去某個地方？若是待在家裡的游泳池旁邊也可以算嗎？

有時候受訪者會被詢問一些顯然是事實的問題，但卻出現有明顯的錯誤回答。例如，Prior（2009）發現：在許多媒體效果的研究中，研究者檢視受訪者收看新聞的媒體曝露情況，但是如何測量媒體曝露程度，對最後受訪者媒體使用量的估計，會產生很大的差異。當媒體曝露程度是以受訪者自己回報的答案進行估計，會比將收視器放在參與者家中實際記錄他們收視情況的尼爾森收視調查（Nielson people meter）結果，高出許多。對於研究媒體效果的學者，他們選擇的測量策略，對於他們的研究結果也會有差別：調查的受訪者傾向高報他們電視的收看情況。同樣的，Pascale等人（2009）發現：相較於直接檢視醫療協助的官方記錄，美國人口統計局的當前人口調查（Current Population Survey）中的受訪者，明顯地傾向低報他們接受醫療協助。我們提出的概括論點是：由於記錯了、社會期望效應以及種種其他各種因素，對過去行動或是行為的調查並不像我們想像的那般精確，這是遠超出問卷的措辭，而是調查研究本身既有的弱點。在第五章討論到測量對個人或是社會上較敏感的議題時，我們會提出其他不同的蒐集資料方式。

如果問題措辭可以影響相對客觀事務，像是一個人的年齡、家庭中小孩的數目、或是看電視的頻率，那對於較主觀現象上，問卷題目措辭的影響程度可能會有多少？從本章的說明我們將可以發現，這答案會是：措辭造成很大的不同。我最喜歡提出的例子，是在1982年府際關係諮詢委員會（Advisory Commission on Intergovernmental Relations）贊助三個調查，詢問民眾：如果政府經費短缺，他們會捨棄哪一種政府服務（Herbers 1982）。一個問卷題目問到，「假設您的州及地方政府必須刪減預算，在以下項目您會嚴格地限制哪一項的預算？」當「對需要幫助者的救助」被列為可被刪減服務項目之一時，大約8%的受訪者選擇了它。但是當其他選項都保持不變，但以「公共福利計畫」這個用詞，取代「對需要幫助者的救助」時，有更多的受訪者（39%）選擇刪減公共福利。顯然地，「對需要幫助者的救助」會比「公共福利」更受到歡迎，而且調查中使用的計畫名稱強烈地影響調查結果。事實上，美國民眾傾向抱怨一般的社會福利，但是對社會福利項目下的特定計畫卻高度支持。當2011年美國聯邦與州政府面臨收支大幅短絀時，民眾必須瞭解民選官員如何使用與誤用民調去合理化他們的政策選擇，且在實際的調查中，這些計畫被標上什麼名稱以及如何向受訪者說明。

雙重否定問題

在擬定調查題目時，一個通則是要避免雙重否定（double negative）。不過在1992年，由Roper機構為美國猶太人委員會針對納粹屠殺猶太人（Holocaust）所做的調查中，這個錯誤還是發生了。該調查結果及隨後的媒體報導，都引起了很大的爭議與錯愕（Kifner 1994; Ladd 1994; Moore and Newport 1994; Morin 1994b, 1994c）。Roper的問卷題目詢問受訪者：「對於納粹將猶太人種族滅絕這件事情，您認為是可能從未發生過還是不可能從未發生過？」足足有22%的受訪者表示，納粹大屠殺有可能從未發生過，而另外的12%表示不知道。在此結果被公布後，美國民眾對於納粹大屠殺的無知讓人震驚與關注，也有許多人擔心反猶太的修正主義的（anti-Semitic revisionist）歷史學家因此得利。後來發現，很可能是拐彎抹角的問卷題目才造成這個結果。Roper機構本身對於這個措辭極度糟糕的問卷題目，竟然會出現在他們執行的調查中，感到無比的錯愕，他們後來為美國猶太人委員會重做了這項調查。這一次的問卷題目是，「對於納粹將猶太人種族滅絕的這件事情，您覺得它有可能從未發生過？還是您確定它曾經發生過？」使用了這樣的措辭之後，只有1%的受訪者表示，納粹對猶太人的大屠殺有可能從未發生。蓋洛普機構也測試了其他問題措辭並取得和Roper類似的結果（Ladd 1994）。Roper的第一個問題所造成的痛楚和困惑，讓我們注意到在問卷題目的措辭上要更加謹慎。

爭議性和誘導性問題

我最喜歡舉出的一個刻意告知受訪者爭議性問題例子，來自於1982年民主黨俄亥俄州的州長選舉初選。那次有三個主要的候選人在競選：前任副州長Richard Celeste、現任的檢察總長William Brown，以及前任辛辛那提市長Jerry Springer。檢察總長的民調人員在一個全州的調查中，詢問民眾以下的問題：

您可能已知道，在1974年剛結婚六個月的Jerry Springer，因為與三名女子在旅館中同處一室的道德不檢行為而被逮捕。他用芭樂票去支付這些女子的服務費用，後來還辭去他的市長職務。請問您在今年的州長選舉中，是很有可能、有可能、不太可能、或很不可能去支持Jerry Springer？

除了在許多與事實不符的指控外，這個問卷題目看得出是民調人員露骨地提供資訊，希望讓受訪者對候選人答出負面的答案，以利用這個調查結果達成其政治目的（見第七章關於推開式民調的討論）。在第二章關於無意見者的討論脈絡中，這個問卷題目是試圖以訪問情境來塑造態度——一件可以透過不同手段達到其目標的事情。另一種技巧是提供假設性的情境給公民，請他們對這些情境做出回應。受訪者得到的假設情境之資訊是相當可疑的，因為此假設情境已經將受訪者放在一個對他們來說沒有太大真實意義的情境世界中。

另一個更微妙的誤導問卷題目發生在2010年，由保守的政策組織Buckeye Institute的Magellan資料與匹配策略中心，針對俄亥俄州登記選民的調查。他們詢問了一個頗具挑釁的問題：

問：想想俄亥俄州現在有80億美元的負債……

問：在以下三個選項中，您認為哪一個方案最能夠平衡俄亥俄州80億美金的負債？是加稅？減少政府服務？還是減少政府員工退休的年金？

調查的結果是：

減少政府員工退休的年金	50%
減少政府的服務	27%
加稅	16%
無意見	7%

對於有半數的俄亥俄州民眾，選擇減少政府員工退休的年金，應該一點也不讓人意外。對大多數的受訪者（除了政府員工）來說，這是受害最少的選項：既不加稅，且得到的政府服務也沒減少。不過，在這個問題脈絡下這卻是一個錯誤的選項。因為，它提到對於80億美金赤字的「解決方案」。減少州政府員工的退休金根本無法「解決」財政赤字，頂多，他只是對此問題提供一點點修修補補而已。我們倒是可以臆測一下，那些選擇這個選項的俄亥俄州民眾，有多少人真正認為，這個方案可以解決州政府的財政問題。

回答選項的影響

一個問題所提供的回答選項（response alternatives）有時候可以影響調查的結果。Kagay和Elder（1992）利用在1992年7月進行的兩個民調，分別由蓋洛普和CBS新聞網／紐約時報所執行的調查結果，來檢視民眾對柯林頓和布希的態度。蓋洛普民調詢問民眾對候選人喜歡或是不喜歡；受訪者可以自行表示他們擁有的資訊不夠所以不表示意見。相對而言，CBS新聞網／紐約時報民調提供了受訪者四個選項：喜歡、不喜歡、未決定或「關於候選人的資訊不夠所以不表示意見」。無需多說，相較於蓋洛普的民調，CBS新聞網／紐約時報的民調發現美國民眾提供意見者較少，因為他們提供受訪者兩個可以拒絕評估候選人的機會，而蓋洛普民調沒有提供這樣的機會。所以，CBS新聞網／紐約時報民調發現36%的美國人喜歡柯林頓，24%不喜歡，31%尚未決定，和9%表示他們聽到的並不足夠。相對而言，蓋洛普民調發現63%喜歡柯林頓，25%不喜歡，而只有12%表示「不知道」。

Morin（1993d）指出，稍微修改標準的總統滿意度問卷題目內所提出的選項，會改變調查結果。標準問題是，「對於XXX在總統職務上的表現，您是滿意還是不滿意？」受訪者接著被問到他們滿意或是不滿意的程度，是非常或是有點（不）滿意。另外一個詢問受訪者的方式，是將意見和強弱度結合在題目裡面：「對於XXX在總統職務上的表現，您是非常滿意、有點滿意、有點不滿意還是非常不滿意？」Morin分析在柯林頓執政期間，利用前者措辭的那一半樣本，給了柯林頓53%的滿意度和38%的不滿意度。但是在第二個版本的另一半的樣本，則給了柯林頓63%的滿意度評價（將兩個滿意的選項加總）和32%的不滿意評價（將兩個不滿意的選項加總）。在1994年8月由時代雜誌／CNN執行的民調，詢問美國民眾，「您認為誰應該對今天政府的僵局負責任？」當只提供受訪者兩個選擇——「柯林頓」或「國會的共和黨」。儘管邏輯上可能，但是「國會的民主黨」並未成為選項之一。結果有48%的受訪者歸咎於共和黨，有32%責怪柯林頓，而12%回答兩者都有責任。國會中的民主黨也許很想大肆渲染這個調查，但很明顯地，這是只給予受訪者如此選項後的研究結果。

在2000年和2001年間，各政黨為了搶奪分配（現已消失）聯邦預算盈餘的政治優勢；民調結果再次顯示，美國民眾的偏好會因為選項的呈現方式不同而出現差異。例如，Stevenson（2000）詢問民眾他們較偏好「在華盛頓的領袖們……怎麼處理財政盈餘」。他提供了兩個問卷版本的不同選項：

問：應該將這些錢拿來減稅，還是拿來用在政府的新計畫？

問：應該將這些錢拿來減稅，還是拿來用在教育、環境、健保、打擊犯罪和國防的計畫上？

就第一個問題，有60%的美國民眾偏好減稅，而有25%偏好支付新的計畫。但是第二個問題中只有22%偏好減稅而有69%選擇支付在所列出的計畫上。這些回答的模式未必是不一致的。因為美國民眾可能會覺得在第一個題目中的「新計畫」是不切實際的，而且也不包含第二個問題中所提到的既有計畫。不論如何，選項的措辭使得結果大為不同；在選項中加入支付美國民眾喜愛的特定計畫和政策之後，減稅的支持度便下降了。這樣的模式一直持續至2002年和2003年，特別是當減稅的選項對上社會安全和健保，或是對上支付伊拉克戰爭和打擊恐怖主義的時候。

不僅是提供給受訪者回答選項會影響民調結果，不提供受訪者選項也一樣會有影響。如果問題當中沒有提供受訪者偏好的選項而需要他們在回答時自己主動提出，就如同我們先前指出，在問卷題目中省略掉中間選項或是「不知道」對於調查結果的影響一樣，在問卷題目中省略選項對受訪者回答的方式會產生影響，特別是忽略掉的選項是具有實質意義時更有可能。Solop和Kagen（2002）對於美國在9月11日發生恐怖攻擊之後立即進行的民調是頗為批判的，主要是因為該問卷提供給美國民眾所有相關回答的選項，在性質上都是軍事性的，並未包含外交、經濟、或其他反制措施。他們認為：一個較完整的美國民意圖像，應包括其他可能的選項。

有時候，問卷題目的型式或是回答的選項，可能受到民意蒐集方式的影響，像是面訪、電訪、或是透過郵寄或是網路的自填問卷等等方式。Smyth以及同僚（2006）指出：一般常用的方式，是在自填問卷利用「勾選所有適用選項」（check-all）的方式，但是電訪通常請受訪者在既定的選項挑選其一。例如，當一個研究者想要知道民眾如何獲得政治或是競選相關的資訊。方式之一是提供受訪者一個各種可能獲取資訊管道的長清單，像是：朋友、同事、家人、報紙、雜誌、收音機、電視、網路、部落格等等，然後請受訪者勾選在上述選項中哪些是他們用來獲取資訊的管道。這就是「勾選所有適用選項」的問題型式。當受訪者可以看到完整清單時，像是在自填問卷的訪問型式中，這種問題型式的效果更好。透過電話訪問要向受訪者念一長串清單而期待他記下並回答，無疑是一大負擔。因此，在電話訪問常常是轉變成一系列的問題，像是：「請問，您有從朋友那邊獲取資訊嗎？」「您有從同事那邊獲取資訊嗎？」「您有從家人那邊獲取資訊嗎？」等等。這是一種請受訪者針對每一個項目在有或沒有之間擇一。Smyth及其同僚（2006）發現，即使用同一種訪問的方式，不同的問題型式仍然會獲得不同的訪問結果。在網路以及紙筆的兩種自填問卷的實驗中，受訪者在「有或沒有」（forced-choice）的問題型式中，會選擇較多的資訊來源，而在勾選適用選項的問卷型式中花費更多的時間。因此，利用相同的訪問程序且詢問相同問題的情況下，我們發現不同的問題型式會獲得有些差異的訪問結果。Smyth及其同僚（2008）將他們的研究延伸到檢視不同資料蒐集方式下，像是比較網路自填問卷與電話訪問，受訪者回應模式的差異。檢視各種不同的資料蒐集方式後，他們得到相同的結果，那就是：不同問題的型式在不同的訪問方法下，會得到不同的調查結果。所以，當問卷調查結果看來不同時，端視調查者是否使用「有或沒有」還是「勾選所有適當選項」的問題形式，這是他們提出的關鍵而實質的研究重點。不過，常見的情況是，民調的消費者並不會注意問題的選項是用哪一種型式呈現。

不同的問卷措辭會有不同的調查結果

在1995和1996年，當共和黨國會和柯林頓總統針對預算而大戰時，雙方都嘗試將民調結果導向對他們有利的方向，而雙方都抱怨媒體對民調的報導。例如，在1995年底，紐約時報的民調顯示：美國民眾當中有67%（相對於27%）支持不為了平衡預算而刪減健保經費。此結果被視為共和黨預算計畫的挫折（Budiansky 1995）。共和黨嚴正抗議民調問題不公正與不準確，他們指出：他們的計畫不是刪減健保，只是要減緩健保的成長。後來一個新聞週刊的民調提到「限制」健保支出而不是「刪除」——並加入了共和黨的減稅計畫，結果發現：民眾對共和黨的預算計畫的反對比例降低，反對相對於贊成的比例是51%對41%。所以影響美國民眾的焦點，其實是要「刪減健保的支出」還是要「限制健保支出的成長」。

另外兩個擷取關於健保意見的調查發現同樣的情況（Morin 1995c）。一個調查問到美國民眾，「為了平衡聯邦政府預算，您贊不贊成刪減預算以減緩健保支出的幅度增加？」44%的受訪者支持這樣的健保刪減來換取平衡的預算。但另一個在一週之後進行的全國性調查中，只有22%的受訪者支持「刪減健保來減低預算赤字」的主意。難怪在整個預算辯論中，共和黨的公關人員不停地鼓勵共和黨的國會議員倡談減緩健保成長的速度，而他們的民主黨對手則不停地告訴民主黨的國會代表，大聲地且經常提起健保預算被刪減（Kolbert 1995）。

另外一個問題措辭影響的例子，出現在美國人都瞭解且有強烈感受（不論他們的偏好如何）的柯林頓總統彈劾案的喧鬧期間。對此議題，問題措辭的影響應該比較少點。儘管如此，Morin（1999a）檢視數個民調之後總結，措辭的影響在這議題上還是頗富戲劇張力的。在華盛頓郵報／ABC新聞網的民調中，針對一半的受訪者詢問他們，柯林頓如被彈劾，該不該辭職還是應該在「參議院中反擊這些指控」。在同一個訪問中的另外一半受訪者則被問到，柯林頓如被彈劾，該不該辭職還是「留任並面對參議院的審理？」59%說柯林頓應該辭職而不要反擊指控，但只有43%說他應該辭職而不要面對參議院的審理。Morin推測這裡關鍵的因素是第一個選項內的「反擊」，因為美國民眾並不喜歡政治鬥爭。第二個選項——面對審理——較少威脅性。當美國民眾在紐約時報／CBS新聞網的民調中被問到以下兩個非常相似的問題時，更令人意外的結果產生了：

問：如果眾院全院會議投票通過將彈劾內容送至參議院進行審理，那您認為柯林頓辭職對國家的利益是不是比較好？

問：如果眾院全院會議投票通過彈劾柯林頓，您認為柯林頓辭職對國家利益是不是比較好？

在第一個問題中，有43%的受訪者偏好辭去總統職務；但在第二個問題，則有超過60%支持辭去總統職務。Morin推測這是因為第二個問題沒有提到審理，受訪者可能會認為彈劾就等同被認定有罪，所以總統應該要辭職。由於第一個問題很明確地提到審理，這意味著整個過程尚未完成。

在2006年CBS新聞網／紐約時報針對使用竊聽裝置去打擊恐怖主義的做法，進行了民意調查，這是另一個有無包括關鍵的簡短措辭會對調查結果產生影響的例子。他們也是使用將樣本隨機分為兩組（split-sample）的研究方式，詢問兩組受訪者不同版本的問卷：

問：在911恐怖攻擊之後，布希總統表示為了減少國內恐怖主義的威脅，授權政府在沒有法院搜索令的情況下，監聽美國境內的一些通話。您對總統這種做法贊成還是不贊成？

問：在911恐怖攻擊之後，布希總統授權政府在沒有法院搜索令的情況下，監聽美國境內的一些通話。您對總統這種做法贊成還是不贊成？

在第一個版本的訪問中，有53%的受訪者贊成，而有46%的民眾反對。在第二個版本的訪問中，則有46%支持總統的做法，但有50%民眾反對。雖然這兩種問卷版本的內容並沒有很大的不同，但是加上「為了減少國內恐怖主義的威脅」這樣的簡短措辭，讓更多受訪者支持監聽。此外，如果第二題的措辭是用小布希（George W. Bush）而不是布希總統（the president），也會有不同的結果。Newport（2006）檢視很多不同民調機構中，有關監聽議題的訪問題目之措辭，他就發現，當提到的是「政府」或「國安機構」而不是小布希，則會獲得民眾對監聽較多的支持。

在2006年5月的民調，詢問民眾對新聞報導中，有關國安機構將電話通話建構大型資料庫的反應時，則是另外一個因為措辭而產生影響的例子。由華盛頓郵報／ABC新聞網在2006年5月11日執行的一日民調顯示：美國民眾以63對35的比例，強烈支持建立資料庫。不過，在5月12日到13日由今日美國／蓋洛普進行的民調則發現：美國民眾以51比43反對此一活動。為何兩個民調執行期間如此接近卻獲得這麼不同的民調結果？讓我們先看看兩個調查的問卷題目真正的遣詞用字：

> 問：據報導國安機構已經蒐集美國民眾數以萬計的電話通話記錄。它將以分析通話模式而不用監聽或錄下通話內容，來協助確認可能的恐怖主義嫌疑犯。對聯邦政府用這種方式去調查恐怖主義，您覺得可不可以接受？
>
> 華盛頓郵報／ABC新聞網

> 問：從您所聽到的或是讀到的有關蒐集電話記錄的這個方案，您贊成還是反對政府的這個方案？
>
> 今日美國／蓋洛普

很明顯地，這兩個問題在措辭上有顯著的不同。第一個問題告知受訪者，通話內容未被監聽也未加以錄音。這個資訊可以化解民眾潛在的疑慮，故獲得民眾高度的支持。當然，第二個題目並未提供這樣的保證。第一個問題詢問民眾對這個方案可不可以接受，而不是像第二個問題問受訪者是否贊成這個方案。或許民眾說他們對這個方案可以接受，是遠較他們明確贊成這個方案來得容易。還有其他潛在的因素可以解釋為何這兩個問題得到不同的結果。即便兩個訪問案只間隔一天進行，第一個調查案是在該方案剛曝光那天進行調查的，或許在第二個訪問案進行時，此方案開始受到更多媒體的關注以及批評，使得民眾有更多的反對聲音。最後，這兩個問卷題目的前一個題目並不相同。例如，在華盛頓郵報／ABC新聞網的題目是：

> 問：對於以下兩件事情，您覺得現在哪一件事情比較重要：「聯邦政府為調查可能的恐怖份子威脅，即使侵犯個人隱私也沒關係」？還是「聯邦政府不該侵犯個人隱私，即使限制了它調查可能的恐怖威脅也沒關係」？

受訪者中，有65%表示：調查恐怖主義者的威脅較為重要。對這些在這一題認為調查恐怖主義份子較重要的受訪者而言，他們很難在下一題批判國安機構的方案。因此，在這個例子中我們可以發現：問卷題目的措辭、訪問時間點、前後問題的脈絡，都可以解釋這兩個不同措辭的調查題目，在結果上為何如此不同的原因。我們待會兒會再詳談問卷題目題序與前後問題脈絡的影響。

在2010年7月，由福斯新聞網以及皮尤研究針對減稅所進行的民調，則另外提供了兩個在相近時間、針對相同的議題進行的民調卻得到很大差異的例子，福斯新聞網／意見動力民調詢問受訪者：

> 問：您也許知道，在前總統小布希任內開始，通過的一連串減稅方案將在今年失效。假如您是總統，您會給每位民眾持續減稅？或是讓家庭年收入在25萬美金以下的每位民眾持續減稅？還是讓減稅方案失效使民眾回到過去繳納的額度？

給每位民眾持續減稅	44%
讓家庭年收入在25萬美金以下的民眾持續減稅	36%
讓減稅方案失效	14%
不確定	6%

皮尤研究／國家新聞報的問卷題目如下：

問：對於過去小布希擔任總統時通過的減稅方案，以下哪一個觀點跟您的比較接近：所有的減稅方案須繼續？對富人的減稅廢止，其他民眾繼續？讓所有的減稅方案廢止？

維持讓所有人都減稅	30%
廢止有錢人的減稅	27%
廢止所有減稅方案	31%
不確定	12%

這兩個問題是用來測量相同的現象，在措辭上有顯著的不同。而第一個問題在回答的模式上更有明顯的不同。顯然地，這兩個題目的用字上並不完全一樣，這也許是造成不同結果的主要原因。為了便於討論，我們假定兩個題目都同樣有效地測量減稅的態度。想像一個報紙用每個問題當作報導的內容。用第一個訪問題目，該報導也許用相當比例的相對多數（44%）美國民眾支持持續給所有民眾減稅，作為故事的開始。相對而言，以第二份民調開始的報導，則是宣稱有略微的相對多數（31%）支持廢止美國民眾減稅。選擇不同問題顯然會產生不同的報導內容。

續問和標示的效果

續問（branching）和標示（labeling）對態度的穩定有很大的影響（Krosnick and Berent 1993）。續問指的是在問了起始問題之後，接著詢問受訪者後續的問題。例如，政治學者通常利用一系列的問題來測量民眾的政黨認同。第一個問題單純地確認受訪者是民主黨認同者（Democrat）、共和黨認同者（Republican）、還是獨立選民（independent），如果受訪者說他們是「民主黨認同者」或「共和黨認同者」，會接著問他們是否為強烈的或不很強烈的民主黨或共和黨的認同者。如果受訪者說他們是獨立選民，就繼續問他們較傾向民主黨還是較偏向共和黨。在以上每個階段的訪問，受訪者的答案都被標示了——也就是說，每個回答的選項的文字都是特定的。此外，我們也使用未標示的選項，如要求受訪者在一個範圍從1到7的量表上指出他自己的位置所在，這量表當中也只有在兩個端點有標示文字；我們通常用這種尺度來測量民眾對政策的態度和立場。社會學家證實了政黨忠誠度較公民政策立場的穩定度來的高。但是Krosnick與Berent（1993）認為這個結論可能只是源自測量政黨認同的問卷題目運用標示及續問技巧，但是政策立場則是以未標示的程序測量的。Malhota及其同僚（2009）認為，一個問題的續問應該有三種選項。對於回答在兩端者或是極端者要提供三個續問的選項，至於一開始就回答中間選項者，不需要再問後續的問題。在2008年的美國全國選舉研究（ANES）就提供了這種以續問的題目測量態度的例子：

問：〔開始的問題〕您認為政府在國防經費的支出上，應該比現在更多？比現在更少？還是維持跟現在一樣？

問：〔如果更多〕您認為政府應該支出得比現在多很多、多一些、還是多一點就好？

問：〔如果更少〕您認為政府應該支出得比現在少很多、少一些、還是少一點就好？

如同我們第二章討論的，這個題目也可以用不同的問法：

問：有些人認為在國防經費的支出上，應該大幅減少。假設這些人在量表一端的1的位置。有些人認為國防支出應該大幅增加。假設這些人在量表的另一端的7的位置。當然，還有一些人的意見是介於中間，在2、3、4、5或是6的位置。請問您的位置在哪裡？還是，您對這個議題沒有具體想法？

上述的問題形式都合理，不過，他們會獲得不同的結果。對一位民調的消費者而言，我們很難瞭解不同的測量方法的後果與影響。

多個題目和指標的使用

很多時候，任何單一的問卷題目，很難完善地測量民意分析者希望研究的複雜概構（construct）。研究者可以詢問一系列的問題，再將結果建構成一組指標，或是將各個題目單獨分析。例如，政治效能感（political efficacy）一直是政治學者極感興趣的觀念之一（Asher 1974a）；它指的是公民在和政府打交道時，自我效能的感受。早期政治效能感的測量（在經過修改之後）通常倚賴以下四個陳述：

1. 我認為官員不會在乎像我這樣的一般民眾的想法。
2. 投票是讓我這樣的一般民眾，可以對政府施政表達意見的唯一方式。
3. 有時候政治和政府的事情太複雜了，像我這樣的一般民眾是不太能瞭解的。
4. 像我這樣的一般民眾，對政府的所作所為，是無法表達任何意見的。

在調查中，這些題目通常會以詢問受訪者同意／不同意以上敘述的形式出現，且「不同意」的回答則代表著在四個題目是具有效能感的（efficacious）。研究人員便可經由簡單地計算受訪者回答有效能感的次數來建構出一個效能感的指標。就以上所列的四個敘述，受訪者回答三至四個效能感的答案即可被歸為高效能感，具兩個的效能感回答為中效能感，而一個或沒有效能感回答者則為低效能感者。

這種將受訪者回答予以加總，然後得到分數的指標稱之為「簡單加總指標」（simple additive index）。例如，我們想知道一個民眾在政治上的通曉程度，則可以用一組10個事實或是知識的題目，計算受訪者答對幾題。這個量表的分數將從0分（沒一題答對）到10分（全部都答對）。

有時「指標」（index）與「量表」（scale）這兩個名詞在使用上可以互換，但實際上它們未必相同。一個指標主要看受訪者對多少項目表示同意或是答對，量表則關切受訪者同意或是答對項目的模式。例如，在我們前述假設性的政治知識指標中，分數7分表示受訪者答對7題。我們不在乎他答對哪7題，因為只要是答對7題就是7分。當我們要處理的是量表，則會考慮回答的模式。例如，得到7分的受訪者，是不是答對同樣的7題？有沒有存在一個特定題目比較容易而有些題目比較難的模式。

從實務上或是方法論的角度來說，使用指標都是合理的（Asher 1974c）。在實務上，相較於任何單一題目，指標更能代表研究觀念的複雜性。在方法論上，使用多重項目的指標能減輕調查資料中隨機測量誤差（measurement error）的傷害：當研究者測量意見時，測量過程的每個步驟都未必完全精準。如果測量誤差是隨機的，所取得的結果是高於或是低於真正的數值。因此，結合數個項目建構成指標，特別是數個項目測量同樣的現象時，會使隨機測量誤差相互抵消。可惜的是，民意調查的消費者經常沒有足夠的資訊瞭解指標的組成內容，也不知道那些問卷題目的實際措辭。此外，消費者也並不知道個別項目之間的相關程度，也不清楚他們是如何被組合成一組指標。他們常常只能相信，指標是適當地從個別措辭妥善的問卷題目結合而建構成的。

有些情況下，研究者選擇用多個項目來測量一些態度但是並未合併建構成一個指標。有些概念也許本身就很複雜，所以無法用單一問卷題目來代表它。因此，研究者也許希望利用多個題目來捕捉那個概念的某些面向。事實上，我們也會想要一一比較不同題目的測量結果，以瞭解不同測量工具的優劣。在2009年與2010年，美國政府與國會之間對於健保改革的辯論期間所進行的民意調查，提供了不錯的例證。不同的機構使用不同的問卷題目，得出美國民眾對於健保改革的各種選項極不同的意見。問卷題目的小小變動，對不同選項的支持度造成很大差異。例如，當政策選項被描述得跟原來的健保制度很像時，支持度就上升。同樣的，對健保改革不同方案的支持程度，端視該方案中對政府將扮演的角色是如何描述。當方案中表示是由政府經營的健保，支持度就下降。如果在政府經營之外，也具有私人經營的選項，則民眾對健保改革的支持度就上升。Blumenthal（2009a）認為，對於健保的政策選擇，其實並沒有完美的措辭方式。部分原因是民眾對該方案知道得不多，因此，稍微改變問卷的遣詞用字對他們的回答會產生很大的影響。雖然Blumenthal指出重點，不過，對民調的消費者來說，可能會遇到更困難的情境。首先，多數美國民眾並不知悉不同調查中，不同健保政策方案的不同訪問題目以及不同的調查結果。媒體大多僅關注在某單一民調，而非各項民調的報導。其次，部分由於時間與成本的考量，單一的調查通常不會針對同一個議題詢問多個不同的問題。因此，民調消費者也許在瞭解某個民調結果時，可能會在其他調查中看到與此衝突的訪問結果。

題目順序和前後脈絡

調查問卷的題目順序以及前後所在的脈絡，可以改變訪問的架構與脈絡，因此，對於調查結果具有重要的影響。一個很好的例子是，當Harris民調組織在1980年總統初選中，詢問民眾對候選人的偏好，使用了一種稱為「雙重投票」（double vote）的問題。在訪問開始時，研究者詢問受訪者在這場打得火熱的民主黨提名戰中，打算投給卡特總統或是參議員Edward Kennedy。接著詢問有關內政與外交政策，包括通貨膨脹和經濟議題、美國在伊朗的人質問題、蘇聯入侵阿富汗等。訪問快結束時，再次詢問受訪者他們打算投給誰。令人訝異的是，卡特總統在訪問一開始與結尾的支持度竟大幅下降。唯一可以解釋這種下降的原因，是隨著受訪者想到卡特總統任內的紀錄以及他的行政團隊所造成的問題，他們對他的看法就變得更負面。

在2002年執行的一個民意調查更進一步展現了題目順序如何影響調查結果（Morin 2002）。調查中有兩題是標準的問卷題目：詢問美國民眾認為國家是朝著正確的方向還是錯誤的方向前進，以及他們對小布希擔任總統的表現滿不滿意。一半的樣本先問小布希的表現的問題；另外一半則是先問「國家方向」問題，接著才問對布希表現滿意與否的問題。結果是：先問到對布希表現滿意與否的問題（那時總統民調的支持度非常高）提高了認為國家有朝正確方向前進的百分比（從34%增加到42%）；但是當民眾被先問到國家的現況（他們就不那麼正面），然後再被問到對布希的滿意度，他的滿意度便下降了約6%。很顯然地，民眾對第一個問題的回答制約了他們對第二個問題的回答。

2006年紐澤西州聯邦參議員選舉中，民主黨現任者Bob Menendez與共和黨挑戰者Tom Kean的競選，又見證了問題題目的順序與所在脈絡對於調查結果的影響（Woolley and Cassino 2006）。由Fairleigh Dickinson大學的獨立調查研究機構公眾思維（PublicMind）所執行的一個民調，想要確認民眾對小布希總統的不滿會不會拖累Kean的選情。公眾思維將詢問民眾對Kean與Menendez模擬對決（trial-heat）的問題，夾雜在不同的先後問題之中。其中三分之一的樣本，在分別詢問國家的方向、總統的表現與伊拉克戰爭之後，再問民眾對Kean與Menendez的支持程度。當提供受訪者不受歡迎的總統以及戰爭等線索之後，民眾對民主黨Menendez相對於共和黨Kean的支持是44%比36%。但是當民眾先回答模擬對決題再詢問總統與伊拉克等問題時，兩個候選人的支持程度是旗鼓相當。同樣的結果，也出現在選前詢問選民，在眾議院選舉中，想投票給哪個政黨而非特定候選人的一般性選舉調查中。如果沒有先提到伊拉克與小布希總統，民主黨領先7個百分點。不過，如果先提到伊拉克與小布希總統，民主黨則有17%的領先幅度。

很多研究者分析過問題順序和脈絡的影響。Shuman與Presser（1981）展示了問題順序影響的重要性——特別是當問題是較為一般的、無方向性的、且與受訪者的直接相關性不大時——而他們建議：當我們檢視相同的問題在不同時間的調查結果分布時，要考量到訪問時該問題的前後脈絡是否也相同。Bishop、Oldendick與Tuchfarber（1982）的研究支持問題所在的前後脈絡之重要性，他們指出在1978年調查中發現的美國民眾政治興趣下降的部分原因，當歸因於問題脈絡以及順序的改變。而政治興趣真正的下降程度，並沒有原先想像地那麼令人擔心。

Hyman與Sheatsley（1950）、Shuman與Presser（1981）以及Schuman、Kalton與Ludwig（1983）等一些現為經典的研究，對於一個問卷題目對另外一個問卷題目所能產生的影響，都有所描述。那些研究都檢視了民眾對以下兩個項目的回答：

問：您認為美國應不應該讓其他共產國家的新聞記者來到美國，向其國內民眾報導他們在此的所見所聞？

問：您認為一個像蘇聯這樣的共產國家，應不應該讓美國新聞記者過去，讓他們向美國民眾報導他們在該國的所見所聞？

當這兩個問題按照以上順序發問，民眾讓共產國家記者來到美國的支持情況，遠比兩個問題順序被倒過來問來得低。對此模式的解釋相當清楚：受訪者如果表示蘇聯應該讓美國記者過去之後，就很難拒絕共產國家的記者來美國。在調查中問題相鄰時，脈絡的影響很大，不過，就算兩個問題之間，間隔了很多其他的問題，其影響還是很大。

Shuman、Presser與Ludwig（1981）分析在一般情況下的人工流產問題和特定情況的人工流產問題的問題順序所造成的結果，則是另外一個脈絡影響的例子。他們的題目為：

問：您認為一個懷孕但又不想再有小孩的已婚婦女，應不應該有取得合法人工流產的可能？（一般性）

問：您認為一個懷孕的婦女，如果有很高的可能性產下有嚴重缺陷的嬰兒時，應不應該有取得合法人工流產的可能？（特定）

做上述研究者們發現一般性問題的回答，會受到它是先問還是後問所影響——也就是說，當一般性問題先問時，民眾對人工流產的支持度會比較高。對特定問題的答案則不受到提問順序的影響。他們對這個結果的解釋，雖然是臆測的，可能是民眾不同的認知算計（cognitive calculations）會導致不同的回答：

一個對這個影響的合理解釋，來自於支持合法人工流產的理由相當多。胎兒可能具有先天的缺陷，是可以被大多數民眾接受的特定理由。當先問到一般性問題時，有些受訪者可能腦子裡想著某個特定的理由而同意。不過，當胎兒因為先天缺陷而人工流產的問題先問到時，受訪者在回答後續的一般性人流產問題時，會將前述的特定情況排除。所以，除了那些極不願意支持人工流產者之外，一些對人工流產並非心甘情願支持的受訪者會覺得，在同意了支持（且刪掉）特定的先天缺陷胎兒的理由後，要拒絕一般性的理由簡單多了（Shuman, Presser, and Ludwig 1981, 220）。

在共產國家記者的例子中，特定問題的順序促使了一致性。現在這個例子則發現：特定順序反而造成分歧，因為有些受訪者支持特定理由的人工流產，但反對一般性的人工流產。

有時民調會請受訪者做一些比較：您會偏好X還是Ｙ？或您喜歡A多於B嗎？研究顯示選項出現的順序可能影響結果——也就是說，詢問受訪者他們偏好X還是Ｙ，相對於詢問他們偏好Ｙ還是X，可能會產生不同的結果（Wanke, Schwarz and Noelle-Neumann 1995; Wanke 1996）。舉例說，Wanke等人詢問受訪者以下問題：

問：您覺得交通比工業產生較多還是較少的空氣污染？

問：您覺得工業比交通產生較多還是較少的空氣污染？

當交通先被提起，45%的受訪者認為「交通產生較多」，而32%認為「工業產生較多」。但是當工業先被提起，57%認為「工業產生較多」，相較於24%認為「交通」。很顯然地，在這類比較性的問題中，人們比較注意題目中前面的項目。換句話說，要求人們對X和Ｙ進行比較，卻變成了對X的判斷，而將Ｙ忽略。若是如此，那污染問題的回答就不令人意外了。對於民調的消費者而言，在評估民調準確度的時候，比較項目的先後順序，就需要更多考量了。

最後一個關於問題順序影響的例子來自於Abramson、Silver與Anderson（1987）的分析。他們對於1980至1984年間民眾對「如果一個人不在意選舉的結果，那他就不應該去投票」這個敘述不同意的百分比，從58.7%下跌至42.8%百思不解。這個題目是傳統上用來測量公民責任感的四個項目之一。在1984年之前的調查中，在這個題目的前面，都會有另外兩個相關但美國民眾通常表達高度不同意的題目。在1984年，這個題目雖然和以前相同，卻沒有先詢問過去的先前兩題。對於在1980到1984年間公民責任感的下降，Abramson和他的同僚認為這並不是真的，而是因為在這個問題之前，換成了其他調查問題所致。Abramson他們的主張相當令人信服。此處我們學習到：在民調使用者運用調查資料宣稱民眾的態度已隨著時間改變之前，對造成改變的其他解釋，像是問題措辭和問題順序的不同，他們須先加以排除。

關於問卷結構應注意的最後一點是問卷的長度。直覺上，我們會認為，問卷的長度愈長，愈需要受訪者投入更多的時間跟體力，也可能會使回答的品質隨著問卷執行時間拖長而下降。例如，一個研究（Galesic and Bosnjak 2009）發現：問卷愈長，完成率愈低，且調查中受訪者回答後面問的題目所花的時間愈短。當然，民調研究者非常瞭解受訪者在訪問中所要耗費的時間。受訪者通常不會參加時間太長的訪問，而在他們因為受到誤導而參加，卻發現花了比他們預期還多的時間時，他們會生氣。

自行填答調查中的順序、脈絡與視覺影響

從前述的討論我們清楚地瞭解題目順序跟脈絡對民調結果的影響。在面訪跟電訪時，一般的做法是訪員將問卷題目念給受訪者聽，但受訪者無法看到實際的問卷。但在透過郵寄問卷或是網路民調進行的自行填答（self-administered）問卷（參考第五章）訪問時，受訪者可以看到實際問卷，因此，要評估問卷題目順序與脈絡對他們的影響較為困難。在電訪和面訪中，訪員控制受訪者接受訪問的題目順序，而且所有受訪者都以一致的題目順序接受訪問。但在自行填答的郵寄問卷和許多自行填答的網路調查中，受訪者可以依序回答問題、也可以把整份問卷先看完、也可以跳著不照順序回答、甚至也可以在回答問題後回頭去修改前面的答案。我們可以將網路調查設計成題目按照一定順序出現的，但很多網路調查，尤其是網路上的假民調，則不會這樣做。顯然在很多情況下，自填的郵寄問卷調查中，題目的順序不那麼重要，因為受訪者很可能會先把題目看完再開始

回答，或是受訪者可以在讀到後面的題目再修改前面的答案（Schwarz and Hippler 1995）。所以，前面關於美國和蘇聯記者的例子若放在郵寄調查中，他們的題目順序就不那麼重要了，因為受訪者可能在作答前，就先把兩個問題都看過了，或者是受訪者在發現他們支持美國記者在蘇聯報導的自由，同時卻反對蘇聯記者在美國報導的自由的不一致時，回頭去修改他們的答案。

有愈來愈多的文獻顯示：自填問卷的外觀設計會影響調查結果。也正如同問卷題目的措辭一樣，問卷上題目與題目選項的擺放的位置會影響調查結果。可能簡單如回答選項間的間隔大小、答案選項是水平排列還是垂直排列、「不知道」或「無意見」的選項是否與主要的答案選項隔開，以及其他的情況。當以網路為基礎的自填問卷調查更為普及之後，相關的研究一定會呈倍數的成長。相關研究可以參考Touragngeau、Couper與Conrad（2004）、Christian與Dillman（2004）、Couper、Conrad與Tourangeau（2007），以及Smyth等人（2009）。

「脈絡」的其他意義

雖然脈絡指的是某些特定調查項目在其他問題中的順序，「脈絡」同時也指問題所出現在調查的實質架構中。民調研究者可選擇在哪個架構下提出問題，而這個選擇也會影響調查結果。一項在伊拉克戰役勝利脈絡下的調查，關於美軍軍備擴充的調查，相較於一個置於龐大國家赤字脈絡下的調查，前者大概會得到較多民眾對國防預算支持的態度。Kinder與Sanders（1986）在他們針對美國白人對於平權法案（affirmative action）態度的研究發現，影響意見的因素，取決於該題目是在反向歧視（平權法案只照顧少數族裔反而歧視白人）的脈絡，或者是在給予黑人不應得到的優勢（平權法案給了黑人他們不應得到的優勢）的脈絡下。例如，當平權法案是放在給予黑人不應得到的優勢之脈絡下，白人較會因種族的因素而牽動其意見。

「脈絡」也可以指訪問時的周遭大環境。個人的狀況、近來的社會事件、媒體報導的內容都可以改變調查的題目對於受訪者的意義。在訪問時，整個問卷的參照架構以及社會和政治大環境的變化，會使得措辭相同的問卷題目，對受訪者產生很不同的意義。例如，Michaels與Giami（1999）在對性行為調查的回顧中，發現性活動和性關係的概念和研究，隨著時代不同而有重大的改變。在1970年代之前的調查，時常將異性間的性關係與婚姻連結，隨著社會風俗和習性的改變，最近關於性行為研究的問卷題目則包含了其他類型的關係和其他的性行為。在第八章，我們討論分析民意的長期趨勢時，會註明：即使長期以來問卷題目是相同的，但因為社會脈絡的變化，使得同樣的問卷題目可能具有不同的意義。

一個對民調回答產生戲劇化影響的例子發生在2003年中。當時美國最高法院推翻了德州反肛交法（Texas antisodomy law），並確認了成年同性戀者的隱私權。這個判決是同性戀權利的一個勝利，但關於這個判決對其他議題的意義，如同性戀婚姻合法性以及同性戀領養權等議題，已經遠遠超過這個案子的內涵。例如，同性戀婚姻的合法性得到媒體廣泛的報導。雖然最高法院的判決對同性戀社群是有利的，判決公布後數週甚至數月後所進行的相關民調，卻顯示出對同性戀權利支持度的下滑。例如在判決前的2003年5月，蓋洛普調查（Newport 2003）問到美國人，「您認為在成年人間，彼此同意的同性戀關係應不應該合法？」破紀錄地高達60%的人認為這種關係應該合法。但是當同樣的問題在2003年7月（在法院判決後連同所有的後續爭論之後）的兩次民調中再被問到時，同性戀關係合法化的支持度滑落至50%以及48%。其他的調查題目也發生了類似的改變。在5月時，54%的民眾認為同性戀為另一種可以接受的生活方式，但在7月的訪問中，只有46%如此認為。同性戀伴侶擁有合法結合權利的支持度，從5月的49%掉到7月的40%（Newport 2003b; 2003c）。

有什麼可以解釋這些意見的改變？一個可能性是不同受訪的樣本之間的差異，但是，上述的這些下降幅度已經達到統計上的顯著程度，且超過抽樣誤差的範圍。比較可能的原因是，相較於5月的調查，7月的調查是在不同的政治和社會系絡下所進行的。在5月，同性戀權利的議題在新聞上、談話性節目和公眾的討論中，都不是重要的議題。但是後來在廣泛報導此判決及其潛在後果後，同性戀議題已經轉變成重要的議題了。或許對某些美國民眾來說，在5月時支持抽象的同性戀權利是較容易的，但在7月時，同性戀的權利變得真實而具體，就較難獲得支持。也許反對法院判決者，他們所刻劃的情境，說服了其他民眾改變其看法。不論如何，政治和社會系絡確實已經改變。關於和伊拉克戰爭的態度也出現類似的情形，在戰爭前預先詢問美國人他們認為美國應該怎麼做是一回事；在那個階段，美國民眾的意見較鬆散，也支持外交、經濟和軍事等各種不同方案。一旦開戰，對軍事方案的支持度迅速攀升。戰爭前進行民調的環境和開戰後的環境是截然不同的。同樣地，我們可以預期，像是在世貿大樓遺址蓋清真寺、移民法案改革，以及減稅方案等議題，也會受到有沒有經濟以及／或是政治脈絡讓該議題變得顯著而影響民眾的意向。

結論

基於幾個理由，使得民眾評估問題措辭影響上，比他們評估問題順序的影響，處在更有利的位置。的確，很多跟問題措辭相關的是常識，人們時常可以很輕易地辨認出具誤導或具傾向的問題措辭。新聞對調查結果的報導時常提供問卷題目的措辭。然而，新聞報章和電視報導並沒有提供給消費者調查的整體架構和內容的資訊（雖然說主要新聞機構都很樂意將民調的完整報告，寄給有興趣且有要求寄送的民眾）。因為資訊有限，使民眾通常不會有任何基準來判斷，某題目的回答是否受到它在問卷上位置的影響。且更重要的是，題目順序與問題所在的脈絡的效果是更微妙而不易被察覺的。

對於該調查議題的資訊較少或是較不感興趣的民眾來說，問題的措辭以及問題所在的脈絡較會產生重要的影響。Weissman與Hassan（2005）檢視從1972年到2000年，對於公費補助競選經費支持度的調查結果。他們發現民眾對於問卷題目如何措辭非常敏銳。當調查強調公費補助競選的成本時，其支持度相當低。不過，當題目包括禁止富人以及特定利益團體的大額捐獻時，其支持度立刻有顯著的提升。Weissman與Hassan建議，當我們要測量民眾對於公費競選的態度時，問卷題目不要像正面或是負面的方向提示（prime）。他們的提醒相當中肯，特別是像公費競選這樣不是民眾關心的議題上，是非常容易受到問卷題目而影響的。

幸運的是，民調機構對問題順序可能造成的影響愈來愈小心，而調查研究的教科書也終於詳盡地指出這個問題。現今知名的民調機構對於脈絡的影響更謹慎，並且更有可能告知使用他們民調的消費者問題順序所可能造成的結果。然而，對於肆無忌憚的民調從業人員來說，想要將某個民調的問題放在特定的位置以獲得其想要的結果，來操縱民意，其實還是相當容易。

習題

1. 藉由以下陳述，「請問您對歐巴馬擔任總統的表現，滿意還是不滿意？」來設計10個題目的民調，建構一個極大化對歐巴馬總統滿意度的民調。經由你對問題的選擇和所在位置來達到此一目的。每個問題的措辭都必須公平而精確；不可以有具方向性的字眼、不準確陳述等等。你必須利用對主題的仔細挑選和題目排列的方法，來操弄這個結果。
2. 重複習題1，但是現在是要極大化對總統的不滿意度。
3. 利用同樣的滿意／不滿意問題，建構一個目的為極大化歐巴馬總統滿意度的10個題目的民調，但這一次要使用具方向性和誤導性的問題。
4. 重複習題3，但是現在是要極大化總統的不滿意度。

第四章　抽樣方法

在民意調查中的諸多面向中，美國民眾對抽樣抱持的疑慮最多。疑慮之一在於樣本的組成，一個經常聽到帶點哀怨的疑問是：「為什麼沒有人來問我對這個議題的意見？」

我個人在1984年10月的一個經驗，可以用來說明美國民眾對於民意調查的質疑。在總統選舉前，我對七十位勞工工會領袖演講。主持人是俄亥俄州美國勞工聯盟及職業工會聯合會（AFL-CIO）的主席，他那時正為全國民調中，民主黨提名的Walter Mondale落後現任總統Ronald Reagan的情況而困擾，當他介紹我時，他當場做了兩個民調。首先他詢問聽眾中，各有多少人支持Walter Mondale與Ronald Reagan，結果所有聽眾都支持Walter Mondale。接著他詢問多少聽眾曾經在總統選舉的民調中，接受過訪問表達其意見，結果是一個也沒有。因而他對民調產業下了一個輕蔑的斷言。在如此的介紹後，他把舞台交給我，讓我開始用民調的資料，分析1984年的選舉。

「抽樣」（sampling）是從廣大的母群體（population）中，選擇一群受訪對象。當抽樣的過程得宜，則該群對象將能夠代表廣大的母群體。其中，機率抽樣（probability sampling）一般被視為是讓民調或調查變得科學的首要特徵。雖然在調查研究中，所有步驟都相當關鍵，包括測量與問卷措辭（參考第三章），以及資料蒐集程序（參考第五章）。然而，機率抽樣與統計理論可以讓我們計算抽樣誤差與信心水準等相關資訊，並運用選取的樣本得到的調查結果，推論到母群體。即便其他因素也可能影響調查的科學性，但研究者一定要取得足夠規模的樣本，一旦抽樣誤差過大或信心水準過低，則民調研究者要對母群體進行合理精確的描述，將有相當的困難。此外，一個科學的民調不能只具有大規模的樣本數，也須注意訪問成功率。訪問成功率太低會引起對訪問結果的代表性與正確性的質疑。也就是說，接受訪問的受訪者與不論任何原因不參加的受訪者之間，是否存在著系統性的差異（systematic differences）？抽樣方法（sampling method）、樣本規模（sample size）與訪問成功率為本章將討論的主題。

非機率抽樣

當我們進行科學的機率抽樣時，在考慮一定的抽樣誤差以及其他可能的誤差之後，從樣本得到的調查結果，可以推論到樣本據以抽取的更大母群體。大多數民調的目的，是利用從母群體中挑選的樣本資訊，來描述與分析母群體的意見。不過，一些非機率抽樣的方法，儘管其中有些看來合理或提供相當多的資訊，但有些卻相當誤導。我們在討論假民調時已經提過幾個非科學抽樣的例子。一般來說，在民調進行時，可以容許受訪者自己選擇參加的，我們就要格外當心。例如，廣播電台的叩應節目、未經科學抽樣的網路民調、雜誌的明信片回覆民調，以及其他可能有大量回覆者的調查，但這些樣本卻無法代表我們定義清晰的較大母群體。利用這些自我選擇成為樣本的資料來進行推論，常常提供的是一幅對民意描繪誤導的圖像。另外一種非機率的選樣方式，是以便利的方式選取樣本。例如，我們常看到電視節目在街上詢問街頭行人對特定事務反應的訪問，有時候記者會藉由跟男性與女性、年輕與年長、黑人與白人……等等對象談話，引用一些受訪者非正式的談話作為報導的內容。這些抽樣方法並非科學的抽樣方式，縱使他們對於新聞報導添加一些在地色彩以及不同觀點，這些抽樣方法當然無法作為推論更大的母群體的基礎。

有時候，非機率抽樣對特定的研究主題提供相當多的資訊。雪球抽樣（snowball sampling）經常是一個可以產生重要資訊以及觀察的程序。例如，假設一個研究者想要瞭解選舉期間的人際資訊如何傳遞。一個處理此研究主題的方式，是找一位受訪者，問他或是她從誰那裡得到選舉的相關資訊。然後研究者再從第一個受訪者所提供的姓名，找到其他幾位受訪者，問他們從誰那邊獲得選舉相關資訊。這個程序會重複好幾遍，樣本就像滾雪球一樣愈來愈多。儘管不是不可能，但是因為想以機率抽樣的方式取樣遊民的樣本很難，所以可以用雪球抽樣來研究遊民。我們可以先接觸一個遊民，然後再請他或她介紹其他遊民。接著，再由這些遊民們介紹其他的遊民，如此持續不斷，來增加我們觀察的對象。利用雪球抽樣的研究結果無法推論到我們想研究的母群體，但是，對於我們想要瞭解的重要的政治與社會程序頗有啟發。還有很多其他情況我們會使用非機率抽樣。例如，當一個人在進行探索性研究，想要檢視問卷題目是否恰當或是看看變數之間的關係，而不是想要推論母群體時，非機率抽樣就可以達到此目的。我們在第七章將要討論到的競選期間使用的重要工具——焦點團體研究法，就利用非機率抽樣的方式選擇受訪者，但可以對競選期間的政治資訊、競選廣告的效果，以及其他相關主題，提供重要看法。不過，本章的焦點會放在美國民眾在民意調查中經常聽到的機率抽樣上。

抽樣設計

好的抽樣設計（sampling design），在於挑選符合研究主題與研究預算的樣本。不論針對美國、紐約，所有的醫生、或退休老人，我們都不可能訪問所有母群體的人，所以研究者須選擇一套樣本。典型上，我們對樣本感興趣，在於它揭露母群體的重要資訊而不在於樣本本身的特性。因此，研究者試圖選擇可以真實地反應出母群體特性的樣本。抽樣的過程可以用許多不同的方式達成，我們會視受訪者的種類、研究目的，及研究者可掌握的資源而定。

我們此處討論的抽樣方法都是機率抽樣（probability sampling）。在抽樣的民調中，機率抽樣可說是主流的以及較常使用的方式。機率抽樣具有以下的優點：首先，它可避免非機率抽樣的選樣偏誤，使得它比其他形式的抽樣更具代表性。

另一個機率抽樣的優點是它讓研究者可以使用統計理論，確認調查樣本的特性。讓研究者在一定的信心程度下，估算抽樣結果的估計值跟母群體數值之間差異的抽樣誤差，便是其中之一。機率抽樣的特點，是讓研究者決定了每一個個人中選的機率，非機率抽樣則無法決定抽樣誤差，也無法推論至更大的母群體。

簡單隨機抽樣與等距抽樣

在機率抽樣中，簡單隨機抽樣（simple random sampling, SRS）讓母群體中每一個單位，都有同等的中選機會。而每種不同單位之中選組合，也有相同的機會。進行簡單隨機抽樣最主要的要求，是要有所有母群體成員的清冊或是目錄。例如，在大學中就很適合進行簡單隨機抽樣，因為我們可以取得最新且完整的老師、職員以及學生的清冊。且大學裡的成員通常住在學校附近且集中。有了清冊之後，抽樣的過程就相當直截了當。研究者必須給予每一個成員獨一無二的編號，進而從這些號碼中選取一套樣本。抽樣最原始的方式，是把所有的號碼放在帽子裡，混合之後抽取所要的樣本。現在常用的一種方法是，運用電腦產生出一組隨機亂數（random numbers）來抽樣。在我們擁有相對完整且最新的清單時，簡單隨機抽樣是相當合適的抽樣方法。

在美國要抽出代表全國的樣本時，簡單隨機抽樣就不是一個可行的方式。因為在美國並沒有一個完整且最新的所有國人口清冊（即便是人口普查清冊也不是）。即便有個好的清冊，簡單隨機抽樣也無用武之地，特別是當研究者想進行親身訪問而不是電話訪問時。將訪員灑遍全國進行訪問，其成本令人卻步（可見本章以下對於集群抽樣方法的討論，當我們要進行面訪時，它具備讓我們從廣大地理區域取得較集中的樣本後，再進行訪問的特性）。

等距抽樣（systematic sampling，又稱「系統抽樣」）則可說是隨機抽樣的一種變形：研究者在隨機選擇第一個樣本後，再從清冊中等距離挑選從每n個之後的樣本。例如從25000個學生的名冊中，要選出500位學生作為樣本（2%或1/50的樣本），則研究者首先必須從1到50隨機選擇一個起始數字（譯者按：50是由計算母群體總數除以應抽取樣本數而得，即25000/500=50，50即等距抽樣方法的間距數值），如果為12，則第一個中選樣本即是名冊中第12位、第62位（即12+50）、與接下來每隔50位的學生所組成。

等距抽樣執行非常容易，唯一要注意的是清冊中的名單不具一定排列規則或週期性，以免抽取間隔與出現的週期一致的樣本。一般來說，若名冊按照字母排序，則不會出現週期性的問題；相反地，若清冊是以男女姓名交錯排列，而抽取間隔又是偶數，則抽出的樣本皆為男性或女性，可能就會造成研究的偏誤。另一個較不明顯的「週期問題」的例子是，住宅清冊可能隱含了不同發展程度的特性。當我們抽中一戶而訪問屋主時，必須先確定住宅清冊沒有特定排列的模式。例如，若是清單中每隔10號是位在街角，則研究者可能不小心地只選取到位在街角的住家為樣本，或許相較於其他位置的住家，街角住屋較寬敞且價格較昂貴，因此多為較富裕的民眾所擁有，這樣就會造成樣本組成具有嚴重的偏誤。如同「隨機抽樣」一樣，等距抽樣中，母群體中的每一成員具有相同的中選機會，但與隨機抽樣不同的是，每個中選樣本的組合機率並不相同。

分層抽樣

分層抽樣（stratified sampling）的主要特點，是根據研究者感興趣的特性，將母群體區分為許多子集合或是「層」（strata），然後研究者可以在各層內進行隨機或等距抽樣。例如，為了從眾議院議員中抽出樣本進行訪問，一種可能的分層方式是將議員按黨籍（民主黨與共和黨）與資深程度（簡單分為高與低兩類）等兩個與研究相關的特徵抽取，而不是直接隨機取樣。如此的分層方式則可將所有議員分為四類：資深民主黨籍、資淺民主黨籍、資深共和黨籍與資淺共和黨籍，再於每一層內進行抽樣。

由於研究者可以決定各層內的樣本數，所以分層可以確保研究者感興趣的每一層內具有足夠的樣本數。故分層抽樣的主要優點，在於降低抽樣誤差且又能確保我們據以分層的重要變數，擁有具代表性的樣本。所謂抽樣誤差的減少，在於不同層間具有不同的特性，但在同一層內的同質性高。例如研究者想比較國會中北方與南方共和黨議員態度的差異，與其在共和黨籍議員內抽樣，不如將他們按照選出地區區分更有效率。

集群與多階段抽樣

集群抽樣（cluster sampling）讓我們在同一地理區域，特別是在同一鄰里，訪問多位受訪者。其主要的優點在於相當經濟，對研究者來說，派遣訪員親自到特定區域進行訪問的費用相當昂貴。如果研究者在特定的區域可以訪談多位受訪者，則可降低調查的成本。

機構針對美國的全國性樣本，以訪員親自執行訪問時，集群抽樣通常是這種多階段抽樣過程中一部分。密西根大學的調查研究中心（The Survey Research Center of University of Michigan）是使用這個方法的機構之一。它利用多階段抽樣的方式，在各階段先抽取地理區域，直到最後一個程序才抽出個人〔現在這種抽樣設計是美國全國選舉研究（American National Election Study, ANES）採取的例行方式，ANES是在密西根大學與史丹佛大學的領導下執行〕。一般來說，密西根大學調查研究中心的抽樣設計是先選擇幾個郡（counties）為樣本，然後從這些郡之內，再抽取代表的市、鎮以及其他無法合併的地區；接著，從這些市、鎮與其他無法合併的地區抽取城市的小區塊，並從這些小區塊再抽取出民眾的居住單位。例如伊利諾州的Cook郡可能包含在郡的樣本內，而芝加哥市則可能是Cook郡內的中選城市，而芝加哥市內的許多小區塊則是被抽出來代表芝加哥市，最後，再從各小區塊中抽出一些的居住單位。

值得注意的是，在以上抽取地理單位的抽樣程序中，還沒有抽取任何一個個人。在地理單位的抽取程序上是相當簡單明確的。由於這些郡與自治市的母體清冊容易取得，因此對於郡以及郡內的地域進行抽樣相對地比較容易。同樣地，地方政府因為要徵收房屋稅的緣故，所以擁有小區塊與居住單位完整的資訊，因而從郡中抽取這些小區塊或居住單位的樣本也較為容易；另外，在典型的多階段抽樣設計中的每個步驟，每個地區單位的中選機率，將會與其人口數成比例。因此，Cook郡與洛杉磯郡幾乎確定將會包含在郡的樣本之內，而一些人口較稀少或農業郡的中選機率則會較低。樣本集中在美國國內的都會地區，有助於我們控制訪員費用以及交通費用。

在集群抽樣中，一旦訪員到達中選的居住單位，他們自己無法決定誰將接受訪問，而是按照訓練時的指示，依一定程序決定將訪問居住單位內的哪一位成員。在訪員訓練中，研究者教導訪員先瞭解該居住單位內居住人口的性別與年齡組合。例如某個訪員可能依照程序須訪問家庭中最年長的男性或次年長的女性。值得注意的是，在抽樣過程中，該戶內的這些個人特性之相關資訊，研究者不需事先得知。事實上，由於個人資訊太難取得，所以抽樣設計並不需要事先得到個人相關資訊。研究者只需取得較容易獲得的地理特性即可。在決定戶內誰是合格受訪者上，有很多種程序。一般在選擇受訪者上都有一個自動的程序，而不需由訪員自行決定。

在蓋洛普組織的全球抽樣中，當電話訪問無法接觸到至少80%的全國15歲以上人口時，它使用多階段區域抽樣。因此，在拉丁美洲、前蘇聯、幾乎所有非洲國家、亞洲以及中東，蓋洛普利用一個區域抽樣設計，先抽出第一抽出單位，然後選出家戶，最後再用上次過生日或是Kish戶中選樣表來隨機抽出個人。多階段抽樣是美國社會科學中主要的抽樣設計，其中以ANES為代表。而在國際研究中，當電話訪問不可行時，也使用多階段抽樣。當前美國最常用的是以電話為基礎的抽樣以及訪問，且網路調查也日趨重要。接著，我們將討論電話調查以及它在民調中角色的變遷。

電話訪問的抽樣方法：過去與現在

上述的抽樣設計，是坊間調查研究的教科書中廣為討論的主題。然而，上述的抽樣設計卻未涵蓋目前大型民調機構中，所運用的主要訪問方式：電話訪問。電話訪問具有許多優點：第一是迅速，民調專家通常希望能就民眾對重要事件（例如2008年的總統辯論或是一些總統對全國民眾的重要發言）的反應之掌握愈快愈好。在這種情況下，親身面訪與郵寄問卷耗時太久；其次則是電話訪問的花費遠低於親身面訪，而電訪仍能從受訪者身上得到詳細或貼切的資訊。雖然相較於個人的面訪，受訪者在電話訪問中更容易感到疲憊，但通常還是有足夠的時間，從受訪者身上蒐集到相對廣泛的相關意見；第三，對一般民眾來說，電話訪問較不具威脅性與侵犯性。且在電話訪問時，受訪者不須讓陌生人進入他們的家中，即可完成訪問。

過去六十年來，電話訪問所面臨的挑戰其實有很大的變化。數十年前，電話訪問的樣本，曾被質疑可能具有階級的偏差：貧窮家庭較不可能擁有電話。現今幾乎所有美國家庭都擁有家庭電話，也使得電話訪問的抽樣更為適宜，即使某種程度上，階級的差異仍可能存在。根據2000年的人口普查，美國家庭擁有電話的比例，從1990年的94.8%上升到2000年的97.6%。沒有電話的民眾大多是教育程度低、貧窮，以及職業階層低與生活在單一成年人家庭的這些少數族群中。

早期，電話訪問是以電話簿為基礎來抽取訪問樣本。在現今，電話簿仍然廣泛使用，特別是在選取地區樣本時。然而，用電話簿抽樣還是有許多問題。其中之一便是電話簿的更新永遠趕不上人口的流動；此外，如果從電話簿抽取全國性的樣本，執行上的夢魘在於必須同時考慮5,000本左右的電話簿作為清冊。不過，更嚴重的問題在於民眾愈來愈不想登錄電話號碼。相較於1984年的21.8%，據估計在1996年時，約有29.6%的美國家庭電話並沒有登錄在電話簿上（Survey Sampling Inc. 1997）。在一些大都市地區，特別是加州，電話用戶沒有登錄電話號碼的比例更超過60%。

Lavrakas（1987）與Piekarski（1989）都駁斥高收入的白人家庭較不願登錄電話號碼的一般假定，他們反而發現未登錄電話的，是年輕、未婚、低收入、少數族裔、低教育程度與搬家頻率較高的民眾；全國性的資料也確定此一模式（Genesys News 1996）。舉例而言，Genesys發現，在1996年時，戶長年齡在18到34歲之間者，電話未登錄的比例達51%。相對來說，戶長年齡超過65歲的僅有18.9%。另外，黑人與西班牙人家庭，未登錄的比例分別為55.2%與58%，相較於白人的31.2%，而擁有房子者只有29.6%未將電話登錄，租屋者則達54.3%。Lavrakas（1987: 33）舉出以下通則：如果民調中的樣本離城市愈遠，則家庭未登錄電話的比例將愈低。他以芝加哥地區為例，發現城市內約有50%的住家電話未登錄，而鄰近的市郊的比例約在20%到30%，郊區外環則大概在10%到20%左右，至於農村地區比例則僅在5%上下。

住戶未登錄電話的類型大概可分兩種：刻意選擇不將電話號碼登錄，以及因搬遷換新的電話號碼，但電話簿卻尚未記載或更新（一般是每年更新一次）。民眾主動選擇不登錄與搬遷因素使得電話號碼未登錄這兩類是有所不同的，其中「搬遷而未登錄」（mobility unlisted）的民眾，其特徵多為較年輕、較多住都市、收入較低，與租屋者；另外「刻意選擇不登錄」（choice unlisted），則多是經濟狀況較佳的民眾（Survey Sampling Inc. 1997）。至於第三類以及人數較少的未登錄電話者，則是因為經濟出了問題未繳電話費而被斷話，在解決問題之後又被復話者。整體而言，在所有不同人口特徵團體中，「遷徙而不登錄」民眾的比例都是逐年增加的（Genesys News 1996），例如，在過去一年中，戶長年齡在18到34歲，電話未登錄的比例，已由51%提高至69.9%。同樣地，戶長年齡超過65歲的家庭裡，則該比例從18.9%大幅提升至54.2%。

為了解決電話簿涵蓋率不足以及不登錄電話的缺失，電話號碼尾數「隨機撥號」（random-digit-dialing, RDD）的技術於焉發展。利用隨機撥號方式，可以隨機產生我們要訪問的電話號碼。最簡易的隨機撥號的形式，最關鍵是先得知該地區電話的區碼與「局碼」（exchanges）（在七碼的電話號碼中的前三碼），一旦蒐集這些資訊後，再利用電腦的隨機號碼產生器或是亂數表，便可產生電話號碼的後四碼以供撥號。此程序則可涵蓋那些未登錄的電話號碼。最直接的證據便是來自受訪者訝異的反應與詢問：「你們怎麼會有我的電話號碼？這支電話並沒有登記？」不過透過此隨機撥號來接觸居民時，訪員並不可自動地對接電話者進行訪問，典型的方式是，必須先蒐集有關該住家中所有成人人數與不同性別人數的相關資訊，然後按照隨機抽樣的方法告訴接電話者我們要訪問的受訪者，例如在第一個家庭中訪問最年長男性、第二個家庭訪問最年輕女性，或第三個家庭訪問次年長男性。有時訪員會被要求訪問家中最近剛過生日的成年人。

結合隨機撥號與對於對訪員戶中抽樣的訓練，可以獲得對美國家庭具有高度代表性的樣本（更多有關實際電話訪問抽樣設計的資訊與介紹，請參考Tucker、Lepkowski與Piekarski，2002的文章）。

即使隨機撥號解決了電話沒有登錄的問題，隨著科技進步，也面臨了新的挑戰，特別是手機使用者迅速增加。有趣的是，愈來愈多美國民眾放棄使用市內電話（landlines）而只用手機。這情況在年輕的美國民眾特別普遍。從皮尤研究估計，在2010年大約20%的美國民眾是唯手機族（cell-only users），此一比率正持續增加。依皮尤的研究（Christian et al. 2010），唯手機族中有41%的年齡在18到29歲之間，比起市內電話則僅有7%。皮尤研究估計，大約有18%是唯手機族，唯室內電話用戶有16%，另有大約三分之二的民眾是手機與市內電話都可以接觸到的。這意味著現在調查研究機構必須將唯手機族用戶日漸增加的情況納入考量，特別是此一群體以年輕人居大多數，若不納入他們將使調查結果產生偏差。因此，現在許多民調機構公開地將手機號碼納入他們的樣本中。例如，皮尤研究的調查樣本即包括75%的市內電話使用者以及25%的手機使用者，此一比例會因為手機比例增加而變化。Fahimi、Kulp與Brick（2009）的研究再次強調在隨機撥號中納入手機號碼的重要性。若不如此，可能導致家戶電話的樣本中，某些特定背景者的代表性不足。

即使在抽樣時納入手機號碼，手機仍然製造一些挑戰。家戶電話通常「屬於」某一特定住家，所以讓調查者可以決定在該住家中應該要調查哪個受訪者，亦即，研究者可以利用很多不同的方式（例如，最年長女性或是最近過生日者）決定應該訪問誰。但手機通常「屬於」個人，這表示訪員也許必須訪問接電話的人。即使民意研究者成功地拿到手機用戶的號碼，他們會面對訪問成功率的問題，因為手機經常關機或是一些手機用戶認為手機是私人通訊線路而不應該讓電話行銷者、民調從業人員，以及其他類似的機構取得。此外，手機的受訪者可能在從事某些活動，像是運動、開車、工作或是上課，使得他們難以參與或是完成訪問。

如上所述，唯手機族中年輕人占相當大的比例，當接觸手機使用者遇困難，樣本可能對年輕人的代表性愈差。在皮尤的一個研究（Keeter

2006a）發現：儘管年輕人的人口比例在總人口中占的百分比比例變動不大，但年輕民眾（年齡在18歲到34歲）在皮尤贊助訪問中的受訪比例，卻從2000年的31%下降到2006年3月的20%。在2006年皮尤的手機使用者的樣本中，幾乎一半的受訪者為30歲以下，市話訪問的樣本中則只有14%，而母體中則大約21%。如果我們檢視大學生則會發現，使用手機與不用市話的比例會更高。這裡我們強調的重點是手機使用的快速成長，會讓年輕民眾在傳統的電話訪問中比例太少而出現該族群代表性不足的情況。皮尤研究指出年輕的唯手機族與市話使用者在人口學背景上有重要差異，儘管這兩群人在政治態度與政黨忠誠上差異不大。Keeter（2006b）分析在2004年總統大選中，忽略唯手機族的選民對於選舉民調正確性的影響。因為唯手機族多為年輕人，年輕選民較不會去投票，因此，民調中忽略他們對於民調正確性的影響有限，特別是民調有針對年輕選民樣本不足的低度代表情況給予「加權」（weighted）（加權會在本章隨後討論）。相同地，Christian等人（2010）檢視只有市話者與有市話但只用手機者在很多測量上的差異，但只發現些微的不同。Ansolabehere與Schaffner（2010）指出唯手機族與市話使用者不只是年齡分布不同，他們的家庭成員構成以及居住的流動性也有差異。當民眾有配偶與小孩但是居住有流動性時，他們較需要以手機才更方便與家人聯繫。他們也發現：在控制家庭成員結構跟居住的流動性之後，唯手機族與市話使用者相比，他們較傾向投票給民主黨但也較不常去投票。因此，他們認為訪問若不適當地涵蓋手機使用者的樣本，將會產生偏差的訪問結果。所以在評估民調時，要牢記在心的一件事情是該調查中是否適當地涵蓋手機的使用者。例如，我們會想知道是否樣本包括具有代表性的年輕民眾，特別是調查涵蓋特定的主題，像是同性戀者的權利，年輕民眾對該議題的看法常常跟年長者是相左的（年輕民眾通常比較傾向支持同性戀者的權利）。當愈來愈多美國民眾不用市話而轉向手機服務時，電話調查樣本代表性的偏差將會愈來愈大。未來趨勢的預兆，在皮尤研究中有23%的市話使用者說，他們有可能或是非常可能停用市話，而將只使用手機（Keeter 2006a, 8）。

還有其他的發展，讓傳統隨機撥號的方式變得更加複雜。例如在新電話號碼的快速增加下，更多新的電話區碼出現；另外，電話公司也可能將同一區碼的地區，劃分為兩個新的地區，而分別給予各自的區碼。民眾可能發現，在原來相同的七碼電話號碼前，換上了新的區碼。因此，民調研究者與抽樣人員必須隨時更新他們的區碼資訊。

電話號碼抽樣的另一個挑戰，是美國家庭中有多線市內電話——因此，他們中選的機會增加。當今，一個有聲譽的民調研究者必須修正他們的樣本，以免產生可能的偏差。Piekarski、Kapaln與Prestgaard（1999）認為，因為只有一小部分的電話是住宅電話，所以，近年來對住宅民眾以隨機撥號的方式進行抽樣，變得愈來愈沒效率。

另一種可能降低隨機撥號優點的趨勢，是號碼的可攜式服務（number portability）的發展（*Genesys Q & A* 1997）。一般來說，電話號碼的前三碼代表了明確界定的地理區域，因而可讓民調專家與其他研究者所使用。舉例而言，此三碼可提供詳細的地理區域資訊，使研究者能合併該電話所在區域屬性的脈絡資料（contextual data）來進行分析。但有了「號碼可攜式服務」後，則民眾在搬遷時也能夠帶著原有的電話號碼到其他地方。現今，「號碼可攜式服務」更常見於民眾換了電話公司但住在同一地址時，繼續保留他們原來的電話號碼。一旦號碼可攜服式務更為普及，可預見的是，運用隨機撥號來接觸特定地理區域住宅用戶，將變得愈來愈困難。

民眾使用手機比例的成長、來電過濾設備，以及電話行銷的騷擾而抗拒接受電話訪問，使得以電話接觸受訪者變得愈來愈難的情況，民調機構有些創意的方法來回應。一個是採用以地址為底的抽樣（address-based sampling），亦即以美國郵政投遞服務順序檔案為基礎，涵蓋大多數居民住屋的抽樣母體清單。這個檔案包括所有郵局遞送服務的所有地址，且因為是以地址為本，所以包括所有郵寄的住宅用戶。他們可以是唯手機族、唯市話使用者、兩者兼有或是兩者皆無。當投遞順序檔案與其他清單資料合併起來，我們可以得到一個相當廣泛的抽樣母體清冊而可供網路民調、郵寄問卷，以及電話訪問之用。根據國際調查抽樣公司（Survey Sampling International, SSI）估計，其以地址為底的抽樣，涵蓋了95%的郵寄住宅用戶，匹配了85%的地址與住戶姓名、找到55%到65%的地址的電話。以地址為底的抽樣架構，說明了民調產業回應變遷的電話使用環境的一種方式。想瞭解以地址為底的抽樣方法效果如何，可以參考Link等人（2008）以及Messer與Dillman（2010）的研究。

樣本規模與抽樣誤差

很多美國民眾會懷疑，一群1,500位的全國性受訪者樣本，如何能精確地代表2億2千萬美國成年民眾的看法。造成此一困惑的另一個原因，是當我們要針對各別的州進行調查時，我們也利用相同的樣本數量，即便某些州的人口數僅是全國人口的極少部分。事實上，一個好的樣本僅需要為數不多的受訪者，且樣本多寡與所抽取的母群體之間的關係也相當微弱。但是，對許多人來說，當他們意識到上述看似異常的情況時，會對於整個民調產業的效度產生質疑。

統計理論與機率理論，可解釋為何如此小規模的樣本數量已經足夠產生有效的推論結果，但這些理論對那些缺乏專業數學背景的人們來說，讓人難以理解，也許以類比的方法說明較容易讓人瞭解。例如，抽血檢驗時，由於病人身上的血液屬性都是相當一致的，故醫檢人員只需要從病人身上抽出一、兩管的血液，即已足夠得到相當精確的檢查結果。另一種比喻是，當廚師對一大鍋湯進行調味工作時，廚師可以從鍋子中隨意舀取一匙湯試試味道，來決定是不是要再加些調味料，這一匙湯也是取樣相當的少；當然，試味前主廚應先均勻攪拌，否則每一匙的湯是無法比較的。但若經過適當地攪拌，那麼試一匙湯，即可決定是否要加更多的調味料。

在民意調查中，由於訪問樣本所花費的成本極大，對研究者來說，樣本選擇與計畫預算之間的配合便顯得相當關鍵。「大」樣本並沒有特別的好處，如果選樣不當，也無法保證能提供正確的結果。最不光彩的例子便是1936年文學文摘（Literary Digest）的調查，其基於超過200萬的樣本，預測共和黨總統候選人Alf Landon將獲得壓倒性的勝利，但實際的選舉結果，是現任的民主黨總統候選人Franklin D. Roosevelt從58個州當中，獲得56州的勝利。正因為該雜誌選取的受訪者，是來自電話簿與汽車登記（automobile registrations），樣本組成偏向較高社會經濟地位，缺乏代表性，而使得文學文摘的調查失敗。該雜誌如此選樣方法，在先前的選舉中尚具有預測的功用，但是在景氣蕭條的1936年則最終失效；再者，低訪問成功率（response rates）與未受訪偏差的問題，使得訪問結果中顯示民眾較為支持Landon（Squire, 1988）。

執行民意調查中能夠忍受多大的抽樣誤差（sampling error），是決定樣本規模的一個因素。所謂抽樣誤差，簡單來說就是樣本所獲得的資訊與真實的母群體意見間，兩者的差異。舉例來說，抽樣誤差就是樣本中表示贊同總統表現的民眾比例，與全體民眾比例的差異。選擇全國性樣本時，研究者通常以約4%的抽樣誤差來決定樣本大小，這表示了如果樣本中顯示有52%的民眾贊同總統的表現，則真實民眾贊同的範圍，將處於48%至56%之間（52%加或減4%）；另外，調查的結果落在上述範圍的可能性有多少？則可由信心水準（confidence level）來表示。在上述的例子中，95%的信心水準則意味著從100次抽樣的結果中，將有95次贊同度估計會落在48%至56%的區間之中。至於減少抽樣誤差，其中一個方式便是增加樣本數目，但是大樣本必須花費較高成本；而4%的抽樣誤差，一般來說是較可接受的。

與抽樣誤差有關的事項，必須為研究者所牢記在心。首先，在部分的案例中，4%的誤差對於研究者從事預測來說是太大。例如樣本中顯示，即將來臨的選舉裡，有51%的選民表示將投給共和黨，在伴隨著4%抽樣誤差下，這表示了投給共和黨的比例將可能低至47%，或達55%，因而選舉結果並不能透過此樣本進行有效的推估，但如果民調表示70%的民眾計畫投給共和黨，則4%抑或更高的抽樣誤差，對於調查結果來說幾乎不太有影響。

其次，即便全體樣本的抽樣誤差只有4%，但對於樣本中部分子集合而言，特別是那些個數較小團體，可能估計的抽樣誤差則會更大。在進行次團體分析時，則原始樣本將被再區分成許多子集合，例如，研究者對於新教徒、天主教徒與猶太人政治態度的比較特別有興趣，而將1,500的全國性樣本區分為這三類宗教團體，則由於猶太人團體的樣本數目僅為40-60左右，這反映在猶太人占全體人口的比例上（該樣本將會包含350-400個天主教徒，以及1,000個左右的新教徒），故關於猶太人團體估計的抽樣誤差，相較其他團體而言將會大了許多。而如果想要同時比較宗教與性別團體，則研究者將會把同樣的樣本區分為六類：男性新教徒、男性天主教徒、男性猶太教徒、女性新教徒、女性天主教徒與女性猶太教徒，可以想見的是，這些分類結果的抽樣誤差將會更大，總體來說，當原始樣本欲區分成許多更小的子集合時，則抽樣誤差會變得愈來愈大。

在2009年一整年，許多民調詢問美國民眾對於健保改革的看法。在很多機構公布的民意調查以及媒體報導的民調結果中，典型的焦點在於全體民眾對於健保改革以及總統的總體支持度，以及這些支持度與上次民調相比的變化情況。然後有些公布的民調或是新聞報導會檢視一些次群體，像是不同的政黨認同者、性別、年齡以及種族，他們的意見。許多民意調查的樣本數都在1,000上下，大約抽樣誤差為4%左右。因此，當樣本以政黨認同，一般定義為民主黨認同者、共和黨認同者與無政黨傾向者，或是以性別——包括男性與女性——來區分之後，每個次類別中尚可維持數百個受訪者，使得抽樣誤差不至於增加太大。但如果加上年齡的分類，則每個次類別中的受訪者將會變得更少，使得抽樣誤差大幅增加。如果研究者要同時檢視兩種或以上的背景（例如，最年輕男性相對最年長男性），樣本數會迅速減少而讓抽樣誤差變得更大。媒體在大多數的報導中，都很少在討論次類別時，說明有更大的抽樣誤差。

如果研究者想要比較特定次群體，並且也明瞭樣本中的該次群體人數太少而有較大的抽樣誤差，此時就會決定以膨脹取樣（oversample）的方式來抽樣特定次類別的受訪者。例如，在一個成功訪問全美國1,000位受訪者的調查中，研究者想要同時考慮種族的因素（例如白人相對於黑人），以及性別（像是男性相對於女性）時，他必須對黑人膨脹取樣。如果原始樣本中黑人占10%，且男女分配平均的話，那黑人男性與黑人女性將各只有50位受訪者，相對而言，此樣本數所提供的估計結果較不穩定。當我們對黑人膨脹抽樣後，我們會得到較為精確的結果。不過，當我們要將膨脹取樣的結果推論回一般母體時，黑人的樣本數需要再經過調整回母體中他們應該占的比例。

全體樣本與實際樣本規模

當樣本中的民眾接受訪問，一個可能發生的情況是並非所有受訪者都會回答每個問題，有些受訪者可能會對於某些問題拒絕回答。另外，由於無態度者（nonattitudes）可能被事先過濾，但是對特定事件受訪者也許會表示無意見（no opinion），因而在某些情況下，將使得全體的樣本數與實質有效回答特定問題的受訪者人數上，具有重要差異存在，使調查結果產生偏差。

讓我們考量一個假設的情況，當1,500個美國人在選前一個月被訪問有關投票偏好的問題，或許只有80%的受訪者表示已註冊，而僅有60%已註冊的受訪者表示在選舉當天會去投票，如果研究者想要瞭解選民的投票偏好，而以此樣本為探討對象（這是一件相當冒險的事），則有效樣本數將從1,500減縮至720（0.8*0.6*1,500），伴隨著抽樣誤差的增加，如果這些720個樣本中，3%拒絕透露偏好，22%表示尚未決定，則有明確投票偏好的受訪者，將讓有效樣本數從720更減少至540，僅占1,500原始樣本中的36%。雖然此540位民眾出自於真實的全體樣本，如果其中300位表示傾向投給民主黨，240表示投給共和黨，因而可區分為56%對於44%的比例。在報告上述比例時，民調專家需敘明用以計算實際樣本數。

現實生活中，一個有關報導實際樣本規模重要性的例子，為1985年6月ABC新聞網／華盛頓郵報針對雷根總統的「戰略防禦主動」（Strategic Defense Initiative）計畫，也就是著名的「Star Wars」的調查報告，其中三個題目與民眾的回答如下：

問：請問您是否曾經閱讀或聽說過，關於雷根政府推展在美國本土遙控能夠摧毀蘇聯或其他國家核子飛彈的外太空武器計畫？雷根稱這些武器為「戰略防禦主動」（Strategic Defense

Initiative），而有些民眾則將其指涉為「星際大戰」（Star Wars）。

是的，曾經看過或聽過	84%
從未看過或聽過	16%
不知道或沒意見	1%

問：支持者宣稱，這些武器保證能保護美國不受到核子武器攻擊，因而不論花費多少成本都相當值得。反對者則認為，這些武器將來根本無法運作，隨著軍備競賽的增加，這些研究將花費數十億的預算。請問您贊成或不贊成發展太空武器計畫？

贊成	41%
不贊成	53%
不知道或沒意見	5%

問：（對於支持者續問）目前美國與蘇聯擁有反彈道飛彈協議，以防止繼續發展武器。假設美國為了發展太空武器，而必須違反或中止這樣協議，那麼您是否還贊成美國發展太空武器計畫？

是的，仍然贊成	63%
不，不會繼續支持	32%
不知道或沒意見	5%

幸運地，華盛頓郵報的George Lardner Jr.（1985）在他的報告中，相當謹慎地解讀受訪者在最後一題的意見；若對於民意調查沒有適當的解讀能力，民眾或許會將結果詮釋為「即便美國必須違反協定，仍強烈支持武器發展」。但要注意的是，這63%支持SDI的受訪者，僅占原始樣本1,506的26%（0.41*0.63），而這些樣本中也只有22%（0.41*0.63*0.84）曾經聽過或閱讀過有關此計畫的資訊。因此，在沒有適當的詮釋下，民眾很可能錯誤地解讀最後一個項目的實際結果。遺憾的是，提倡者有時會選擇性地

利用民意調查的相關資訊，有目的地將民眾帶到他們想要的議題立場上。

訪問成功率

無反應（nonresponse）的問題，為民意調查專家近年來相當關注的課題。所謂無反應指的是中選樣本的部分民眾，拒絕參與訪問或是無法進行接觸者。拒絕訪問（refusals）的原因可能來自幾點，包括大量的與侵入式的電話行銷，大量轟炸美國民眾，使得民眾對於民意調查的敵意日漸提高。此外，也由於科技進步的阻礙與行動電話的普及，使得現今接觸民眾變得更為困難。根據Piekarski、Kaplan與Prestgaard（1999）的研究顯示，50%的家庭擁有電話答錄機，25%擁有電話來電顯示器（caller ID），6%的家庭則是備有語音信箱（voice mail）的配備。至2003年，來電顯示器的使用已經成長近至40%左右，不過，由於未確認電話的比例仍多，而使租用來電顯示器的用戶逐漸下降（Howe 2003），然而，Bierma（2002）也明確指出，電話訪問的成功率的確是已日漸下降，從60%以上的比例滑落至30到40%。Nagourney（2002）則引用民調專家Whit Ayres的論調：「我無法預期二十年後電話是否還是蒐集資料的主要方式。民意調查這個行業的趨勢，正在從電話蒐集資料的方式，逐漸走向以網路來蒐集資料，但在這段時間內，我們還是必須想辦法讓民眾繼續接電話。」

此外，民調專家增加當夜民調（overnight polls）的趨勢，也讓接觸受訪者的困難度增加。當夜民調是民調專家針對重要政治主題，例如總統候選人辯論會評價或舉行全國提名大會的「反彈」（bounce）（譯者按：通常在政黨的全國代表大會上，該黨的候選人聲勢都會「反彈」上漲）所進行的民調。這些案子的特徵是必須在當天晚上產生具體的民意調查結果，由於時間有限，對於那些樣本中已撥過一次的電話，初訪結果為受訪者不在家或其他原因暫時無法聯絡上的號碼，無法再進行回撥。如同Kagay（1999）指出，大部分著名的民調專家，會在不同天中，對於民眾進行撥號，以接觸那些中選的受訪者，而這些不同時間的重複撥號，將會增加民眾回答問題的機率。在許多例子中，訪員可以留言解釋為何撥電話來，以及嘗試安排受訪者方便的時段以進行訪問。為此，許多民調機構也派上特別訓練的訪員來對於那些已拒絕受訪的民眾再進行接觸，為的就是試圖將拒訪的結果轉為完成訪問。但是在這些當夜就必須得到具體資料的案子中，則無採取類似的措施，因為其實際訪問時段大約也僅有四小時，甚至更短。必須注意的是，以上這些措施都將增加訪問成本。

美國民意研究協會（AAPOR）呼籲民調機構，提供系統且可以比較的電訪、面訪、寄給特定對象的郵寄問卷以及網路民調等調查中的訪問成功率的相關資訊。由AAPOR提供標準定義的報告內容（2009年改版）為了讓我們可以比較不同調查的成功率，它提供了成功率、合作率（cooperation rates）、拒訪率（refusal rates）與接觸率（contact rates）之定義。舉例而言，針對市內電話、手機或是結合兩種的隨機撥號的電話訪問，AAPOR主張應讓民調資料使用者取得電話撥號的處理與結果的相關資料，以利他們評估民調的「產品」。其結果將包括：(1)合格樣本中訪問成功者（區分為回答完整問卷以及僅回答部分問卷即中斷者）；(2)合格樣本中未訪問成功（如拒訪）；(3)不確定是否為合格樣本且未獲得任何資訊者（如持續忙線、或是裝有過濾來電的設備者）；(4)不合格樣本（如非受訪地區、傳真機或是停話）。網路民調中訪問特定對象者，其可能結果像是：(1)回答或是僅回答部分問卷者；(2)合格樣本但未填答問卷（如無反應）；(3)不確定是否為合格樣本且未填答問卷（如電子郵件無法寄達）；(4)不合格樣本（如重複列名者或該個案不再符合受訪者資格，例如，大學輟學的學生）。並且，AAPOR建議，調查機構也應計算與呈現訪問成功率、合作率、拒訪率與接觸率。傳統上，民調從業者與媒體報導民調結果僅提供少許訪問成功率的資訊。一個例外的例子是可倫坡電訊報在報導其郵寄問卷的選舉預測調查案，儘管訪問成功率較低，但選舉預測結果卻相當精確（請見第七章）。在2010年9月於俄亥俄州有關州長與參議員選舉的郵寄調查中，可倫坡電訊報列出諸多錯誤來源之一——未回答偏誤（nonresponse bias），也就是說，那些回覆郵寄問卷者，有可能無法反映某些未回覆者之觀點；接著電訊報也告知讀者該郵寄問卷調查案的訪問成功率為14%。對於訪問成功率的不夠重視，也反映在主要社會科學的學術期刊上，經由對1998年到2001年主要的政治學、社會學與調查研究相關期刊文章的檢視，Smith（2002）發現，相較於社會學期刊的59%與調查研究的53%，73%的政治學期刊的相關研究中，並沒有對訪問成功率提供相關資訊。

訪問成功率有兩個關鍵面向：能夠接觸到中選的受訪者以及受訪者願意配合訪問接受完整的訪談（Langer 2003）。顯然地，完整地訪問完中選的樣本是評估調查品質的黃金標準。不過，還有其他評判調查品質的標準，例如，缺失資料的比例（Wagner 2010），這是一個相對新穎並未廣受重視且從未向民調消費者報告的新觀察重點。另一個則是訪問中斷（survey breakoffs），亦即合格受訪者在訪問開始不久後（或開始填寫問卷後），因故終止訪問。Peytchev（2009）發現，網路調查有較高的訪問中斷率，而檢視問卷的性質以及受訪者的背景，有助我們瞭解訪問中斷的可能原因。

對於哪些科技可以增加電訪、網路民調以及郵寄問卷成功率的研究近年大幅增加，主要聚焦在訪問以及蒐集資料之前可以採取的步驟。在這些研究中，有的分析訪問的形式如何影響訪問成功率，有些檢視提供受訪者哪些誘因可以增加訪問成功率，有些則研究若以訪員接觸受訪者是否可以提高成功率，另外也有觀察提供受訪者訪問的說明以及訪問期限是否會提供成功率。我僅簡要說明一些例子讓讀者知道相關研究是怎麼一回事。整體而言，這方面研究的大幅增加，顯示民調產業嚴肅對待訪問成功率低的問題。

以訪問型式以及提供給受訪者訪問說明為例，Fox、Crask與Kim（1988）發現：大學贊助（相對於私人公司贊助）的郵寄問卷成功率較高，同樣地，訪問前以郵件通知受訪者、用普通郵件寄出問卷、用明信片催收問卷、提供回郵郵資都可以提高成功率。另一個重要因素是問卷印刷使用的紙張顏色。Rao、Kaminska與McCutcheon（2010）發現：事先的通知郵件以及隨後以電話通知，對於提高訪問成功率有正面的效果。至於電話訪問，Link與Mokdad（2010）發現：是先寄給受訪者一個訪問前說明的信件，會提高成功率約6個百分點，不過，增加的部分較多是來自於白人、年長者以及高社會經濟地位者。在一個設計更為精緻的研究中，Hembroft等人（2005）發現：訪問前先寄出通知信件的效果比寄出明信片好，不過，寄出明信片還是比完全不做任何通知來得好。至於網路民調，Heerwegh（2005）發現：對大學生提供客製化的邀請，會提高網路以及郵寄問卷填答的成功率。Martin（2009）指出給受訪者明確的截止日期以及較短的填答時間，會提高每十年進行的人口普查之成功率。

對於誘因的相關文獻非常廣泛也有很多不同的發現。依據James與Bolstein（1990）的研究，給受訪者金錢誘因會提高成功率。Petrolia與Bhattachajee（2009）檢視預付（prepaid）與事後支付（postpaid）金錢的誘因（特別是預付），會提高總體的訪問成功率，但是對於減少項目無反應卻效果不大。Brennan與Charbonneau（2009）表示：郵寄問卷訪問時，在第一份寄出或是第一次提醒的郵件附贈巧克力，以及在第一次或是第二次提醒郵件時附上取代的新問卷，會提高成功率。

雖然我們會在第五章深入討論訪問技巧，不過，值得一提的是訓練精良的訪員在訪問時，其技巧對於受訪者的合作會起關鍵的作用。一個引人入勝的研究（Durrant et al. 2010）將訪員的特質以及受訪者在不同形式下訪問的合作度做了連結，他們發現：經驗豐富的訪員讓受訪者更願意合作參與訪問。訪員用正面的態度來說服，較不容易被受訪者拒絕。訪員跟受訪者的家人具有相同背景（特別是教育程度）時更容易獲得受訪者的合作。

而在民意調查中，究竟訪問成功率的低落對於其精確性的估計，可能產生何種差異？儘管如此的效應無法非常確定，但在部分研究中顯示，低成功率並不必然會產生偏差或不精確的研究結果。例如研究者會檢驗，透過電話回撥或其他的方式讓一開始表示拒訪的受訪者，後來卻接受訪問之樣本的屬性。Wiese（1998）發現，加上這些「拒訪的改變者」（converted refusals），並不會使得樣本更具代表性，而相較於那些第一次就訪問成功者而言，這些受訪者提供的訊息反而更不完整。Curtin、Presser與Singer（2000）的研究，則從受訪者的消費者信心指數（Index of Consumer Sentiment）發現，那些需要多次接觸才能完成訪問的受訪者間，差異是非常小的；Teitler、Reichman與Sprachman（2003）在新手父母的全國性跨時（longitudinal）調查中，發現了受訪者與未接受訪問者，在初為人父上確實有些不同，但他們也說明了，要將那些不願意受訪的民眾轉變為接受訪問，與所付出的成本與資源相較，是事倍功半的結果。

如果要探索不同成功訪問率的影響，一個最好的方式便是在一致問卷的基礎下，進行兩次不同的全國性隨機撥號樣本調查的研究（Keeter et al. 2000），其中，第一次調查進行五天的時間，訪問在家的成年人樣本；第二次調查則是進行八天，並運用更多的心力來接觸那些流動與不情願接受訪問的民眾。第一次調查結果顯示得到36%的訪問成功率，第二次則是達60.6%的成功率。儘管可以發現兩者訪問成功率上有著明顯的差距，但兩次調查在不同的問題上，所反映出的結果卻是非常相似的，而具有差異的部分則是傾向於人口地理區域項次上的分布，而非態度或意見的問題上。

因而，關於訪問成功率的問題，我們應該下怎樣的結論？如同AAPOR所建議，確定的是，其的確是可以作為評價的一個指標。對那些著名的調查機構而言，由於其透過電話的多次回撥或其他策略，確保訪問的完成，使得訪問成功率下降問題變得較不嚴重。但對於那些必須在一天晚上就得到結果的案子，低成功率則會變得是一個必須正視且嚴重的問題。無論調查的受訪者是否具有那些不接受訪問者的代表性，對於上述這個根本的問題，更多的相關研究是需要的。顯然地，相對於低訪問成功率來說，成功率「高」的確較好，但低成功率則並不必然表示民調是不精確的。當美國的電信技術持續進步，且個人對於電話行銷打擾的負面感受與個人權益保護的觀念持續高漲時，「訪問成功率」的問題對於民意調查來說，會是愈來愈嚴峻的問題，而電話訪問以外的其他資料蒐集的方法，將變得更為重要。

樣本的加權

雖然民調專家常試圖用他們所選擇的樣本來代表母體，然而在分析與解釋民調結果之前，有時卻必須對於樣本進行某種調整。如此的調整主要來自一些實質的原因，或因為所選擇的樣本中具有某些特性的偏差。其中，為了實質的原因而調整的一個例子，為研究者試圖判定誰是可能投票者（likely voters），並以可能投票者而非全體樣本作為選舉預測的基礎。

「加權」（weights）多被用來修正偏誤：讓樣本中的人口統計學特徵，能精確的反映在母群體的所有屬性。由於抽樣與訪問牽涉到統計與機率理論，以及接觸受訪者的邏輯問題，其中，一套樣本也許涵蓋了少數黑人、男性，與年紀最輕等類別的民眾，假設真實民眾的性別、種族與年齡的屬性已知，則研究者即可使用加權的方式，讓樣本數目的輪廓與全體民眾一致。例如女性在樣本中的比例為60%，而真實的人口比例為50%，研究者及可以給予每個女性受訪者六分之五的權值，以讓樣本中女性的比例減少至50%（5/6*60%）。

在1986年，《可倫坡電訊報》（*Columbus Dispatch*）於俄亥俄州有關州長選舉選前的民意調查裡，說明了加權的效果。在1986年的8月，Dispatch對於全州已註冊選民中的抽出樣本郵寄問卷，結果民調中顯示現任的民主黨州長Richard Celeste以48%的支持度領先共和黨前州長James Rhodes的43%，而獨立候選人，也是前Cleveland的民主黨市長Dennis Kucinich得到9%的支持，至於未決定的比例則未提供（Curtin 1986a）。重要的是，Dispatch的報告包括了每個次類別（與其他媒體不同）的樣本數，報告的其中一個表格呈現了政黨傾向與州長投票偏好的關聯性，如下表所示（Curtin 1986b）：

州長偏好對象	民主黨認同者	共和黨認同者	獨立選民
Celeste	82%	14%	33%
Rhodes	9%	81%	50%
Kucinich	9%	5%	17%
總和%	100%	100%	100%
（樣本數）	(253)	(245)	(138)

就前述的新聞主旨，Celeste以48%支持度領先Rhodes的43%，但在上表的結果則並不是那麼一回事。Rhodes在支持共和黨的民眾中所得到的支持，與Celeste在民主黨選民中所得到的支持度幾乎是不分軒輊，然而Rhodes卻在獨立選民中得到絕對領先的支持；基於這些數字，我們可以計算有關Celeste、Rhodes與Kucinich於樣本中的實際支持度：

Celeste選民 = 0.82 (253) + 0.14 (245) + 0.33 (138) = 287
Rhodes選民 = 0.09 (253) + 0.81 (245) + 0.50 (138) = 291
Kucinich選民 = 0.09 (253) + 0.05 (245) + 0.17 (138) = 58

從該表的總數計算支持的百分比後，顯示Rhodes以46%微幅領先Celeste的45%，而非落後。在此例子中，我認為可能有落差的原因，在於政黨傾向、州長投票偏好，或是民調中有些許的錯誤估計。然而，當重新理解前述的新聞報導，我學習到該樣本已經過加權處理（譯者按：在此例中，支持度以該州政黨偏好的比例來加權），其中記者說明：「經修正或加權的結果，可調整民調受訪者與全體俄亥俄州選民之間的人口統計學上差異」（Curtin 1986b），雖然該記者告知讀者資料經過加權，但其並無說明經過修正的影響後，誰的支持度會趨於領先。由於該民調並無包括受訪者中有關女性與黑人的有效樣本資訊，但也因為此兩團體多傾向支持民主黨州長候選人，因而加權的修正應具統計上的效果，但在新聞報導中，對於如何進行加權則並無提供任何特定的訊息。此例子證明了「加權」的確是重要的，但通常來說，如此的加權程序對於一般民眾而言是較為陌生的。

在民調中，一個持續發生的問題是，在成功訪問中女性的過度代表與男性的低度代表。此問題便可透過全體人口性別分布的資訊，來對於樣本中男女受訪者的比例進行加權的矯正，但如此的解決方式，則是假定了抽出的男性可代表那些未抽取者。為何男性在樣本中的低度代表是一個普遍的趨勢？首先，家中僅住著單身女性的比例是較單身男性者來得高的，男性單獨居住的比例則較低，多數為混合同住在一起，因而在樣本中男性被選擇的機率，將會比女性來得較低；第二個原因則牽涉了如何決定進行訪問的受訪者，一般來說，訪員（在電話民調中）詢問接聽電話者可否將電話轉給家中最年長女性、次年長男性或任何指定人選，有時接電話者並不願意將電話轉給家中其他成員來接受訪問；而女性相對男性而言，又是家中較可能第一時間接電話的人，在她可能不願意將電話轉給其配偶的情況下，男性受訪者的數目可想而知將會減少；最後，由於男性外出工作的比例較高，故白天的電話訪問遇到女性受訪者的可能性也將更高。

除了上述利用加權去修正具有特定人口特質樣本的過度代表（overrepresentation）以及低度代表（underrepresentation）的簡單例子外，加權可能相當繁複且統計上也複雜。此外，加權也可以運用到民調產業的不同階段。例如，Merkle與Langer（2008）討論如何運用加權去調整不同住家內有不同數量的電話以及不同類型的電話。Blumberg與Luke（2007）則討論樣本加權程序如何減少傳統電話訪問中多項人口學特質涵蓋率誤差（樣本無法適當代表特定群體）的問題，但他們也表示，這些程序在調整低收入或是年輕成人的行為風險因子調查上，是不足夠的。Ehlen與Ehlen（2007）表示，加權對於修正手機族涵蓋率的調整上效果不大（雖然本章前述內容對於其他技術的發展如何處理此一問題有討論到）也許對民調使用者的最佳建議，是少期待民調贊助者會提供詳細的加權資訊。但是當他們提供此資訊時，請注意本章以上所討論到的各種與加權相關的問題。

結論

對多數美國人來說，抽樣是民意調查中最讓人感到困惑的一部分。無論任何主題的研究，許多民眾懷疑媒體報導中的「小」樣本，能夠適用於代表母體的意見，而如果訪問率較低，民眾對民調將更為質疑。另外，他們可能也會對僅執行一次民調的方式提出疑問，但由於對個人來說，除非民調機構提供關於樣本規模、抽樣誤差、信心水準、訪問日期、成功率與訪問方式等完整的資訊，否則較難對此提出具體的批評。即便有如此的資訊，許多民眾仍不確定抽樣過程的品質，特別是對門外漢來說，此過程又關乎於技術面與統計面。即使當取樣的問題完全合乎統計與科學的標準，但樣本的問題仍可能對得到的研究成果與民意調查的詮釋造成負面影響。不過，正常的情況下，民眾必須要相信民調機構會選擇好的樣本。

習題

1. 在第一章的習題1與習題2中，我們已蒐集許多有關民意調查的報紙與雜誌報導。現在，重新檢視這些報導中有關樣本的資訊，特別注意有關樣本規模、樣本子集合的多寡（該報導所適用的分類）、抽樣誤差、樣本子集合的抽樣誤差（該報導所適用的分類），以及加權的使用。其中，何種類型的資訊最常提供？而何種類型的資訊提供得最少？
2. 假設你必須選擇一套居住在學校批准住宿的大學生樣本，無論是宿舍、社團住屋（fraternity or sorority）、或是學校經營的校外住屋。請設計三種抽樣方法。第一種是以這些住屋為單位。其次，是以電話號碼來設計。但你要先瞭解宿舍內傳統市內電話的設置情況。是否還有市內電話？還是它因為多數學生有手機而減少甚至全被移除？如果是後者，你如何用電話進行抽樣。最後，利用印刷出來的學生名冊或是線上的清單，設計一套樣本。在學生名冊中包括了哪些資訊？有包括居住地址、電郵信箱、電話號碼、或是都包括，還是有其他資訊？

第五章　訪問與資料蒐集程序

在民意調查的過程中，訪員的角色至為關鍵。由於民調機構對於訪問過程提供的資訊往往很有限甚至付之闕如，因而民調的消費者無從獨立判斷，也只能假定訪問是相當完善地執行。對於主要的民調來說，這樣的假定還算安全，然而，當我同意接受民調、市場調查以及學術研究調查時，我卻發現在這些案子中我所接觸的訪員，在訓練與能力上，確實有明顯的差別。

通常，當我是受訪者時，我會詢問訪員某一個題目的意涵，或抱怨答案裡所提供的選項範圍。有些受過良好訓練的訪員能夠應付這些反應，但有些訪員則不然。某一訪員可能會同意我對某個題目的批評，並告訴我更多對於該民調案的其他批評。另一個訪員，當我費力地反對題目的選項時，由於他不瞭解如何處理自願回答其他選項的情況，而請求我在既有的選項中挑一個。而在另一種情況中，訪員則會告訴我，他會將我那些偏離主題的回答，歸類在一個他認為最適當的選項裡。

在很多的調查中，並不會有「活生生」的訪員。常見的例子是自填式訪問與郵寄問卷（mailed questionnaire），都是以紙筆填答的方式進行。愈來愈受歡迎的是電腦化自填問卷（computerized self-administered questionnaire, CSAQ）以及電腦輔助自填訪問（computer-assisted self-interviewing, CASI），它們提供了民調研究者很大的彈性。也有預錄問題的電話語音自動訪問系統。最後，網路民調日漸盛行，其基本是以自填方式進行，且在抽樣、樣本代表性等議題上也引起很多的討論。

本章目的是在提醒民調消費者，訪問過程可能對民調造成的影響。第一節的部分，將描述各種蒐集資料的方法及其優缺點；接著，將深入的說明訪問的情境與因素，例如訪員性別、社經地位，以及種族與族群等如何影響受訪者的應答；最後，將以探討網路民調的優點與限制來總結本章。

蒐集民意資訊的方法

一般來說，蒐集民意資料的方式可分為自填式問卷（self-administered questionnaire）、電話訪問（telephone interviews）與親身訪問（personal interviews）等三種基本方法，以下分別介紹。

自填式問卷

當機構可以得到好的郵寄名單時，會經常運用郵寄問卷來蒐集資訊，其主要優點在於成本低廉。如同第一章所討論的，利益團體通常以郵寄問卷與募款結合。由於郵寄調查是由受訪者自行填答問卷，因此不需要訓練或僱用訪員，而大幅降低成本。也不會有訪員偏誤影響訪問結果。而且，郵寄問卷的調查中，可以確保受訪者回答的匿名性與保密性，讓受訪者（特別在一些敏感性的主題上）可以坦率作答。例如，Aquilino（1994）的研究中顯示，有訪員在場的情境下，運用自填式問卷，受訪者回答使用非法藥物與酗酒的比例，較使用電訪或面訪得到的比例高。的確，相當多數文獻也顯示，自填式問卷相較於直接與受訪者互動的其他蒐集資料模式而言，會得到對違禁、不法、爭議行為等，較高比例的估計結果（Tourangeau and Smith 1996）。如Krysan等人（1994）所驗證的，白人受訪者在有關種族融合與平權行動的問題上，於郵寄問卷訪問方式中表達的傾向，相較於面訪的結果，呈現了較為負面的觀點。對於如此發現，作者提出的直觀解釋是：在可以確保隱私的自填郵寄問卷中，白人受訪者會更開誠布公且誠實地表達看法。但在面訪中，會帶入社會與政治正確的壓力，使受訪者的回答較偏向支持民權。

郵寄問卷的限制通常多過其優點。郵寄問卷的訪問成功率，通常較電話訪問或親身面訪來得更低。然而，此一缺點也許會變得微不足道，部分是因為親身面訪與電話訪問的拒訪率也提高，且近年來因為技術改進使得郵寄問卷也可以得到令人滿意的訪問成功率（Goyder 1985）。

當訪問成功率低時，如何確保郵寄問卷回覆者足以代表實際的母群體，變成一個特別重要的課題。Bernick與Pratto（1994）的研究認為，光以調整或是加權的方式，尚不足以完全解決小樣本可能導致的偏差的問題。因此，投入更多的資源來提高訪問成功率是值得的。不過，如果受訪者足以代表廣大的母群體，則訪問成功率較低，也不需要投入成本來增加訪問成功率。

有關郵寄問卷的其他限制，是透過自填式問卷無法蒐集到更多的資訊。例如，我們無法確定是誰填的問卷？特別是在進行菁英調查時，如國會議員或州議員，他們因持續受到填答問卷的轟炸，也許會指派幕僚人員來填寫問卷，這即是郵寄問卷的嚴重限制。對於一般民眾的郵寄問卷也有類似問題；當一份問卷寄到住家時，誰會填答這份問卷呢？當以地址為基底的抽樣（參考第四章）愈來愈重要，中選戶的戶中選樣仍然會是個議題。一個研究（Battaglia et al. 2008）測試三種郵寄問卷的戶中選樣方法：請家中任一位成人填答問卷、請家中下一個過生日的成人填答問卷、或是請家中所有成人填答問卷。儘管三種方法各有利弊，不過，關鍵在於以地址為基底的抽樣搭配著方法上的進步，使得郵寄問卷在未來對研究者來說會更加有用，雖然它還是有其侷限。當然，郵寄問卷的一個缺點，是我們無法得知受訪者對於調查或訪問完成情境的反應。在訪問過程中，當受訪者遇到困難時，沒有訪員從旁協助，所以問卷的說明必須明確，題目措辭愈不模稜兩可愈好，因為調查者沒有向受訪者釐清上述問題的機會。

郵寄問卷不能造成受訪者太大的負擔，否則將嚴重影響訪問成功率。當我收到郵寄問卷，我首先會計算一下需要我寫短篇申論（mini-essays）的開放性問題的題數。如果過多，我可能會把它丟到回收桶，除非那份問卷的主題引起我特別的興趣。當郵寄問卷題目以結構式與固定選項式為主時，較能鼓勵受訪者填答。不過，即便是結構式問卷仍讓民眾覺得麻煩。特別對於那些政治菁英來說，他們常抱怨政治世界繁複難懂，所以用固定選項的題目很難掌握他們的複雜意見。

郵寄問卷對於不同的受訪者會造成不同的負擔。教育程度較低者，填答郵寄調查較為困難，不識字的民眾根本就對問卷視而不見。此外，我們也不知道受訪者填答問題的順序，當受訪者以不同的順序填答問卷時，我們可能會得到不同的結果。最後，在總統辯論或外交政策危機等主題上，研究者需要民眾快速的回應時，郵寄問卷就變得緩不濟急。有經驗的研究者，都瞭解回收問卷需要數週的時間。

在解決自填式郵寄問卷的限制上，一個改良的方式為電腦輔助自填式訪問（Computer-assisted self-interviening, CASI），亦即讓受訪者在電腦上回答問卷。CASI讓問卷設計有更多彈性，舉例而言，它可讓問卷結構有續問（branching）的功能，讓受訪者依照先前一題的回答內容續答不同的問卷題目。因此CASI可減少因紙筆形式訪問所可能產生的誤差，並且快速確認受訪者前後填答的內容有無不一致之處。它也保持自填式郵寄問卷保護受訪者隱私的優點。的確，CASI在一些較敏感主題的研究上，較郵寄問卷得到更為精確的回答。在藥品使用（Wright, Aquilino, and Supple 1998）與性行為（Harmon 1998）的相關研究顯示：以電腦輔助的民意調查訪問，讓受訪者覺得隱私權更能受到保護，而能對不為社會接受或者可能是非法的行為，提供更為誠實的回答。

Epstein、Barker與Kroutil（2001）的研究發現，就受訪者回報他們經歷各種精神健康問題的頻率上，存在另一種敏感主題的訪問模式效應（mode effect）。Epstein與她的同僚比較語音電腦輔助自填（audio computer-assisted self-interviewing, ACASI），以及以紙筆形式進行的訪員訪問（interviewer-administered, paper-and-pencil, I-PAPI）這兩種訪問方式。在I-PAPI訪問中，訪員詢問受訪者有關精神健康症狀，受訪者回答後由訪員記錄在紙本上。在ACASI的訪問中，是以耳機或是電腦螢幕顯示題目的方式詢問受訪者，再讓他們直接輸入答案。後者擁有較佳的隱私保護。結果顯示，在ACASI中，受訪者提及精神健康問題的比例，較I-PAPI來得更多。這再次告訴民調研究者與調查人員：蒐集較為敏感的資訊時，須意識到其所使用的資料蒐集模式，將影響研究結果。另外一個研究（Brener et al. 2006）則檢視高中學生接受訪問的地點以及訪問模式，是否會影響其回答自己從事具有健康風險行為（health-risk behaviors）的意願。作者們發現：環境（在家裡相對於在學校）效應很強，但是訪問方式（CASI相對於PAPI）的效應較弱。在學校填答的學生，較願意回答有從事健康風險的行為，特別是被社會貼標籤的違禁藥品使用以及在很年輕時即發生過性行為。但是訪問模式與訪問環境的交互作用之影響較弱，且與過去的研究發現不太相同。

電話訪問

不像郵寄問卷，電話訪問能夠快速完成（通常只要二到四天，有時甚至一個晚上），它能提供民眾對政治事件的立即反應。另一個優點，在第四章已提及，在運用電話號碼尾數隨機撥號的技術下，研究者能訪問到比自填式問卷成功率更高且具代表性的樣本，雖然它比訪員親身面訪的成功率低一些。電話訪問的花費比郵寄問卷高但比面訪低。在一些情況下，電話訪問的成功率會高於其他訪問方式，這可能是因為主題敏感，或是由於受訪者不允許陌生人進入他家中進行訪問。

除了前章所述，電話訪問成功率下降的缺點外，它相較於親身訪談，更快讓受訪者感到疲乏，這也因此限制了電訪的問卷長度（雖然近來的經驗指出，電訪的時間可以比原先想像的更長一點）。為了避免訪問過程中我們不樂見的效應出現，故在訪員訓練上須增加更多成本。最後，在電話訪問中，除非事先將需要的材料郵寄給受訪者，不然我們無法使用可以有視覺輔助的訪問工具。

由於技術——最重要的是電腦輔助電話訪問系統（computer-assisted telephone interviewing, CATI）——的進步，電訪現在更加快速、更有效率、且更為精確。使用CATI時，訪員坐在電腦螢幕前，直接將受訪者的答案輸入電腦，減少了額外的資料處理步驟。電腦程式控制訪問的流程與題目的邏輯，此外，程式確保問卷題目詢問的正確先後順序，以及受訪者回答的答案邏輯前後的一致性（Frey 1983, 144-145）。運用CATI，很容易輸出訪問結果，所以訪問結果幾乎是即時可以獲得。當CATI系統更進步，研究者運用該系統也更省成本，特別是當樣本規模較大時。

Moskowitz（2004）研究使用CATI與電話語言電腦輔助自填系統（telephone audio computer-assisted self-interviewing, T-ACASI）兩種不同調查系統，對青少年回報抽煙的比例有無影響。當使用CATI時，由訪員詢問並記錄答案；當使用T-ACASI訪問時，受訪者「聽著由電腦控制的預錄題目，然後以電話按鍵輸入其答案」（Moskowitz 2004, 565）。Moskowitz發現，例如，透過T-ACASI訪問的青少年回答抽煙的比例比較高。這裡要提出來的是：許多調查在蒐集敏感資訊時，受訪者是會有所警覺的。當調查訪問中，受訪者會感受到社會期待的壓力，而去回答正確的答案，以免讓人覺得他無知、偏私或是具有其他負面特質。在此情況下，調查的方法以及途徑必須提供受訪者更大的保密性與隱私性，讓他可以暢所欲言。對於不同訪問方法效應的研究成長快速，可以參考Kreuter、Presser與Tourangeau（2008）、Chang與Krosnick（2010）以及Holbrook與Krosnick（2010）。

親身面訪

親身面訪在民意調查中提供最豐富與完整的資訊，也有著最高的訪問成功率。受訪者願意參與費時較長的面訪，特別是當訪員有技巧地在訪問過程中與受訪者建立良好的關係時。訪員在場對訪問還有其他幫助：他（她）可以評估受訪者在訪問中遇到的問題與對訪問的反應，除直接記錄受訪者口語的回答外，非口語的回應，像是坐立不安、緊張與其他不自在或興趣缺缺等，受訪者在訪問情境中所表現的各種跡象都可以記錄下來。此外，訪員也有更多的機會詢問後續問題，且較電訪更能追問到更多訊息。Holbrook、Green與Krosnick（2003）比較了電訪與面訪的優劣，他們發現電訪的受訪者並不如面訪受訪者一樣熱心。電訪的受訪者也較不合作，較不專心投入訪問情境，對訪問本身提出較多質疑，且更可能提供合乎社會期待的答案。

面訪明顯的缺點是其花費的成本較高，以及可能具訪員效應與偏差的問題。面訪的成本包括訓練訪員、協助他們到達訪問地區，提供包括食宿與交通等津貼，以及較高的訪問薪水。訪問是一種社會情境，因此，訓練不良的訪員會改變人際間的互動關係，從而以研究者不希望與不可預期的方式，影響受訪者的回答。

民意調查中的訪員效應

雖然，面訪時由於訪員與受訪者處於面對面的互動，使得訪員效應（interviewer effects）更為顯著，但在電話訪問與個人訪談中都存在這種效應。對大部分受訪者來說，面訪是面對著不確定的訪員以及不熟悉且模稜兩可活動的全新體驗，由於受訪者不確定如何舉止才算得宜，所以會從訪問情境中找一些線索（cues）。兩項最重要的線索來源為調查的工具本身（問卷題目）與執行訪問的人，即訪員。調查工具提供的線索相當直接（即使問卷本身是有瑕疵的），至於訪員所提供的線索則較難以掌握。如果每個訪員提供給受訪者的線索並不一致，則調查結果的可信度將大打折扣。訪員最起碼不得改變問卷題目的措辭、題目的順序，或是讀題的語調。但大部分的民意調查都聘請了超過一位以上的訪員，因此，訪問過程須儘可能的標準化，所以，我們必須好好訓練訪員。

訪問過程中，我們強調前後一致與統一，主要是考慮測量工具的信度（reliability）。檢視信度的類型之一，是等同原則（equivalence），意指：不同研究者使用相同的工具對相同受訪者測量時，可能獲得一致結果的程度。理想上，在訪問過程中，訪員自身應不會影響受訪者的作答。

測量工具的信度與其效度（validity）是有所區分的，後者是指：研究工具有多大程度能夠反映研究者打算測量的概念。例如在第三章所討論的政治效能感（political efficacy）的一個題目：「投票是讓我這樣的一般民眾，可以對政府施政表達意見的唯一方式」。此題目回答「不同意」者被視為是具有效能感的回答，其預期的意涵是受訪者自己相信他能透過除了投票以外的其他方式來影響政府決策；但是，如果受訪者不同意上述敘述，是因為其認為人們根本沒有任何方式（連投票也不例外）來影響政府的話怎麼辦？在這個情況下，「不同意」的回答代表的是缺乏效能感，因此，這個題目就不是政治效能感概念下的有效指標。正由於該問題的效度出了問題，美國全國選舉研究已經刪除該道題目。

信度與效度絕對是我們調查測量工具所必須具備的特性。畢竟，一個調查題目若是沒有測量到研究者想測量的概念，那調查結果與研究主題的相關性就不大了。例如，「您同不同意布希總統所說的，美國應該在對抗非洲的愛滋病上，做更多事情？」這個題目可能是有瑕疵與無效的。它真正測到什麼？回答「不同意」代表什麼意思？「不同意」是代表自己對總統的想法不同意還是對於非洲愛滋病問題的看法？或是「不同意」表示受訪者不管總統立場如何，都反對在對抗愛滋病上做更多事情？調查研究工具的信度與效度問題在媒體的民調報導中甚至在研究機構準備的調查結果摘要中，都鮮少討論。它經常是交給民調的消費者自己去判斷調查的問卷題目，是否真的測量到它們想測量到的概念。民調的消費者只能以其預感、直覺或是常識來加以判斷了。

民調研究者加強他們測量工具的信度與效度的方法之一，是在真正執行訪問前，先進行試測（pretest）。試測基本上是試驗性質，研究者利用它來修正調查在對母群體執行之前的任何瑕疵與缺失。民調消費者通常對試測階段的內容知道的並不多，但對研究來說，這是非常重要。試測可以瞭解訪員或是受訪者認為訪問的題目有沒有問題。當受訪者瞭解問卷題目背後的概念，且訪員對於問卷題目的詮釋反映了研究人員想要測量的概念，那我們對於問卷題目的效度將更具信心。Presser等人（2004）的文章，即討論了如何加強試測效能的趨勢與策略。

訪員的技巧與行為舉止

一個訪員整體的行為舉止、能力與表現，與訪問的成功與否密切相關。訪員必須讓受訪者感到輕鬆且接納調查。如果這樣的關係無法建立，受訪者可能會拒絕合作，或是不願提供完整且正確的資訊給訪員。理想上，訪員應相當瞭解研究目的以及特定問卷題目的意義，所以他們知道受訪者有沒有完整回答題目，也知道如何對受訪者回答進行追問以釐清受訪者的答案。不過，他們不該評論受訪者的答案而干擾訪問的過程。

雖然他們必須仔細謹慎地依循訪問程序，詢問所有適當的問題，但訪員也必須能夠處理意外狀況，像是受訪者自願提供額外的資訊。同樣重要的是，即使受訪者的答案無法適當地歸類於題目事先提供的選項中，訪員仍必須儘可能正確地記錄與抄寫下來。

訪員工作的難度要視問卷的屬性與受訪者特性而定。例如，高度結構式的問卷題目，訪員不需要做太多指引與判斷。相對地，結構程度較低的問卷題目則需要訪員較多的協助。運用開放性問題來訪問政治菁英時，訪員不但在訪問過程中須做個好的聆聽者以及追問者，且只做一點或是完全不做筆記，但卻必須能在訪問結束後寫下結果。有時這樣的訪問有錄音，它雖可減少記錄大量文字的需要，不過，錄音的訪問也必須轉成文字檔以利往後使用。

有許多研究是針對訪員的特質如何影響訪問的品質。例如，Olson與Peytchev（2007）檢視訪員訪問經驗的影響，結果發現，當訪員獲得更多經驗以及執行過許多訪問後，訪員與受訪者的互動會發生變化。不過，對於此互動為何以及如何發生變化並不清楚。舉例來說，當訪員的經驗愈豐富，受訪者完成訪談的時間愈快。不過，這是因為訪員題目念得愈快？還是因為讓訪談偏離程序的干擾愈少？當訪員擁有更多經驗後，他們是不是更少跟受訪者講一些與訪問不相干的對話？還是他們較不願意追問或是給受訪者回饋？訪問速度太快會不會讓受訪者對訪問的專注度較差而影響訪問結果的品質？這些研究指出：訪員對於他們所蒐集到的資訊，具有潛在的實質效應。

另外一個研究（Durrant et al. 2010）則聚焦在：訪員的哪些特質對於受訪者參與調查訪問的意願，是具有提高還是降低的作用。在該大規模研究中的許多發現之一是：訪員的自信會影響訪問參與率，特別是在更為困難或是複雜的調查中。作者們也發現：訪員對於說服受訪者抱持正面態度時，會有較低的拒訪率。他們總結認為：有自信與投入的訪員，在訪問中表現得較好。這聽來像是老生常談，不過，有自信與投入的訪員真的會讓受訪者在訪問情境中覺得較為自在。因此，民調機構開始對於訪員表現以及如何測量其表現更加注意。一個研究（Durand 2008）檢視不同評估訪員表現的方法且提出訪員表現的標準測量，就是，第一次接觸受訪者的合作率。其實，這個指標是有所不足的。一個有效能的訪員可以做得更多，包括讓原本不願意接受訪問的受訪者，回心轉意而接受訪問，這當然可視為訪員表現的測量指標。

性別與社會經濟地位

除了行為舉止與訪問技巧外，訪員們的個人特徵也影響了受訪者在民調的回答。舉例而言，許多訪員們為中年女性，這是因為她們對男性或女性的受訪者來說，較沒有威脅性，特別是在受訪者家中進行的面訪時。同時，女性相較於男性訪員，更能成功地建立與受訪者之間的和諧關係。

Morin（1990）的研究指出，男女回答民調的問題，會因為訪員的性別而產生差異。一個由Eagleton研究中心執行的有關人工流產的民調中發現：女性受訪者在面對女性訪員時，比起面對男性訪員，更傾向支持人工流產。不過，男性受訪者的回答模式較不明顯。例如，當請受訪者就「要不要人工流產是個人的事情，應該讓女性自己決定，而不該讓政府干涉」的敘述表達他們的意見時，當女性受訪者由女性訪員訪問時，有84%表示同意，但被男性訪員訪問時只有64%。不過，當男性被女性訪員訪問時，有77%表示同意，被男性訪員訪問時為70%。

近年調查研究發現逐漸增加的趨勢是，當女性受訪者面對男性訪員時，相較於面對女性訪員，她們的回答較為保守傳統、較不具女性主義的傾向。當男性受訪者面對女性訪員時，相對於男性訪員，也更傾向表達支持女性主義的回應。Kane與Macaulay（1993）發現：不論男性或是女性受訪者面對女性訪員時，都比面對男性訪員時，更傾向表達性別平等主義的態度並對性別歧視有更多的批判。Huddy與Bracciodieta（1992）的研究也得到相似的結論。此外，他們也發現訪員的性別差異效應，亦出現在政黨認同（party identification）與威權的態度（authoritarian attitudes）這些通常與性別的關係較間接的態度上。例如，當面對女訪員時，女性或是女性的受訪者都比起面對男訪員時，更傾向表達支持女性主義、認同民主黨以及反威權的態度。因此，在人工流產等與性別相關的議題上，甚至是不具性別特性的主題上，研究者必須對訪員性別效應存在的可能性，更加敏銳一些。

正如同個人的特徵一樣，訪員與受訪者之間的社會距離（social distance）也會對訪問產生影響。如果一個訪員的社會地位看起來比受訪者高，則受訪者也許傾向默許訪員所提供的答案，以博取其贊同。正因一個人的口條或是口音言行反應了其出生的區域、社會階級、年齡或是教育程度，所以連訪員的口語表現，都會影響受訪者的作答回答。

種族與族群

訪員的種族與族群背景，是影響民調的另一個因素（Schuman and Converse 1971; Hatchett and Schuman 1975-1976; Campbell 1981; Weeks and Moore 1981; Cotter, Cohen and Coulter 1982; Meislin 1987）。當黑人受訪者被白人訪員詢問有關美國的政治與司法體系的問題時，他們會較被黑人訪員詢問時，回答更傾向支持與正面的答案。同樣地，當白人受訪者面對黑人訪員相對於白人訪員時，其較不會透露出種族歧視的態度。

在1993年末與1994年初期，一個主要以非洲裔美國人為對象的全國性電訪，皆由黑人訪員所執行（Morin 1995b）。我們比較受訪者正確地指出他們是被黑人訪問者（有76%），相較於誤認為被白人訪問者（有14%），在很多態度上出現了重要的差異。例如，當受訪者認為是被非洲裔美國人訪員訪問時，只有17%同意「美國社會對每個人是公平的」之陳述。但受訪者認為他們的訪員為白人時則有31%同意。Davis（1997）也發現，在調查時，黑人受訪者面對白人訪員將會更通融與順從，甚至在對政治人物與政黨評價上，也出現自相矛盾的立場。

在1989年ABC新聞網／華盛頓郵報的民調中也產生類似訪員族裔

的效應（race-of-interviewer effects）（Morin 1989b）。在許多與種族有關的問題中，當訪員的種族不同時，白人受訪者的答案大約變動5%至10%。在一些問題上的變動甚至更大，例如：當白人受訪者接受白人訪員訪問時，有62%表示，當前黑人所面對的大部分問題，都是「黑人本身自己」造成的，但接受黑人訪員訪問的白人只有46%作相同的表示。在Anderson、Silver與Abramson的研究中也顯示，「黑人接受白人訪員訪問，相較於他們面對黑人訪員時，將更可能表現出對白人較溫暖與親切的態度」（1988, 289）。最後，在Finkel、Guterbock與Brog（1991）研究民調中訪員的族裔效應時，他們以1989年Virginia州長選舉中，黑人民主黨候選人Douglas Wilder與白人共和黨候選人Marshall Coleman的選前民調結果觀察，結果發現由黑人訪員訪問的白人受訪者，表示偏好Wilder的比例（52.2%），較受白人訪員訪問的比例（43.8%）為高。此一型態在白人的民主黨認同者，以及尚無明確投票傾向的白人者中，更為明顯。

Davis與Silver則指出了不同類型的訪員族裔效應。他們發現：當非洲裔美國人（African American）被白人訪員訪問時，相較於被黑人訪員訪問時，對於事實知識的問題回答正確的比例會比較低。他們推測，「由於受訪者屬於少數族裔，故當他們在優勢族裔面前，承受著可能表現無知的額外焦慮」（2003, 43），這些焦慮，會造成他們在回答一系列政治知識問題時的較差表現。

Reese等人（1986）對訪員族裔效應的研究，聚焦在白人相對於西班牙人上，他們發現：族裔的差異對某些問題的調查結果會造成影響，特別是與訪員文化相關的題目上。當英裔（Anglos）美國人被西班牙裔訪員訪問有關西班牙裔美國人（Mexican American）的生活方式時，相較於他們被英裔的訪員訪問，他們更容易表達同理心。為何會有如此的差異？一般的解釋是，受訪者不想冒犯訪員，特別是在有關訪員本身種族或族群的問題上。

由於面訪與電話訪問都可能有訪員效應的潛在問題，因此，一些實務界人士建議使用預錄的電話語音訪問。亦即，與其電話那頭是訪員在線上進行訪問，不如用預錄的聲音問受訪者問題。民調研究者對此一做法有不同意見，不過卻愈來愈常見。它的倡導者，如Rasmussen Reports and Survey USA，認為利用單一、數位預錄的聲音，會確保每位受訪者聽到完全一樣的題目，不會發生因為不同訪員而出現的差異，儘管電訪員都受到良好的訓練，但是，每個人詢問受訪者問題的方式還是不同，不論是速度、口音、抑揚頓挫、或其他的差異。其他支持預錄語音訪問的論點是：因為前者比較便宜，且不需要花錢並費事地訓練訪員。此外，訪問時間較短，預錄語音也減少訪員舞弊以及不實回應的情況。有時，訪員訪問會出現不符訪問倫理的情況，像是訪員自己填完問卷而沒有去訪問受訪者。用我們早期的術語來說，支持預錄語音訪問者們認為他們的方法是比訪員更具信度，且更為標準化與一致性。

反對電話語音訪問者提出許多質疑，像是預錄語音調查的成功率較低，因為受訪者較喜歡跟真人而不是預錄的聲音講話。另外一個反對的理由是預錄語音消滅了（或至少是讓其更困難）訪員在過濾正確受訪者上所能扮演的積極角色。如在第四章中的討論，特別是在電訪的抽樣時，一旦電話接通而訪員與對方通話時，訪員必須詢問一連串的問題以確認家中誰是中選的合格受訪者，這在電話語音訪問是幾乎不可能達到的。一個相關的批評是，利用自動電話語音調查，我們無法得知是誰接聽電話以及是誰接受訪問（儘管鼓吹者宣稱他們會做內部檢查而刪掉那些可疑的訪問）。

我個人的感覺是，電話語音訪問會繼續存在且逐漸增加它的信用，特別是在選舉民調的領域，當它做的選舉預測跟真的用訪員進行訪問的預測結果一樣好時。Jacobson（2006）指出：在美國多數的州長、參議員甚至眾議員選舉中，至少有一家民調公司運用預錄電話語音在選舉期間定期調查。他指出，預錄電話語音調查在人口較少的州或是媒體市場中特別常見。因為傳統的民調在那樣的市場顯得較不經濟且太昂貴。在媒體眾多的今天，特別是報紙，都希望減少成本，因此，可以得到免費或是低廉的調查結果真是一大恩賜。網路是另外一個因素，因為調查結果可以貼在網路上且快速對大眾傳播。Jacobson引述訪問Scott Rasmussen（他即是因電話預錄語音訪問而知名的Rasmussen Reports的老闆）的內容說道：「這一切背後的動力是網路。它讓從民調資料到業餘人士的影音等資訊都可以取得。網際網路跟線上政治社群重塑政治風貌。我們的民調資料只是這些的冰山一角。從經濟的角度說，我們的模式只有在網際網路時代才行得通。」

網路民調

當有代表性的樣本時，民調研究者利用網路來進行民調，將獲益良多。首先，他們能夠快速且經濟地訪問大量的受訪者。其次，他們在訪問過程中，也可以提供受訪者聲音或是影像等素材。網路調查能以受訪者自填的方式執行，但也能讓訪員以即時或是預錄的方式來協助。最後，網路民調能夠允許研究者非常迅速的將資料製表或分析。

既然有這麼多潛在的優點，為何網路民調無法普及呢？其中最重要的因素即是網路「使用」（access）尚未全面普及，儘管網路的使用持續在成長。根據皮尤研究中心美國人網路生活（Internet American Life）的最近調查（Rainie 2010）指出：大約74%的美國成年人（18歲或以上）使用網路，這比例大約是十年前的兩倍。根據皮尤研究中心的調查，網路使用者年齡、教育程度以及收入上，都與不使用者具有重要的差異。例如，年齡在18至29歲者中，有93%使用網路，相較之下，年齡在65歲以上者只有38%。同樣的，大專以上教育程度者有94%使用網路，但是高中以下教育程度者則只有39%。家庭年收入在75,000美金以上者有94%使用網路，但是家庭收入少於30,000美金者只有60%。不同種族／族群與居住地之間的差異較小，但仍是十分明確。例如，76%的非西班牙裔白人、70%的黑人以及61%的西班牙裔民眾使用網路。居住在郊區的網路使用率最高（77%）、其次是城市地區（74%），而最低（但仍然很高）的為鄉村地區（70%）。

伴隨著網路使用者數目增加，家中安裝寬頻者也增加。在2009年，大約有60%的美國民眾家中安裝寬頻，但是在2005年時卻僅有30%。網際網路安裝的數量以及品質都在成長。許多觀察家將今天的網際網路與早期的電話相比，他們認為正如美國民眾家中的電話普及一樣，網際網路也將遍及全美家庭。儘管上網與不上網民眾在人口學背景上有重要差異，不過這些差異在未來將會減少。就目前來說，網際網路可得與否（Internet access）的議題仍然比只是區分為使用者與非使用者來得複雜。即使有74%的美國民眾有使用網際網路的經驗，對他們來說，並不意味著網際網路是隨時可得的。在很多情況下，民眾必須到地區圖書館或是學校才能使用網路。對他們來說，參加網路民調必定較為困難。例如，依據美國統計局在2009年10月的當前人口調查（Current Population Survey）發現：有31.3%的美國民眾家中並沒有使用網際網路。

對其他美國民眾來說，要在家裡或是其他地方使用網際網路較為容易。例如，在三分之二的家庭有接通網際網路者中，約有93%有連接寬頻，其他則靠撥接上網。依據皮尤研究中心在2010年5月的調查，59%的美國成年民眾以筆記型電腦或手機或是兩者都有的方式，使用無線上網。而我們再次地發現民眾擁有較高社會經濟地位者，較會使用無線上網。因此，儘管在美國上網的情況很常見，不過還未到全面普及的情況。就算美國民眾可以上網，他們之間如何上網也將會是一個有研究意義的差異。

即使上網以及網路使用全面普及，網路民調最重要的瑕疵是受訪者並不是經由科學的抽樣程序。反之，受訪者是以自我選擇的方式，也就是他們自己決定要不要參與。很明顯地，這些受訪者，或許由於他們對於特定調查主題較有興趣，或是被不同的團體激勵才來參加，使得他們對母群體可能不具代表性。其次，受訪者可能在同一次調查中，參與超過一次的填答，這也是另一個問題。網路民調中的樣本為自我選擇或自願樣本，這都是非機率性抽樣，此意味著我們無從計算抽樣誤差，也無法以機率的理論描述抽樣調查結果與母體參數之間的關係。雖然我們沒有抽樣清單進行隨機取樣，不過，這個問題並非不可避免，或許在網路民調中我們仍可以機率抽樣，或維持機率抽樣的成分。Couper（2000, 477）將網路調查做成如下的分類。

網路民調的類型（Types Of Web Survey）

非機率方法（nonprobability methods）	機率方法（probability methods）
1. 娛樂性民調（polls as entertainment）	4. 間距訪問（intercept surveys）
2. 不限制的自我選擇調查（unrestricted self-selected surveys）	5. 以名單為本的民調（listed-based surveys）
3. 自願參與樣本（volunteer opt-in panels）	6. 混合模式調查中可選擇網路民調（web option in mixed-mode surveys）
	7. 事先招募的網路使用者（pre-recruited panels of Internet users）
	8. 自完整母群體抽出受訪者（pre-recruited panels of full population）

在非機率的部分，前兩者是當我們談到自選式的網路調查中最常想到的方法，在邀請大量受訪者的情況下，許多受訪者可能參與了多次的調查。即便參與訪問與解讀結果非常有趣，這也是一般認為網路民調不太有用的原因。非機率方式的第三種類型則較為有趣，稍後我們將討論一個運用的實例。

在機率的部分，間距訪問是對造訪特定網頁的人們，進行簡單的抽樣，其特性是可避免同一個人多次點擊重複參與網路民調的情況。這個訪問的樣本所反映的是造訪特定網頁的全體民眾，但其結果並不能推論至更大的母群體。第二種類型為高涵蓋率母體名單樣本，有些特定母群體，像是大學校園，在使用電腦、接收電子郵件與上網均非常普及，且有母群體名單的涵蓋率非常好的優點。在這個環境下進行的網路民調，可取得大學母群體中代表性的樣本，讓研究結果可以推論至母群體（假設訪問成功率還不錯的話）。在混合模式的設計中，則是簡單地將網路作為參與民意調查的方式之一，有些受訪者也許上網回答，其他人或許透過電話或填寫郵寄問卷來完成訪問。

最後兩種類型則都牽涉到使用機率抽樣，像是尾數隨機撥號的方式，來找出代表性的樣本，在接觸後找到那些可以上網的受訪者，取得他們的電子郵件地址，然後招募他們參加網路調查。至於事先招募的網路使用者與從完整母體抽出受訪者兩種調查的最大差別，在於前者僅以那些已經是使用網路的民眾作為抽樣的對象，而後者則是對那些目前沒有使用網路的一般民眾，提供網路的連線與使用的操作訓練，因此，研究者可以從母群體抽出樣本進行網路調查。

網路調查中最具創造力與野心的兩個實例為Harris Interactive運用自願選擇的樣本，以及Knowledge Networks使用自完整母群體抽出受訪者。Harris Interactive彙整了全國的大量（在2000年時超過700萬人）線上自願受訪者。如同Taylor等人說的：「這群樣本群透過多重的管道來招募，包括透過網路上的旗標廣告以及網路抽獎的方式。Harris/Excite每日民調則在Excite與Netscape以及電話調查時，提供民眾註冊的機會來招募參加者」（2001, 38）。如此雖然得到使用網路的美國民眾參與，卻無法代表全體的網路使用者更無法代表美國全體民眾。因此，他們會運用統計的抽樣與加權方法，以調整不同受訪者進入樣本的機率。Harris Interactive在網站上說明他們加權的過程如下：

> 利用當前人口調查以及由Harris民調每個月針對全國18歲以上1,000位民眾進行的電話調查，所得到的一些主要問題的資訊，來對網路民調完訪的資料進行加權。我們使用一些人口學的變數（像是：性別、年齡、教育程度、種族與群族）以及受訪者可能上網的機率之變數——一個組合許多因素的變數——來將調查結果推論至全國的母群體。

對Harris抽樣程序的早期批評（如Mitofsky 1999）是擔心樣本代表性與訪問成功率低等問題，而2000年的總統選舉，則提供網路民調試煉的機會。結果發現：Harris Interactive預測小布希與高爾選舉結果將是五五波，這較其他機構贊助所執行的電話訪問，更為精確。此外，Harris Interactive所預測在各州的選舉結果，也比其他的電話調查精確兩倍（Taylor et al. 2001, 38）。在2004年的選舉中，Harris的線上預測結果是凱瑞將比小布希高出3個百分點（50-47），但在候選人競爭激烈的情況下，這並不算很大的差異。如同其他網路民調一樣，Harris的調查方法持續升級當中。

與Harris Interactive做法不同的是，無論全體美國民眾能否上網，Knowledge Networks試圖獲得全美國民眾的代表性樣本。他們運用電話隨機撥號的技術，從擁有電話的家庭中選擇大量的樣本，然後接觸這些家庭，並邀請他們來參與線上調查。對同意參與的這些住家，研究單位提供網路連線與上網的設備。因此，那些先前沒有使用網際網路的民眾，也涵蓋在樣本之中。許多研究（Greenberg and Rivers 2001; Smith 2003）比較Knowledge Networks的網路民調與電訪的結果，或是比較它與面訪的結果，並發現他們的調查結果類似，不過還是有一些明顯的不同。例如，在Knowledge Networks的調查結果中，回答「不知道」的比例較高，這也許是因為它提供了明確的「不知道」這個選項，也或許是因為在電訪或面訪中比較容易追問而較容易獲得明確的答案。Smith以其研究，對網路民調的精確性提出以下的告誡：

> 即使網路調查是以機率抽樣與一般母群體為對象，這不代表它會自動得到與非網路民調相同的結果。網路調查與非網路調查在訪問形式以及對受訪者的要求上，基本是不同的。且兩者在母群體的涵蓋率、成功率，以及對訪問參與者的使用上也經常相異。因而常出現不同的母體涵蓋率、訪問成功率與樣本群的使用等狀況。這些因素結合在一起，將會產生網路與非網路調查之間相當明顯的差異。（2003, 175）

我的觀點是：不論當前網路民調限制為何，它將持續成長，特別是在電訪面對的挑戰愈來愈令人沮喪時。由於網路民調的成本低、速度快、樣本數大，以及調查時可以融入視訊與聲音在問卷中的諸多特性，使得它愈來愈具吸引力。此外，對於一些敏感性的主題，受訪者較願意在自我填答的網路民調中表達其真實態度。

網路民調是許多研究與分析的焦點。由Smyth等人（2009）進行的研究即發現，在特定情況下，受訪者在網路民調的開放性問題中願意提供較豐富的資訊。不過，Heerwegh與Loosveldt（2008）以實驗法發現：網路民調，相較於面訪，受訪者回答「不知道」的比例較高、在以量表評分上差異不大、項目無反應的比例較多。所以他們認為網路民調的資料品質較差。對於網路民調正面的意見是，Couper與Miller（2008）指出：網路民調可以利用網路具備的圖案與互動的優點，以新的方式問受訪者問題。不過，Couper與Miller也認為網路民調無法解決第四章所提到的訪問成功率下降的問題。他們也提到，愈來愈少的美國民眾願意自願參加網路民調，且參加者中的填答完成率也在下降。低的累積成功率現在變成使用機率方法的網路民調之特色了。事實上，成功率以及失敗率的誤差，這兩個過去在電訪中經常討論的主題，現在變成網路民調的研究核心（參考*Public Opinion Quarterly* 2008年關於網路民調的專刊，有針對網路民調各個面向精彩討論的文章彙整）。

對大多數的實務者而言，網路民調，即便其往往無法推論至更大規模的母體，但在蒐集資訊上還是有用的。即使對網路民調在單一次的估計結果之正確性有些質疑，但其在跨時的趨勢追蹤應該做得更好才是。無論如何，我們在針對同一主題但是使用不同方法所得到民調結果的直接比較時，像是網路民調與電訪的比較，應該要更為小心謹慎（Fricker et al. 2005）。

技術與統計的發展，以及網路連線的普及，將使未來的網路民調更具科學性與代表性。例如，當我使用網路民調來進行選舉預測，應該要關切的一點是：較年長者他們較不會使用網路，但是他們更傾向去投票。加權可以處理這個問題，同樣地時間也可以。當上網人口的比例大量擴張，則年長的民眾也將上網。再加上經過一定時間的世代交替，對於網路民調的上網偏差以及使用偏差的問題都將很快消失。

當各種網路民調增加時，網路民調的結果需要謹慎解讀，特別當它是被設定來鼓吹特定議題時。美國全國民意調查協會（NCPP）對於許多網路調查的信度抱持懷疑的態度，並對於欲報導網路民調結果的新聞工作者，提供10個他們應該考慮的問題。根據NCPP（2006）的建議，如果一個網路調查在設計時沒有其代表性，也沒有證據顯示其具有代表時，則不應該報導它的結果，對於自願參加的網路民調則根本不予報導。儘管NCPP告誡新聞從業者與媒體必須對於公布與報導網路民調應更加小心，但網路民調愈來愈重要，甚至許多新聞雜誌也贊助這樣的調查了。

結論

訪問方法與訪問的執行對於民調結果具有重要影響。大多數民調的消費者在評估這些效應時卻處在弱勢，這主要是因為民調從業人員較少提供訪問相關程序的資訊。不過，民調消費者對訪問過程也許會提出很多疑問，特別是當他們也是民調的受訪者時。舉例來說，當民調消費者拒絕填答寄回問卷或是網路民調時，或許他們會反問自己「為何這樣做」。是不是因為對於主題沒有興趣？還是因為問卷太簡單？或是因為填寫問卷太過耗時費事？民調消費者們選擇參與訪問時，可以檢視他們對於問卷題目的措辭與順序、整個訪問經驗、或是對問卷其他部分的反應。

但是，一個民調消費者無法回答的問題是，同樣的訪問結果，能不能以不同訪問方法獲得。一些研究指出，不同的調查方法會影響調查結果，因為，不同方法的人際互動模式並不相同。例如在兩個針對相同內容、使用不同訪問方法的研究發現：運用面訪方式得到受訪者酗酒與用藥的比例，較使用電話訪問時來得較高（Johnson 1989; Aquilino and Losciuto 1990）。

受訪者對於面訪或電訪中的訪員技巧都應該心裡有數。究竟訪員在訪問中建立良好氣氛對於訪問本身有何種影響？訪員應該如何處理受訪者的疑問和問題？當訪員做什麼或說什麼，會不會引導受訪者回答特定的答案？訪員的哪些特徵或特質會對訪問有所幫助或造成妨礙？對於這些或其他更多問題的答案，都會改變受訪者而造成偏差，並進一步影響整個訪問程序以及受訪者提供的答案。

習題

1. 請前往美國全國選舉研究、蓋洛普或是國際政策態度計畫的網頁，下載其中一份問卷。假定你是一位以面訪方式來執行整份（或是部分）問卷的訪員。請找五位願意接受訪問的朋友，並分別對他們進行訪問。在你訪問的過程中，你遇到哪些問題？當你的受訪者是你的朋友時，如何影響訪問情況下的人際互動？當你的受訪者是陌生人時，這個訪問經驗將會有何不同？
2. 在你所屬的學校裡，設計一個10道題目的自填式網路調查。如果你想要對受訪者直接訪問（面訪或電訪），而不是使用網路，那麼調查結果的差異為何？

第六章 媒體與民調

報紙與電視仍是美國民眾得知民意調查的主要消息來源，儘管網路以及特定的網站如pollingreport.com與pollster.com（現在改為huffingtongroup.com/news/pollster）逐漸變成民調消息重要的資訊來源。也就是，大多數的民眾並無法直接從贊助民調的機構所準備的報告，來得到有關民調的消息。取而代之的是，民眾知悉的民調結果大多數是透過媒體的管道才得到的。也由於報紙與電視是大多數美國民眾瞭解民調資訊的主要消息來源，民眾需要瞭解到贊助民調的大多數機構，會試圖操作媒體對民調結果的報導，以達到該機構的目的。競選公職的候選人也常試圖向媒體選擇性地泄露他們自己執行的競選民調結果，以得到對自己有利的新聞報導。因此，媒體在選擇哪些民調報導以及哪些內容報導上，扮演關鍵的角色。

此外，全國性的電視網路與其地方分支機構、全國的主要的新聞雜誌與報紙，也是一些公開且廣泛報導之民調結果的贊助單位。因此，媒體本身生產很多民調資料，到頭來這些調查結果也成為媒體新聞報導的主題。對一些觀察者來說，此情況引發了所謂利益衝突的問題——也就是所謂「值得報導」的定義，會受到媒體贊助特定主題之民調的不當影響。有人（Schier 2006）提出進一步的批評，他認為媒體選擇特定的報導主題，接著執行民意調查，然後再用調查結果去證明該報導本身的重要性。另外，那些新聞機構在發展民調執行能力上大手筆投資的事實，也讓他們即使手上的議題並不必然或是適宜，仍然使用其調查的能力。

因為媒體在建立民眾對民調知悉的重要角色，本章將評估媒體對於民調的報導，包括他們所贊助的民調以及由其他機構所贊助的民調。本章的討論將著重於新聞報導民調的兩個面向——分別是對於民調的技術性資訊的處理（例如抽樣誤差與問卷措辭），以及基於民調資料所呈現出的民調結果和解讀。最後並以討論報導民調時應該注意的事項作結。

報導民調結果的標準

由於民調的報導並非總是可信（reliable），多數機構在向民眾報導民調結果時會採取一定的規範標準。例如，一個民意機構所組成的團體——美國全國民意調查協會（NCPP），即採用了以下的揭露標準（第一層級的揭露）：

所屬會員的民調機構對民眾釋出之所有報告，必須提供以下的資訊：

——調查贊助者
——參與調查工作者（如果適用的話）
——訪問日期
——抽樣方法
——抽樣的母群體
——民調報告中的主要樣本大小
——如果民調報告主要依據的樣本數比總樣本少，說明該次樣本群體的大小
——抽樣誤差（如果是機率抽樣的話）
——訪問方法（例如：用訪員執行的電訪，語音自動執行的電訪，郵寄問卷，網路，傳真，電子郵件）
——有關所釋出資料的完整問卷題目措辭、順序
——所有報導題目的百分比

其進一步的建議為：

當會員機構對媒體釋出民調結果，應該讓平面或是電子媒體的報導中，儘量包含上述資訊。

如NCPP一樣，美國民意研究協會（AAPOR）與美國調查研究組織協會（Council of American Survey Research Organizations, CASRO），都對民調執行應該揭露的標準有類似的規範。兩個機構對於資料釋出設定兩組標準，一個為最少應包括的資訊，另一個為更為廣泛的標準。同時，他們也認知到要媒體、民調組織、或是其他機構對民調研究方法部分投入更多時間與注意，是相當困難的；然而，他們也都同意，應該至少有些資訊是必須要說明的。例如，AAPOR就主張最低限度應該揭露以下的資訊：

1. 調查的贊助者與執行單位。
2. 所詢問的問卷題目精確的遣詞用字，包括那些可能會影響訪問結果的訪問前說明以及對訪員或受訪者解釋的內容。
3. 研究母群體的界定，以及用來確認母體的抽樣清冊（sampling frame）之描述。
4. 抽樣設計的描述，明確的表示受訪者是透過研究者所挑選的，或是受訪者完全是自己選擇參加的。
5. 樣本大小，以及如果適用的話，應包含認定合格受訪者的標準、篩選程序，以及依照AAPOR的標準定義所計算的訪問成功率。至少，中選的樣本的計算方式要摘要說明，以利訪問成功率的計算。
6. 對調查發現正確性的討論，包括抽樣誤差的估計，以及任何加權或估計程序使用的描述。
7. 研究結果哪些部分是基於部分的樣本而非全體樣本，以及對該部分樣本數的說明。
8. 資料蒐集的方法、地點與日期。

制訂標準的有效性

不過，假定民調機構能夠確實遵守上述的這些標準，對於民調研究的消費者又能提供多少保護？答案是，雖然這些標準對於媒體報導民調會有所改進，但實際的保護卻不如它預期來得多。原因之一是，這些標準主要是用來規範調查機構或民調研究者，而非對於那些報導民調結果的新聞機構。當調查機構與民調結果的傳播者為同一個新聞機構時，新聞對調查結果的報導才較會與NCPP或AAPOR所制的標準一致。

這裡提供一個為當調查單位與揭露調查結果為相同機構時，標準會如何應用的例子。CBS新聞網／紐約時報的民調結果報導，可以從以下四個不同媒體來源發出：

1. 紐約時報的新聞報導。
2. CBS晚間新聞的報導。
3. 由紐約時報所釋出的新聞資料。
4. 由CBS新聞網所釋出的新聞資料。

前兩個來源是民眾可以實際得到的消息來源，後兩個則否。正常來說，由CBS新聞網與紐約時報所釋出的新聞資料，以及紐約時報的新聞報導與NCPP及AAPOR所制訂的標準較為貼近，而CBS晚間新聞的報導，則由於時間有限的關係而較不完整。幸運的是，電視新聞網以及主要報紙經常在他們的網頁上提供完整的民調資訊，儘管民眾不一定知道。

如果報導民調的機構與贊助的單位不同，則民調釋出與實際的新聞報導也許會與NCPP、CASRO及AAPOR所提供的建議較不一致。例如，大部分報紙自己並不執行民調，而是依賴類似蓋洛普的民調聯合組織，或是由民調機構所釋出的公有新聞資料。在此情況下，則NCPP建議贊助機構應該確保媒體對該調查結果的報導是遵從NCPP的標準。然而，民調一旦釋出之後，實際上並沒有辦法來強迫這些新聞機構遵循上述建議。此外，對民調執行過程，相關技術性細節的完整說明，未必是贊助機構關切的重點，特別在當出資機構本想操弄民調達到其所要的目的時。總體來說，遵循這些標準是出於自願的，自然就削弱其有效性。

不過，一個更嚴重的問題也因此產生。當一個新聞機構在準備一個新聞報導，是以問卷中的部分題目作為素材，但是卻未告知讀者他們如何選擇該題目、問卷實際的遣詞用句以及題目順序時，則該新聞的分析可能會也可能不會精確地涵蓋整個調查內容的樣貌。顯然地，挑選哪些題目來分析報導以及從中導出的觀點，對民調結果的報導會有重要的影響（對於這個潛在問題的例子，可參考本章後續討論到有關民調的具體詮釋）。

在NCPP與AAPOR所列舉之最少應包括資訊的標準中，省略了民調中部分的技術細節。NCPP的標準中並未要求對樣本調整的說明，例如，加權（以達到樣本的人口背景與母群體一致的代表性，參考第四章說明）。一個公布的民調通常會說明該調查經過加權以及樣本的過濾，但是，大多數的情況下，並未說明如何加權與過濾。結果，民調的消費者，會因為新聞機構省略上述的報導而無法評估該民調適當與否。例如，民調研究者使用不同的「可能投票選民」的篩選方法，會對選舉產生不同的預測結果（參見第七章）。

最後，NCPP最少應包括資訊的標準，並未要求報告訪問成功率或是否採取像是電訪再次回撥的這些增加訪問成功率的做法。當訪問成功率低，也許需要對訪問的樣本進行調整以期能代表更廣大的母群體。如果我們在電訪中持續回撥給未接受訪問的合格受訪者，則這些樣本也許與那些第一次接觸就訪問成功的樣本並不相同，則要不要採用持續回撥的做法，就會影響民意調查的實質發現。不幸的是，在大部分的情況中，民調消費者對於訪問成功率與相關的問題所接受到的資訊，是非常少的。

檢視標準的執行情況

媒體對民調的實際報導，是否真正遵守這些專業標準？在Miller與Hurd（1982）早期的研究中，依據AAPOR的規定檢視三份報紙——芝加哥論壇報（the Chicago Tribune）、洛杉磯時報（the Los Angeles Times）以及亞特蘭大憲章報（Atlanta Constitution）——對其遵守情況。在1972至1979年期間的116份有關民意調查的報導，結果發現：在樣本大小（有85%報導）以及贊助者（有82%報導）上的遵守比例最高，而最低者為抽樣誤差（僅有16%的比例有報導）。Miller與Hurd也發現，在抽樣誤差的報導上遵守AAPOR規則的，以選舉民調中的報導高於非選舉民調。一般而言，報紙對自身所執行調查的報導中，在抽樣誤差的遵守程度，較其他外來單位所提供的民調資料來得更好。如此的發現在2000年的大選時，也再次於主要報紙的表現得到驗證（Welch 2000）。

整體來說，Miller與Hurd發現報紙對於民意調查的報導，有逐年進步的跡象。這些進步主要歸功於新聞從業人員與社會科學家間的合作與日俱增、與民調相關的可讀著作愈來愈豐富，以及來自機構內的民調愈來愈多（報紙通常在報導自身所執行的民調時表現較佳。主要原因在於調查的主題本來就是他們感興趣的，以及報導人員較容易獲得有關民調技術層面的資訊）。

該研究的正面發現要打點折扣，因為它主要是處理相對而言品質較高的日報。此外，研究者分析的許多民調是選舉調查的結果，它們比起非選舉調查，在報告中更將會提供諸如樣本大小與抽樣誤差的相關資訊。不過，也有不同的研究發現，非選舉民調的報導裡，對於問卷措辭與訪問方法的描述，較選舉民調所提供的資訊則更為豐富（Salwen 1985）。然而該發現卻冒險地將這樣的現象，歸因於選舉民調中的問卷措辭與訪問方法是較不證自明的（self-evident）而較不需說明。在較小規模的日報與週報中，在沒有資源可以自己執行民意調查或僱用他們的調查研究專家的情況下，有關民調新聞的報導內容就更為貧乏了。

倘若報紙報導遠不及NCPP與APPOR的標準，那電視新聞的報導又如何呢？報紙在報導民調上有明顯的優勢，是能提供給讀者重複閱讀與參考的紙本，相對之下，電視所提供的訊息（除非你錄下來）在報導完之後就「消失」了。對報紙來說，它更容易提供更多的資訊，像是全部問卷的措辭。

Paletz與其同僚（1980）分析電視新聞網如何處理民調報導的研究，為少數的相關經驗研究之一。他們檢視CBS與NBC晚間新聞以及紐約時報，於1973、1975與1977年時，對民意調查的相關報導。刻意選擇這些年度，在於避開總統選舉。其結論是電視新聞網通常在報導民意調查細節上的表現，不如紐約時報，即使後者的表現已經不太突出了。他們發現：電視晚間新聞幾乎未提及民調的贊助者，而在紐約時報提到的次數，也僅有25%；在樣本規模上，紐約時報報導的有三分之二的比例，至於電視報導的僅為26%；在訪問執行時間上，紐約時報報導的總數為43%，新聞報導則為30%；同時，只有30%的紐約時報與5%的新聞報導，對於特定問卷題目的具體遣詞用字，有完整的呈現。除了上述資訊外，對於其他技術層面的訊息，相關報導幾乎隻字未提（Paletz et al. 1980, 504-505）。

另一個研究則聚焦於2000年選舉時，電視新聞的報導如何處理抽樣誤差的問題。Larson（2003）發現，雖然有超過一半的新聞報導提到了抽樣誤差，相對於過去這是重要的改善，但報導中多不瞭解，抽樣誤差應該如何運用在各項百分比結果的呈現中；更常的情形是，新聞報導直接比較了高爾與小布希之間支持度的差距，而不是將抽樣誤差（正負多少百分點）放在高爾與放在小布希的各自支持度上，讓人誤以為候選人之間支持度的差距有著統計上的顯著差異。Larson同時也發現，當新聞報導討論有關民調中受訪者樣本的次群體時，也未提及該次群體的誤差區間會比全體樣本高得多。這些發現正印證了Langer（2000）的發現，他也指出：媒體對於次團體（如西班牙裔的選民）在總統投票偏好的報導，常常忽略了因為該次群體人數太少，使得抽樣誤差大到無法對他們投票變化的模式，提供具有決定性的論證。

另一項研究（Welch 2002）分析在2000年9月1日到總統選舉投票日，報紙如何報導總統選舉的民調結果。該研究分析八種報紙，包括四份全國性的報紙（紐約時報、華爾街日報、今日美國報與華盛頓郵報）以及四份地方小報。整體來說，該研究總結：報紙報導在是否達到AAPOR與NCPP的標準上做得並不算好，且不論全國性或是地方性的報紙都一樣。當報導該報紙自家的民調時，他們做得好得多，這個發現與過去研究（Marton and Stephens 2001）發現，紐約時報在報導自己贊助的民調時，較符合AAPOR的標準的結論一致。Welch指出，違規最嚴重的情況是，當報紙的文章想運用一個調查結果來說明其論點時，幾乎漠視了AAPOR與NCPP的所有要求標準。

總而言之，從現有的證據可以發現，媒體在報導民調時，若遵循NCPP與AAPOR的標準，將會讓報導內容更好，特別是報導不是自家做的民調時。如果他們能確實做到，民眾在評斷民調結果時，將變得更加熟練。當新聞從業人員、政治實務工作者，甚至是媒體的閱聽人具備調查研究的技巧時，對民調研究方法較複雜的報導也會增加。此外，當更多新聞機構自己執行民調，而忽略其他的民調來源，則民調報導的整個品質，勢將提升。一個總結本節的適當方式，是提供兩個報紙報導民調執行過程的優秀範例。第一個是由可倫坡電訊報，第二個是紐約時報。兩個都是自家機構執行的民調。

關於自家的民調，可倫坡電訊報表示：

> 可倫坡電訊報的民調，是以1,445個表示將於2010年選舉投票的已登記之俄亥俄州選民回覆的結果。電訊報從俄亥俄州的秘書處取得所有登記選民的電腦清冊，並刪掉自2005年以來都沒有投票的選民；再運用電腦隨機選取這些民眾寄發選票問卷。收到選票問卷的受訪者，會被徵詢自己的政黨傾向、年齡、性別、種族、教育程度、收入、宗教、是否為工會成員，以及2008年總統及2006年州長選舉的投票支持對象。不同顏色的選票問卷會送至州內不同地區，使得電訊報能夠確定每個地區能符合其實際投票的人數的比例。民調結果有稍微的加權使該比例符合實際的投票情況。在本次電訊報民調的樣本規模，在100次的估計中有95次會落在正負2.3%的抽樣誤差區。這表示，如果在俄亥俄州所有登記的選民都接受民意調查，我們執行100次的民意調查，則其中95次的結果將不會偏離這次的結果超過正負2.3%。除了抽樣誤差外，電訊報的民調也受到其他可能誤差的影響。包括無心的誤差來源，像是問卷措辭、資料輸入錯誤或是無反應的偏誤。無反應的偏誤是指回答民調的民眾，未必能反應那些沒有參加民調者的觀點。本調查的訪問成功率為12%。本調查由電訊報單獨設計、執行與出資。電訊報是美國民意研究協會民調透明精神的支持者。（Columbus Dispatch, October 31, 2010, p. A8）

紐約時報所執行的民調則提供以下的資訊：

最新的紐約時報／CBS新聞網所執行調查，是在〔2010年〕10月21日到26日，以電話訪問執行，訪問成功1,173位美國成年民眾，其中包括1,073位登記的選民。電話號碼是從全國超過69,000個有效的完整電話交換機系統中，以隨機抽樣的方式選出市內的電話號碼進行訪問。交換系統的挑選，是反映全國各區電話號碼數的比例。在每一個交換系統的局碼後面，再將電話號碼尾數以隨機號碼帶入，以確定訪問到登錄與未登錄的民眾。在每一個家戶中，以隨機方式抽出一未成年人進行訪問。為增加樣本的涵蓋率，此住宅電話的樣本再加上手機隨機撥號的樣本，這兩筆樣本在估計唯市內電話、市話手機兩用、唯手機族的比例後，予以合併且進行調整。訪員多次重複撥打每支電話，並在不同時段與不同日期回撥無人接聽的電話。為了便於分析，對於黑人受訪者進行膨脹取樣。在過去14個月內，曾經表示他是黑人的受訪者之電話會進行回播，然後在該家戶隨機挑選一位黑人受訪者接受訪問。如果該受訪者是黑人，會納入膨脹樣本中。上述合併的資料經由加權處理，以確保在地理區域、性別、西班牙裔、年齡、教育程度、婚姻狀況以及戶中年成人數等特徵能代表母體。室內電話的家中擁有電話號碼數也納入加權處理的變數。對於投票的相關研究發現，也以「可能的選民」（probable electorate）進行加權，也就是利用受訪者過去的投票情況、對競選的注意情況以及對2010年選舉的投票意向以及其他對選舉涉入的指標，計算其可能在11月投票的機率。理論上來說，有19/20的機會，運用本樣本得到的結果，將與訪問全美國成年民眾的母體結果，相差不到正負3個百分點。但以次群體所得到的訪問結果將有更大的抽樣誤差。例如，對273位黑人受訪者來說，抽樣誤差約有正負6個百分點。不同訪問時間的民調結果的變化，也將有更大的抽樣誤差。除了抽樣誤差之外，由於民調本身的困難，實務上還會帶入其他的誤差。例如，問卷題目的措辭與題目順序會導致不太相同的結果。在紐澤西州普林斯頓的Michael R. Kagay協助紐約時報的資料分析。完整的問卷題目與結果可以在nytimes.com/polls取得。

值得注意的是，除了有關抽樣誤差與信賴區間的標準資訊外，兩者的說明都討論了對於資料的加權或調整，且紐約時報還提及加權的三個面向。兩份報紙也都提到訪問成功率以及無回應偏差的，並提及其他的誤差來源。儘管這一部分並未深入說明。肯定的是，紐約時報與可加倫坡電訊報都對讀者提供他們民調的大量資訊。不確定的是，讀者願不願意以及能不能夠運用這些資訊。

各家媒體中，ABC新聞網的網站上，在呈現其民調方法以及討論他們的民調上，做得極佳（Langer and Merkle 2006; Langer 2006）。Langer與Merkle指出，ABC新聞網在抽樣、訪問以及加權過程提供一般的說明，但是在抽樣誤差、抽樣標準以及成功率上則做了相當充分的討論。此外，它對選前民調的挑戰，提出頗有見地的討論，其中包括可能選民的幾種不同分析模型。雖然ABC並沒有在每一個民調都包括所有完整的資訊，但是它提供的資訊都可以上網取得。

民調的實質詮釋

由於無法取得民調的完整結果，民眾要評價新聞媒體在民調技術層面的報導是好是壞並不容易。對他們來說，要評斷新聞機構對民調實質意涵的描述與詮釋之優劣，更加困難。正因民調資料的詮釋，具有高度的判斷性與價值偏好，除非特定的分析中，明顯地讀錯資料或是有明目張膽的偏見，否則要證明特定的詮釋優於其他的詮釋是相當困難的。如果缺乏足夠的時間或版面，但新聞報導僅說明特定主題的部分問卷題目時，則一個簡單的描述，也可能會造成問題。

在本節中，我將舉出一些案例，來說明新聞媒體如何運用與詮釋民調，以及他們在決定要強調民調中的哪些部分時，有多少彈性。一個不錯的例子是Adam Clymer在紐約時報的一篇有關民眾對人工流產的態度。該報導以1985年對全美民眾所進行的民調為基礎。雖然在Clymer文章所討論的人工流產之民調後，另外出現了無數相關的民調，但記者在此主題上，指出民眾對人工流產態度的糾結與複雜者，實屬少見。Clymer認為，測量人工流產態度的問題如何措辭，對受訪者的答案有極大的影響，且民眾在此主題上的態度，有著「不確定且衝突的明顯跡象」（Clymer 1986b）。我們以調查中的以下三個題目，來說明民眾態度的複雜性：

問：您對人工流產有什麼看法？您覺得它應該像現在一樣合法？還是當在拯救母親生命、或因被強暴、亂倫而懷孕時？或是都不應該讓它合法？

像現在一樣合法	40%
當在拯救母親生命、或被強暴、亂倫時為合法	40%
都不合法	16%
不知道或不確定	1%

問：下列哪個說法，最接近您的意見？是「人工流產跟謀殺一個孩子一樣」？或是「胎兒還不是一個人，所以人工流產不是謀殺」？

謀殺	55%
不是謀殺	35%
不知道或不確定	10%

問：對於以下的說法，請問您同意不同意？「人工流產有時是一個壞情況下最好的做法」。

同意	66%
不同意	26%
不知道或不確定	8%

從以上的調查結果，一個新聞從業人員會因為強調的問卷題目不同以及為詮釋某個特定題目，而寫出差異極大的報導。如果聚焦在第一題，則報導者會寫下一個「支持女性選擇」（pro-choice）的報導：有40%的美

國民眾贊成現有人工流產的相關法律，另外有40%則支持在特定的情況下可以合法地進行人工流產，而只有16%全然地反對人工流產。但另一個記者以同樣的第一題可以撰寫反對人工流產的報導：他可強調樣本中有56%的民眾（40%加上16%），傾向限制當前可施行人工流產的法律規範。同樣地，利用第二題來強調有過半數的美國民眾認為人工流產是謀殺，可為反對人工流產者提出佐證。但如果報導僅引用第三題，則將讓人以為，絕大多數的美國民眾支持人工流產有時是一項最佳行動的說法。Clymer的文章中反映了大眾對於人工流產的態度中，這些複雜甚至相互矛盾的本質（1986b）。如果報導者抱持著一個明顯地贊成或反對人工流產的觀點，你可以想像一下，他會寫出怎麼樣的報導。

現在我們看看另外一個基於同樣一份民調結果卻有相當分歧的新聞報導的例子。該民調是以全美民眾為樣本，在2010年2月17-18日，由普林斯頓國際聯合調查研究中心（Princeton Survey Research Associates International）所執行的。問卷前兩題提出對健保改革的整體意見以及關注主要政治行為者面對這個議題的態度。接下來八個題目則聚焦在健保改革脈絡下的具體提案細節。最後一題則是在告訴美國民眾包括歐巴馬建議的各種健保提案後，再次詢問民眾對健保改革的意見。

問：「現在請您想想健保改革方案，請告訴我您贊成還是不贊成以下各項處理健保改革的提案？」

	贊成	不贊成	不確定
歐巴馬的提案	39%	52%	9%
國會中民主黨的提案	27%	61%	12%
國會中共和黨的提案	21%	63%	16%

問：「如您所知，歐巴馬提出一個改變全國健保體系的計畫。從您過去看到的或是聽到的有關他的計畫，您對歐巴馬健保改革計畫的整體意見如何？您支持還是反對該計畫？」

	支持	反對	不確定
全體	40%	49%	11%
共和黨認同者	15%	78%	7%
民主黨認同者	72%	17%	11%
獨立選民	26%	62%	12%

問：「接下來我會請教您一些改變現有健保體系的各種不同的健保方案，當我念到該方案，請您告訴我，您個人支持還是反對這樣的改變。」

問：「創造一個新的保險市場，健保交易所（the Exchange），讓沒有健保的民眾可以用具有競爭性的價格比較不同健保方案並購買保險。」

支持	反對	不確定
81%	13%	6%

問：「要求保險公司讓每一個申請人都可以購買健保的保單，即使他們已經罹患疾病也可以。」

支持	反對	不確定
78%	19%	5%

問：「要求大多數企業提供他們的員工健康保險公司，並對執行的小企業業主，提供賦稅減免的誘因主。」

支持	反對	不確定
75%	20%	5%

問：「要求所有美國民眾要有健康保險，政府對無法負擔的民眾提供財務上的協助。」

支持	反對	不確定
59%	36%	5%

問：「防止保險公司在民眾生病時，停止其保險。」

支持	反對	不確定
59%	38%	3%

問：「設立一個由政府執行公共保險選項，與民營的保險公司競爭。」

支持	反對	不確定
50%	42%	8%

問：「向提供最昂貴保險計畫（所謂的凱迪拉克計畫）的保險公司徵稅，用以協助支付健保改革經費。」

支持	反對	不確定
34%	55%	11%

問：「如果要求每個民眾都要有保險，則對沒參加保險的個人以及不提供健保的大企業處以罰款。」

支持	反對	不確定
28%	62%	10%

問：「現在請您想一下我剛剛告訴您的健保提案內容。這些內容都包括在歐巴馬健保改革的計畫中。在您聽到這些詳細內容之後，您對歐巴馬健保改革計畫的整體意見如何？您支持還是反對該計畫？」

	支持	反對	不確定
全體	48%	43%	9%
共和黨認同者	18%	74%	8%
民主黨認同者	83%	10%	7%
獨立選民	34%	57%	9%

如果記者只想報導上述的部分題目，我們可以想像，關於健保改革的新聞會被寫得很不一樣。有些題目展現了對健保改革的支持，但有些則呈現了反對的聲音。通常因為篇幅的限制或是其他因素，記者無法（或是也不會）報導所有民調中的相關題目，只好專注在部分題目上。不過，要是讀者並不知道整組相關的題目，那他或她就不會知道記者的報導是否精確地反應調查的結果了。本章最後一個習題，會請讀者依據以上部分的問卷題目來寫一篇對全民健保完全不同的報導。

以下的例子說明當媒體報導其他機構執行的民意調查時，較可能解讀錯誤與錯誤報導詮釋。Krosnick（1989）檢視紐約時報報導安泰人壽與產物公司（Aetna Life and Casualty）所委託的有關民眾對於民事制度（civil justice system）與侵權行為改革的民意調查，該民調為Louis Harris與其合夥人所執行，而安泰公司是侵權行為改革的既得利益者。當民調完成，安泰公司發布了新聞稿，稿子一開始是：「絕大多數的美國人支持許多特定的改革，以完善國內的民法制度。」整個新聞稿與Harris的民調結果報告中，處處宣稱美國民眾支持與贊成許多改變。然而，調查問卷的本身，並沒有詢問受訪者是否支持或贊同這些改變，只是在問卷中詢問受訪者，他們覺得這些改變能不能接受。顯然，認為某些事可以接受，並不等於支持或贊同它。不過，在紐約時報中有關民調的報導，卻沒有區辨如此的差異，反而強烈的宣稱該民調結果顯示「廣大民眾支持民法體系的改革」，且「反映了民眾對於改革的要求」（Krosnick 1989, 108）。正如Krosnick所下的結論，紐約時報對民調結果的報導，似乎過度渲染民眾對於司法體系改革的支持，而那正是安泰公司所期望的。

另一個發生在1970年代晚期，新聞媒體錯誤報導與錯誤解讀民調的情況，是一個具有嚴重國際關係後果的例子。當時美國參議院考慮批准條約，讓巴拿馬能控制巴拿馬運河。Smith與Hogan（1987）發現，當參議院進行辯論時，許多媒體機構相關民調的報導顯示民眾轉向支持條約內容；若該發現為真，對贊同該條約的參議員們來說，情況變得相當簡單，就是投票同意批准該條約即可。但是當Smith與Hogan檢視那段時期大量的調查結果後，卻發現民意的分布相當穩定（對該條約表示敵意），而根本沒有出現變化。他們將其歸咎於那些不同的民調案子中，對問卷題目錯誤的詮釋、問題設計本身有缺陷、關鍵發現的錯誤解讀與其他因素。不過，研究者對不同新聞機構，如何實際報導民調結果的評估是此處的關鍵。他們指出：

> 整體來說，CBS與紐約時報針對此條約的民調結果，提供了正確且據洞察力的說明。但是時代雜誌、新聞週刊以及NBC的報導……卻有嚴重的瑕疵。在參議院審議的這段期間（1978年1至4月），它們以比較不同題目的答案，或在大部分的情況下，比較不同民調執行者的民調結果，而宣稱民眾轉向同意。尤有甚者，這些報導充斥著事實與論斷的錯誤，且對該議題的複雜性知之甚微……。
>
> 同樣讓人頭痛的是大家對此議題的忽略。在1978年1月之後，持續反對的大部分民調根本被忽略……同樣被忽略的還有研究方法的細節，而這些細節可能得以讓那些較為練達的讀者或觀眾發現媒體報導對民調結果的錯誤詮釋。只有兩篇報導，都是在紐約時報，提供了問卷完整的文字。而只有一篇，同樣也在紐約時報，包含了所有AAPOR對揭露民調所應該說明的所有資訊。而在時代雜誌與新聞週刊中，則無提供這些資訊（Smith and Hogan 1987, 27）。

Morin（1998b）指出，在1990年代末期，對美國在波士尼亞所扮演之角色的許多媒體報導（包括他自己的），忽略了民調結果所顯示的「強烈支持某種形式的多邊協定」，反而卻強調「民眾反對美國介入」。

在國內政策議題的新聞報導上，也經常出現瑕疵。Morin（1997c）引用了Jacobs與Shapiro（1995; 1995-1996）的研究：媒體如何運用民調對權利計畫進行相關報導。他們的結論非常具批判性，他們認為，新聞報導在所詮釋的調查資料中，所提供相關的系絡與背景常是相當缺乏的；他們同樣也指出，權利計畫的民調日益關注在議題的政治層面（例如不同政治行動者的表現），而不是在議題的實質內容。確實，由媒體來描繪民眾對於類似運河條約、波士尼亞或權利計畫議題的態度，相當可能進而影響公共政策的最終制訂結果。

紐約時報的Jack Rosenthal（2006）也指出，有兩個民調受到媒體過度的關注。第一個是美國醫學會（American Medical Association）的春假期間女大學生飲酒狂歡與未做防護措施的性行為之報告。該報告謊稱是隨機抽樣女性所執行的調查而得到媒體廣泛的報導，其中也提到其資料來源包括紐約時報。實際上該樣本並非隨機而是受訪者自己選擇參與訪問的，且其中只有四分之一的樣本曾經參加過春假的旅遊。許多報導此新聞的媒體隨後都發出更正啟事。第二個調查的報導，是華爾街日報，且報導的是針對烈酒的零售商進行的大規模調查，其目的是要展現有成千上萬的小朋友在網路上買酒。上述兩個例子都指出：新聞媒體有責任對合乎標準的調查正確地報導，且要避免將不合規定的民調報導成像是一個有效的研究。因此，紐約時報對於編輯以及記者方提出一個關於民調標準的文件，包括以下內容：「讓執行過程極差的民調不在本報出現的重要性，跟報導好的民調一樣重要」（Rothenthal 2006, 10）。很清楚地，當愈來愈多不科學的民調持續成長時，媒體有更大的責任去評估哪些民調值得報導而哪些並不值得。

以上的例子著重於媒體對其他機構執行民調的報導，但媒體也可能在他們自己所委託執行的民調案中出錯。在2002年，俄亥俄州討論公立學校科學教育的議題，有關進化論教學與其他物種源起的解釋，包括神創論（creationism）所提倡「智慧設計」（intelligent design）的觀點，兩者之間的爭辯日漸升高。克里佛蘭《誠懇家日報》（Plain Dealer）贊助的民調，為了確定俄亥俄州民眾對於何者應列入科學教育中，在其報紙的首頁，有一篇標題為「民調顯示：教進化論是不夠的」報導，副標題則是「大多數的民眾在調查中表示：進化論與智慧設計的觀點，在學校中應得到相同的教學時間」（Stephen and Mangels 2002）。而且，在報導中的第二段（文章中的第一頁），記者寫道：「州內明顯的大多數居民——59%——贊成在公立學校的科學課程，教導進化論的同時，也必須加上智慧設計的課程。」該論述是基於以下的民調問題與受訪者訪問結果：

問：目前，俄亥俄州的教育委員會正討論著公立學校科學課程新的學校標準，包括教導學生地球上生物生命的起源與發展，請問您比較為支持哪一項？

只教授進化論	8%
只教授智慧設計	8%
兩者都教	59%
教授有關進化論的支持或反對觀點，但不僅止於智慧設計	15%
不教授關於人類發展	9%
不確定	1%

此報導的目的，在指出俄亥俄州民眾非常支持教導智慧設計，並且為《誠懇家日報》引為支持其立場的論證，然而，當記者選擇關注民調中的其他訪問題目與採用不同的分析策略時，則將產生截然不同的報導。舉例來說，另一個詢問受訪者的題目為：

問：您認為下列那一個場所，是教導於進化論以外，有關不同物種生命發展信念的最佳場所？

在科學的課程中	23%
除了科學課以外其他的課程	17%
在家裡裡或在宗教場所	51%
不確定	9%

從以上的答案，我們可以發現，不同的報導也許得到：絕大多數俄亥

俄州的民眾認為，智慧設計應該在其他場合而非科學課程中教授，且過半數的民眾認為，應在學校以外的地點教導智慧設計的觀點。

另外一個可能的疑問是，俄亥俄州民眾在回答民調的同時，是否瞭解進化論，以及智慧設計的具體內容為何。當受訪者被問到他們對智慧設計與進化論熟不熟悉時，有18%的民眾表示他們熟悉何謂智慧設計，而37%的民眾則表示有點熟悉，但有45%則說「不那麼熟悉」，相較於進化論來說，則分別有42%、43%與15%。或許記者至少應對兩者皆表示有些瞭解的受訪者，進行上述的分析，這樣才能將無反應者排除，並提供對俄亥俄州居民的態度，做更正確的描繪。

媒體面對到的挑戰可能是，同時針對同一個主題有不同的民調，卻出現差異很大的結果。應該報導哪一個民調？所有不同的結果都將呈現嗎？媒體經常是報導某些特定的民調卻忽略其他的。一個例子是在2010年的俄亥俄州的州長選舉競選期間，有很多民調是在很接近的時間進行訪問，卻出現差異極大的結果。媒體碰到這個情況時該怎麼辦？當然，一個答案是媒體報導所有的民調結果，讓民眾或是讀者自行判斷這些民調的意義。或是媒體可以提出一個評斷很多民調的策略，像是將所有民調結果平均。

可惜，在報導昆尼皮亞克大學的民調（Quinnipiac polls）時卻不是如此，特別是在《可倫坡電訊報》中。在州長選舉的很多時間點上，昆尼皮亞克的結果都是各民調中共和黨候選人領先幅度最大的，在各民調只有小幅領先時，它卻高達17個百分點。讓昆尼皮亞克的民調結果獲得過量曝光的原因，是因為該機構的助理主任Peter Brown持續在俄亥俄州的媒體上討論該機構的調查結果以及對選舉可能結果的看法，特別是在《電訊報》上（當其調查結果呈現共和黨候選人領先達17%時）。他評論：「不論（現任的）州長做什麼都沒有效果……，此時，（共和黨）的Kasich先生大勢看好，……如果這些民調是選舉當天做的，兩人選舉的得票將不會很接近」（Rowland 2010a）。當該機構的民調顯示，共和黨的領先降低只有9%時，Brown表示：「如果州長可以持續增加他的支持度，……什麼結果都可能發生。不過，我還是較看好John Kasich」（Rowland 2010b）。或許沒有黨派立場的民調研究者在對媒體評論時應該更為自制與謹慎。

昆尼皮亞克的結果獲得媒體大幅報導的原因，是因為它顯示的選舉結果是如此明確嗎？還是因為昆尼皮亞克的Peter Brown對媒體來者不拒，並提供很多容易下標題的發言？當昆尼皮亞克後期的民調結果出現共和黨的領先只有10個百分點（仍然比大多數其他的民調大得多），民主黨的州長競選團隊對該民調受到媒體如此廣泛的報導感到憤怒，並提出他們自己內部的民調指出差距非常接近。儘管昆尼皮亞克的民調顯示共和黨具有一定程度的領先，共和黨政黨主席不理該民調而說這次選舉結果將會旗鼓相當。昆尼皮亞克最後在選前的民調與其他大多數的民調相當，顯示共和黨候選人僅以1個百分點領先。而Peter Brown評論：「州長選舉在統計上是平手，誰當選都有可能」（Rowland 2010c）。最後的結果是共和黨候選人僅以2個百分點擊敗現任者。

有時新聞媒體運用受訪者可以自己選擇參與式（self-selected）的假民調（pseudopolls），以誤導的方式來從事新聞報導。一個例子為ABC在報導時，即便是在真實的民調資料可得的情況下，仍運用假民調（Morin 1996a）來進行報導。ABC新聞雜誌節目《20/20》有個「外型吸引力」（physical attraction）的報導，調查詢問女性是否滿意她們的外型以及她們認為男性最重視她們身材外貌的哪個部分。對於這些主題，ABC在自己執行的科學調查發現，絕大多數的女性滿意她們自己的身材外貌。不過，該節目卻在進行有關外型吸引力的新聞報導時，以《Self雜誌》所進行的假民意調查為本，該調查報導：完成郵寄問卷並寄回的女性中，有50%表示「她們認為其外貌不具吸引力，主要是因為自己胸部的尺寸」。但ABC自己所執行的民調中，卻發現：只有23%的受訪者曾經希望改變她們的胸部尺寸，此與《20/20》專題中所想強調的豐胸方向相衝突。實際民調中，有超過一半不滿意的女性所希望的是她們的胸部小一點，不是更大。在此例子中，娛樂價值超越了選用適當民調資料的負責性。

在民調報導中，統計分析大部分是以簡單的百分比呈現每個單一題目，這是大部分的民眾所知道的。有時報導則包括針對人口背景做進一步的分析，例如男性與女性，或是黑人與白人，但是他們卻很少提供交叉列表來表示兩個調查題目的關係性。至於關聯性測量、相關分析與多變量等統計分析，幾乎從未出現在新聞報導中，這可能是媒體擔心讓觀眾看到這些複雜統計結果而對報導卻步或感到不易閱讀所致。然而，持平而論，新聞機構使用統計分析，目前為止還算合理與正確，部分原因是因為媒體執行民調者對於讀者所想要以及可以瞭解的程度掌握得不錯，所以民調資料的分析結果是穩健而非複雜或是充滿企圖心的。

媒體、民意調查與新聞報導的重點

媒體因為將民調提升為日常新聞報導重題的情況而迭遭批評。確實，一些觀察者抱怨，媒體作為民調贊助者的角色，變得不是單純報導民調，而是以民調來製造新聞了。愈來愈多的新聞機構發展自身執行民調的設備與能力，且為了證明花費大筆經費的正當性，他們持續增加過去新聞傳統上認為沒有報導價值，但卻以民調結果為背景的新聞。Fitzgerald、Rule與Bryant（1998）認為：電視新聞以民調為背景的新聞增加，且新聞網運用他們自身民調的報導，更有上升的趨勢。考慮一個假設的例子：某新聞機構執行有關美國民眾對於大眾運輸工具看法的民調，即便該主題不是全國性議題也非大眾辯論的焦點，該新聞機構還是報導該調查的結果。這近乎是媒體創造的新聞，而非針對真實事件的報導。另外，媒體持續報導對總統滿意度的民調也近乎是製造新聞，每當有最新的民調結果就成為媒體報導。這顯然在2006年期中選舉之前發生過。因為2006年被視為對小布希總統以及伊拉克戰爭的期中考評，因此對各種總統施政滿意度的民調備受注意。我們經常可見，一點點滿意度的起伏，像是2個百分點，就會受到媒體超乎想像的注意，儘管這樣的變化是在抽樣誤差之內。

關於更多新聞機構發展自身民調能力的另一個需要考量之處，是他們對於競爭對手執行的民調所報導的份量，將會愈來愈少。大部分媒體的民調專家，詢問總統選舉中兩位主要候選人抓對廝殺的結果，但他們通常不會報導競爭對手的民調結果，尤其是當兩家的民調結果不一致時。

媒體對選舉民調的處理，受到相當嚴厲的批判。最常見的抱怨就是新聞機構把選舉當作體育競賽——常比喻為賽馬（見第七章）——且運用民調來影響選舉結果。確實，Fitzgerald、Rule與Bryant（1998）發現，在1969至1996年期間，有四個主題占了電視新聞中以民調為背景之報導的90%；其中排名第一的主題即是候選人與選舉。這些報導通常強調候選人在民調中的相對支持度（Broh 1980; Asher 1992），而非他們議題上的立場。所以Robinson與Sheehan認為：

> 民調的主要問題……在於它是客觀而具新聞價值的（至少目前是如此），所以排擠了其他形式的新聞。在新聞播報裡，競選報導比其他形式的新聞享有較高優先性。儘管，在政治新聞中，民意調查卻是實質內容最少的。（1983, 252）

在1988、1992、1996、2000、2004與2008年的總統選舉期間，許多對於總統選舉民調的批評，在於其報導的次數頻繁、干擾選情、調查結果不一致與媒體報導的品質。例如，Elving（1989）指出：在1988年8月，對於Dukakis與Bush總統選舉的14種主要民調結果，卻出現達19%的差距，讓人感到困惑與不解。為了捍衛民調產業，許多民調專家轉而責怪媒體：

> 「（1998年的）這些調查結果會讓我惱怒嗎？不。但這些調查的報導卻讓我惱怒。」美國觀點公司（American Viewpoint Inc.）的Linda DiVall表示，「我希望新聞界不要這麼喜歡擅自下結論。明明有10%的差距，卻說選舉已經結束了。而且現在還只是5月。」
>
> Tarrance & Associates的總裁Ed Goeas表示，競選過程可以操縱報紙的民調，「當報紙民調處處可得，競選團隊就知道該怎麼利用民調，提振一下他們支持者的士氣。」
>
> 但Goeas斷言，當資料在手中時，真實問題才出現：「由於報紙正確分析資料的能力尚未完備，他們正傷害民調產業的可信度。……」
>
> 「他們會愈來愈好，但我總是對許多記者在沒有完善的訓練或相關背景的情況下，就對民調進行報導的方式感到訝異。」洛

> 杉磯時報的資深民調專家Bud Lewis表示，「就好像性這件事，每個人都自動地認為他們會表現得很好一樣。」（Elving 1989, 2187）

在1992年選舉的另一個例子，於全國黨代表大會之前，不同的民調顯示George Bush或Ross Perot領先（即便差距並不大），但媒體對這些民調的新聞報導卻是極富戲劇性與篤定，似乎不太在乎選戰初期，民眾對總統候選人的支持度並不穩定（Morin 1992d）。Harwood（1992）認為，媒體對全國黨代表之後的民調出現民眾支持轉移到Bill Clinton或Bush的重大轉變視而不見，只簡單地以黨提名候選人在全國黨代表大會後支持度陡升（convention 'bump'）來解釋。事實上，這樣的波動也許是肇因於民調本身的侷限。

相同的情況也在1996年總統選舉的全國黨代表大會前發生。在1996年5月時的大多數民調顯示，柯林頓的支持度穩定地領先杜爾（Bob Dole）達雙位數。而在下一階段，也就是6月中的調查結果，大多都顯示柯林頓仍然有雙位數的領先差距，但其幅度已小於5月了。在6月的各家調查中，最受媒體注意的是，某個調查顯示此時柯林頓與杜爾之間出現了最小的差距。時代雜誌／CNN的調查顯示：柯林頓與杜爾兩人的支持度，從原先的56%比34%，下降到49%比43%。為何當其他調查仍表示柯林頓有著大幅領先時，媒體卻關注時代雜誌／CNN的結果呢？這可能有兩種意義。首先，媒體鍾愛戰況激烈的賽馬競賽以製造緊張氛圍，而時代雜誌／CNN的調查所顯示的正是如此；其次，時代雜誌／CNN民調顯示了不同時期的大幅變動，從本質上來說，會讓記者更感興趣。

在2000年的選舉中，小布希與高爾的民調，從共和黨與民主黨大會後，經過勞工節後直到10月的總統辯論，各自有反彈領先的情況。如此的變化讓部分觀察者深感不解，也讓部分人開始批評媒體，在兩位候選人的民調只有些微的變化時，就以讓人喘不過氣的方式報導。

在2004年的總統選舉，也有人批評媒體過分報導這些只有些微差異的民調結果，同樣的批評也在2008年總統選舉中出現。在2004年一些媒體，因為太早公布與釋出了出口民調的結果，以及後續在對於到底發生什麼事情上，提供了讓人困惑的解釋而受到抨擊。此外，如同過去數十年來，媒體因為用民調塑造新聞報導，使得整個選舉變成了賽馬競賽而受到批評（將在第七章討論）。

新聞媒體從事報導民調的其他既有問題，反映的是民調與新聞報導產業的結構特性。Ladd（1980, 576）質疑，在媒體的新聞價值以及新聞業的快速與時限的考量下，民調與新聞報導是不是可以結合得更好。儘管當前的科技可以快速瞭解民眾的態度，好的民調需要「廣泛與耗時的解釋與說明」。此衝突，在新聞機構面對的報導幅度與報導時間的限制下，更加惡化；因為這讓他們在呈現以民調為背景的報導時，無法涵蓋調查本身的詳細資訊以及調查的實質背景與脈絡。Ladd也認為，好的報導通常具有精準的焦點，以及相對明確的結論，然而，好的調查研究通常顯示的是不確定、模糊，以及民眾對公共政策的不太知悉且興趣不高的情況。透過民調來描繪民眾的態度，往往看到的是複雜且矛盾的，這應該不會是一個「好的」新聞報導。

新聞對民調的處理，也受到記者本身對於民調的分析與報導能力的影響。因為大學新聞科系課程安排的變化以及可以修習特定的訓練學程，記者在報導民調上將變得更有技巧。即便如此，Crespi（1980, 473）仍表示，對新聞工作者的要求，會對民意調查產生正面以及負面的影響：

正面	負面
在新聞工作者的要求上，會對民調結果的事實記載給予較高價值，故以百分比而非含糊的概括的方式呈現。	先入為主地報導數字，即所謂「客觀的」民調結果，但對數字背後的深層意義與模式，卻興趣缺缺。
對於民調的報導，不鼓勵以主觀的社論觀點呈現，以減低引入民調專家個人觀點所導致報導偏差的可能性。	讓新聞報導複雜的議題時，經常變得膚淺且缺乏分析。
關注特定事件或是議題的民意，使得民調結果與實際生活經驗、民眾的問題以及政治過程相關。	預期將成為報紙頭版標題的民調，主宰了新聞報導，反而使得民眾關注的問題僅零星地出現。
對因為事件而造成的民意變化敏感，並持續強化對該變化的敏感度。	對長期趨勢的報導有限且無法持續追蹤，新聞的背景通常被忽視。

Rosenstiel指出媒體對當前選舉的報導，如何使用民調的六個趨勢。他認為這些趨勢讓民眾得到更多關於選舉競爭的賽馬面向，以及競選的實務操盤手如何使用選戰策略。但其結果是，民眾對於選舉真正的意義以及民眾在選舉中真正透過投票表達的聲音，瞭解得愈來愈少。Rosenstiel表示：

> 在媒體的變化——包括在新聞室裡的剪輯、再包裝的強調、二手材料，以及二十四小時新聞的需求——增加了對民調的依賴度，包括那些也許認為可信度不佳的民調、對於到手的民調資料降低審查要求的標準，以及導致對政治競爭更膚淺的瞭解。
> 各種民調來源的增加，讓競爭激烈的媒體強化他們使用民調的動機。這部分也是因為市場價值而非單純的新聞價值。
> 當前傳播業更加「人造」的風格，增加了讓民調支配新聞方向的機會，而讓記者用民調去解釋或是組織其他的新聞。
> 因為媒體每天報導候選人支持度變化情況的民調結果，增強媒體對民調的依賴程度。也因為這種報導膚淺的本質，讓媒體與一般民眾對競選的瞭解愈來愈膚淺。
> 因為閱聽人懷疑以及政治極化的情況增加，造就了一個對民調的方法以及操守不信任的環境。
> 所有上述的因素，轉而讓學術民調或是商業民調，在維持民調品質以及加深記者對民調研究與如何利用民調的努力受到挫折。（2005, 700）

結論

民意調查與媒體之間的關係，可以是困難且複雜的。但如果民調贊助者們瞭解民調的用途與限制，則兩者的關係也可以是對民眾有益與具資訊性的。新聞機構需要採取必要的行動，來確保他們提供充分的資訊給讀者，讓讀者在有相當資訊的情況下作出判斷。好的民調報導，應該一開始就說明樣本規模與抽樣誤差，而不是最後才提到。標準的報導應呈現問卷用詞與題目順序，這些因素對於受訪者回答的影響遠較抽樣誤差來得大。

此外，新聞專業必須對於民調與新聞報導的連結，處理得更為謹慎與敏感。媒體能夠透過新聞報導對特定議題資助或執行民意調查，並報導民調結果或是相關的活動，來增加該議題的能見度，而輕易地扮演議程設定（agenda-setting）的角色。的確，民眾能變得高度關注這些議題，即使這些議題，實為媒體報導與贊助的民調所導引而來的。例如，Morin（1994a）表示，在1980年末民眾對於毒品的關注與毒品犯罪的憂慮，或許大多是媒體對於此議題的報導與相關的民調所導致。他指出，在1989年1月，民調中只有19%的受訪者表示毒品為國家所面臨最重要的問題，但在同年的10月，其百分比增加至53%，而不到一年後，又只有16%的美國人認為毒品是最主要的問題。他將民意對毒品問題關注程度大起大落的現象，歸咎於新聞媒體對此問題過度關注，而當新聞機構將其注意力轉移至其他議題時，民眾對毒品的關注度也明顯下降。

新聞工作者也需要更加瞭解民調的缺陷與限制，以及民調的報導如何在不經意的情況下，影響民眾的看法。Gawiser與Witt（2006）於NCPP所贊助出版的小冊子中，列出了新聞工作者應該詢問民調結果的20項問題，他們的細節與對於下列問題的回答，是新聞從業者須詳細閱讀的：

1. 誰執行民意調查？
2. 誰支付民調費用，且為何要執行該民調？
3. 調查中訪問多少民眾？
4. 如何選擇這些民眾的？
5. 範圍為何：全國、州或地區——或是團體為何：老師、律師、民主黨選民等等——這些民眾是從哪裡選擇的？
6. 結果是基於所有訪問民眾的回答嗎？
7. 誰應該接受訪問，但最後沒有？訪問成功率重要嗎？
8. 什麼時候執行的？
9. 訪問如何執行？

10. 是網路民調或是網頁上執行的民調嗎？
11. 調查結果的抽樣誤差為何？
12. 誰是在第一次接觸就訪問成功的？
13. 其他哪些錯誤可能扭曲民調結果？
14. 問了哪些問題？
15. 訪問的題目順序為何？
16. 是推開式民調嗎？
17. 在此主題上，有哪些其他民調已執行過的？他們得到同樣的結果嗎？如果結果不一樣，原因為何？
18. 是出口民調嗎？
19. 報導民調時還有哪些其他資訊需要放在報導中？
20. 我問了所有題目，答案看來不錯，我們到底應不應該報導民調結果？

即使新聞機構變得更有責任感，以及更完整地報導民調中技術上的細節，我們必須小心的是，讀者是否真能閱讀且瞭解這些資訊。民眾在希望變成更具民調鑑別力的消費者時，也必須開始使用文章所提供的民調技術性資訊。當新聞媒體（或其他民調公司）不提供民調的基本資訊，則民調消費者應更為小心。最後，即使新聞機構提供調查的技術資訊，仍必須確保報導的實際內容反應調查資料的正確性。只有認真、受過良好訓練的記者與編輯，方能確保如此。

習題

1. 請用142-144頁中，紐約時報對其民調技術細節的敘述，並試著確定你的五個朋友，是否真的瞭解紐約時報所提的這幾個標準的內容是在講什麼。請你嘗試設計簡單的問卷，來判定這些人知不知道抽樣誤差、隨機撥號、加權、問卷題目順序與其他民意調查各技術性的面向的意涵。然後訪問你的五個朋友，並嘗試對紐約時報討論的幫助性，做出你的結論。

2. 找出一個其基調、要旨，以及強調的內容與你立場不一致的民調報導。亦即，試著找出，即使你與記者看到相同的民調資料，但你寫出的卻是不同的報導內容。欲完成此作業，你可能需要找出民調中實際的問卷措辭。
3. 找出五個民意調查的報導，可以是新聞文章或民調機構所釋出的資料，看看其遵守AAPOR於公開調查資料的最低限度標準的程度；也另找出五則不遵守這些標準的報導，你能夠從這十則報導中歸納出哪一個媒體機構的報導最依循AAPOR的標準嗎？
4. 使用本書146-149頁有關健保改革的問卷題目，寫出兩則美國民眾對健保改革意見很不相同的兩則報導：一個報導將展示民眾對健保的支持，另一個報導將展示民眾對健保的反對。你可以選擇不同的題組來證明你在每個報導的觀點。

選舉調查大概是美國民眾最熟悉的民調。如同對於總統表現的調查一樣，選舉調查獲得新聞實質的與持續的報導。它們也產生出最多爭議，特別是當選前民調錯誤預測了大選當天的選舉結果，或是出口民調與真正的選舉結果互相矛盾時。雖然選舉民調把焦點放在總統大選，但是民調也延伸至國會選舉與許多州級和地方選舉，針對不同的候選人與議題進行調查。的確，選舉民調已經是個國際的現象了，即使在一些民主與開放選舉時間非常短的國家也是如此。

選舉民調的贊助者

各式各樣的個人與組織，諸如競選公職者、政黨、傳播媒體以及民調機構都會進行選舉民調。候選人與政黨以民調作為研究工具，蒐集資訊來擘畫勝選策略。最具代表性的候選人贊助的民調，是調查民眾的社會背景與人口學特徵、對於候選人的印象，以及對議題的觀點。候選人接著可以評估他們的整體競選表現如何，他們的競選在重要次級團體內的表現，以及選舉事件與競選廣告如何影響他們的排名位置。對民調機構而言，選舉民調可以是個資料庫，也可以在媒體報導該機構的調查時成為公開提供的資訊。

對大眾媒體來說，選舉民調是選舉新聞的主要焦點，而它們也因為不強調候選人對各議題主張，卻只重視候選人在民調上的排名（Asher 1992, 273-278）：誰領先？誰落後？誰的聲望增加？誰減少了？而被批評為視選舉民調為賽馬。不過，民調不僅是記錄候選人的支持度，它也會強調諸如由選民人口特徵與議題立場，所界定出對候選人投票支持的這種不同類型的話題。

本章描述選舉競爭中，常見的民調類型及其運用。並檢視候選人與政黨如何試圖利用民調進行研究並操縱媒體的報導。本章要強調在總統初選以及大選期間民調的角色，以及運用民調進行選舉預測時，如何以及為何會出錯。本章的結尾將討論民調如何影響民眾投票的一些想法。

選舉民調的類型

許多選舉民調在調查方式上的差別較小，在目的上的差別較大。例如，有些候選人與政黨贊助的民調，諸如追蹤調查，是競選過程的個人工具；媒體執行的民調，像是出口民調，常常成為公開爭議的話題以及媒體報導選舉結果的工具。對於民調的消費者來說，知道調查的不同種類以及它們對選舉的影響力是很重要的。

基點民調

候選人通常在決定要競選公職時，會委託進行基點民調（benchmark survey）。這個調查會蒐集候選人在公眾的形象、在議題上的立場，以及選民的社會背景等基本資訊，以提供評估選舉進展的底線。基點民調通常蒐集三項重要資訊：認不認識候選人、候選人與競選對手的相對優勢，以及民眾對現任者施政表現的評價。

基點民調何時執行是一個重要問題。如果愈早執行的話，受訪者對挑戰者的瞭解就愈少，而隨著投票日逼近，政治與經濟環境就愈可能產生戲劇性的變化。儘管如此，還是有可能可以蒐集到有用的資訊，諸如選民對於現任者強項與弱點的認知、對於理想候選人的想法，以及對於主要政策議題的觀點。除非調查結果顯示候選人表現地出奇的好，一般基點民調的結果不會公布或是透露。

模擬對決民調

技術上說來，模擬對決民調（trial heat survey）並不是不同的調查模式，而只是調查中，一個或是一連串的問卷題目問題。模擬對決的題目讓競爭的候選人抓對廝殺，並詢問公民他們會投給其中哪一位。

最典型的模擬對決問題是這樣問受訪者：「如果今天舉行選舉的話，您會投給甲還是投給乙？」有時候會問假設的對決問題，尤其是在總統初選的階段。甚至在2010年的期中選舉結束前，民調研究者已經開始詢問美國的選民，對2012年假設的兩位總統候選人，例如歐巴馬對決羅姆尼（Mitt Romney）或是歐巴馬對決裴琳（Sarah Palin）的情況，模擬對決的民調結果提供媒體競選過程所強調的「賽馬」式報導，其內容有趣且往往成為大家感興趣的政治臆測或八卦話題的來源。

然而，很多警告也適用在模擬對決這類型問題的調查結果，最重要的是，訪問的時間點與投票的真正結果，會有很大的變化。以2000年總統大選候選人戲劇性震盪的支持度，最能說明這個情況。譬如說，一項Reuters/MSNBC/Zogby的民調在當年8月初指出：小布希以17個百分點領先高爾；到10月初時，民點顯示高爾反而以4個百分點領先。同樣戲劇性的改變可能發生在更短的時間內。舉例而言，紐約時報／WCBS-TV在1993年紐澤西州長選舉前的兩週的民調顯示：現任的民主黨州長弗洛里奧（Jim Florio）在已經登記的選民中，以49%比上34%的支持度領先共和黨的對手惠特曼（Christine Todd Whiteman）；在可能投票者方面現任州長的領先幅度更大。但在投票日當天，惠特曼卻勝選。在1994年加州州長選舉中，民主黨挑戰者布朗（Kathleen Brown）在選前數月前的模擬對決民調，曾以20個百分點領先共和黨現任者威爾森（Pete Wilson）。但威爾森最後以15個百分點的差距，擊敗了布朗。在2010年在現任參議員泰德・甘迺迪（Ted Kennedy）過世後舉行的補選中，投票日兩週的前的民調顯示：民主黨的寇克莉（Martha Coakley）以15個百分點領先，在計算未決定的有政黨傾向者後，領先幅度變成17個百分點（Viser and Phillips 2010）。但在競選當天，共和黨的布朗（Scott Brown）以超過5個百分點勝選。在這個擁有全國關注度的選舉中，有些跡象顯示寇克莉的領先並沒有表面上看起來的那麼難以超越。事實上，波士頓環球報的民調顯示，寇克莉雖然有15個百分點的領先，但是在對選舉非常感興趣的占所有受訪者25%的選民中，兩個人是勢均力敵的；且因為布朗在選戰一開始是選民較不熟悉的，所以他在選民對其喜歡相對於不喜歡的比例是較佳的。上述所有的例子告訴我們，直到選舉結束前選戰都還沒結束。

距離投票日愈遠，詢問模擬對決的問題就只能問到受訪者認不認識候選人，特別是在較不重要的選舉。民調的消費者須避免認為模擬對決的排名是不會變的，在競選過程中對於候選人排名的劇烈變化，也無須訝異。更甚者，因為模擬對決的題目問法會決定民調結果，所以消費者更須小心地評估。例如，當提供候選人的提名政黨時，結果必受影響。對於家喻戶曉的候選人，有沒有提及政黨屬性造成的差別不大，但在候選人較名不見經傳的選舉中，問題怎麼問的就會造成實質上的差易了。像是：「張三對上李四」或「民主黨的張三對上共和黨的李四」。

追蹤民調

追蹤民調（tracking polls）提供最即時的資訊，用以改變競選的策略與媒體的廣告。因為這些民調在接近選舉時經常每天都做，以觀察選前支持度的變化，所以提供了候選人極為重要的資源。因為追蹤民調非常昂貴，所以要依賴滾動樣本（rolling sample）。舉例來說，連續四天每天蒐集200個不同的樣本，雖然樣本數200算是小樣本且有很大的抽樣誤差，但800個樣本就可靠得多了。很多事可能發生在訪問進行的第一天與第四天之間，這使得我們對最早被訪問到的樣本較不感興趣。因此在第五天又訪問了200個人，且加到樣本裡面，但把第一天的200個樣本剔除。第六天再訪問200個人，然後再替換掉第二天訪問的200個人。這樣的程序保證了所有的800個樣本中都包括了每天加入最新的200個樣本，因而得以密切且即時地觀察選民對於選舉過程的反應。追蹤民調的危險之一是任何單獨一天的訪問結果可能是極偏離常態的；因此候選人與競選團隊必須謹慎而不要對可能是統計上的雜訊過度反應。

在2000年的總統競選中，當更多資源投入競爭激烈的幾個州的民調以及媒體對於那幾個州的民調結果特別注意時，追蹤民調的使用就格外搶眼，不過，在2004（Traugott 2005）與2008年就沒這麼顯著。不幸的是，佛羅里達在2000年以及俄亥俄州在2004年所扮演的關鍵角色，讓媒體驚覺到勝負非常接近的總統選舉，不是由追蹤民調所測量的全國選民投票而決定結果的，而是由競爭激烈的幾個關鍵州的總統選舉人團所左右。在2000年時，當投票日逐漸接近，各種受媒體贊助的追蹤民調調查結果漸趨一致，得到一個預料將是很接近的選舉結果。但在整個競選過程中，一個由蓋洛普為CNN與《今日美國報》所進行的追蹤民調卻出現了短期間內非常劇烈的震盪。例如，有一組結果顯示高爾超前11個百分點，然而兩天後小布希卻領先7個百分點。選舉觀察家們對如此可觀的變動感到意外，他們因而質疑蓋洛普調查結果的正確性。後來發現解釋這個結果的一個原因是，樣本中的民主黨認同者與共和黨認同者的比例，在極短期間內有劇烈的變化（Morin and Deane 2000）。當樣本中的民主黨認同者相對較多時，高爾的支持率較佳，反之則是小布希的支持度較好。蓋洛普宣稱政黨認同分布的短期震盪是真實的。其他的民調機構則對樣本的加權採用不同的方式，以便民主黨認同者與共和黨認同者所占的比例不致在每晚的樣本中差異過大，也使得他們的調查結果並未顯示出太大的波動。Abramowitz（2006）認為，利用過去幾週調查結果中的民主黨認同者與共和黨認同者比例的移動平均值（moving average），來加權任何一天特定中樣本的民主黨與共和黨認同者的比例，這樣的程序可減緩因為民主黨認同者與共和黨認同者比例，因為每天的樣本數少而在樣本與樣本之間出現明顯變動的人為因素，而造成投票意向與總統滿意度上劇烈變化。至於是否要以政黨認同來進行加權，仍然是個充滿爭議的話題。

追蹤民調往往為競選團隊或新聞機構所採用，在2000、2004與2008年的總統大選，我們看到最具野心與最廣泛地採用滾動樣本的調查方式，來測量總統競選過程動態的案例。安娜堡全國選舉調查（National Annenberg Election Survey） 在上述的選舉期間，運用了滾動樣本、定群追蹤（panel study）以及其他令人眼睛為之一亮的研究設計，來執行民調。此一精心設計讓研究者在一段時間研究競選的動態，以確認選民對候選人的瞭解以及他們因為特定競選事件和媒體報導而改變他們的觀點。

橫斷面調查與定群追蹤調查的比較

主要的民調組織在競選期間進行多次民調時，他們通常使用橫斷面的（cross-sectional）設計，而在每一次調查都針對不同的樣本進行訪問。例如，在2004年的總統大選中，由CNN／今日美國報／蓋洛普在共和黨代表大會舉行前後進行的民調，以評估小布希總統在黨代表大會後民調的彈升（postconvention bounce）。選前的民調顯示，小布希在可能投票的選民中以50%領先凱瑞的47%，但在黨代表大會後，小布希以52%領先凱瑞的47%。這些民調都提供了選民在單一時間點對兩位候選人的支持情況，不過，美個民調都是用各自不同的獨立樣本。

比較兩個民調顯示了小布希的領先幅度從3%增加到5%（雖然有抽樣誤差），小布希淨增加了2個百分點。但是，是怎樣的移動模式增加了那2%？也許是原先未決定者轉而支持小布希，也有可能是小布希支持者中的10%轉而支持凱瑞，而凱瑞支持者中的10%轉而支持小布希，外加2%未決定者轉而支持小布希。上述任何一種假設情況都得到小布希的淨支持度增加2%的結論，但是，民眾態度變化的總變量的差異卻不小，第一個案例只有2%，但是第二個案例卻高達22%。

不幸的是，橫斷面調查只透露了淨變量（net change）；他們無法告訴調查的消費者總變量（gross change）或是個別選民改變的模式如何造成淨變量。因此橫斷面調查在呈現候選人相對排名支持度的淨變量上是可以接受的，但若我們關切的是選民態度與偏好的總變動時，就需要使用定群追蹤的設計（panel design）。

在定群追蹤調查（panel survey）中，相同的個人會被訪問兩次或兩次以上——這是一個更昂貴且艱難的過程，因為要去重複地找出相同的受訪者，這在受訪者四處移動及可能流失的情況下並不是個簡單的任務。舉例來說，在數個月甚至數年後對大學生進行定群追蹤的調查可能會是個沈重的負擔，因為這群受訪對象的具有高度的移動性。另一個困難是受訪者可能不願參與後續的訪問；特別是，願意接受再訪者可能和不願接受再訪者，在許多特性上大不相同。定群追蹤的最後一個問題是受訪者這次受訪的經驗，可能會影響他下一次的訪問結果。儘管有這些困難，定群追蹤研究比橫斷面的研究更能提供競選的動態與選民決策的更好資訊。定群追蹤調查比起橫斷面的調查更能透露選民偏好的變動情況。

焦點團體

儘管選民從未聽說，但焦點團體（focus groups）可以當作重要的選戰工具。從技術上來說，焦點團體並非民調而是與代表不同社會背景而被挑選出來的少數（通常10到20位）民眾進行的深度訪談。一場焦點團體可能會觀看候選人的辯論並提供評論，藉此幫助候選人為下次辯論做出更好的準備。或者一場焦點團體可能會被要求對政治廣告提供意見，以利競選總幹事在花錢託播之前，先瞭解該廣告是否具有成效。焦點團體的討論也有利於提出以及形塑問卷題目，供未來民意調查之用。

關於焦點團體的效果，最有名的例子是在1988年的總統大選時，當時老布希的競選團隊利用焦點團體找出重要的競選議題，並隨後在大選中用來對付老布希民主黨的競選對手——麻塞諸塞州的州長杜凱吉斯（Michael Dukakis）。競選團隊邀請了24位紐澤西州的居民到一個當地的旅館來討論兩位候選人。許多的參加者屬於藍領階級以及天主教民主黨認同者，他們曾經支持過雷根，也願意在對杜凱吉斯瞭解不多的情況下投票支持他。由於這些支持過雷根的民主黨認同者（Reagan Democrats）被視為是老布希勝選的關鍵，焦點團體的主持人持續詢問到讓這些選民不再支持杜凱吉斯的一些議題出現後才罷手。這些議題包括：杜凱吉斯反對死刑、反對在校學生背誦效忠誓詞（pledge of allegiance），以及他支持犯人週末放風計畫（這些犯人中包括了聲名狼藉的Willie Horton）。焦點團體參與者的反應告訴了老布希團隊，已經找到了可以用來打擊杜凱吉斯陣營的議題。要從民意調查找到這樣的資訊其實是相當困難的。老布希陣營的總幹事艾瓦特（Lee Atwater）就指出：「焦點團體讓你獲知從民調資料中無法得到的資訊：是什麼原因讓民眾這樣做，以及瞭解民眾的想法與生活。」（Grove 1988b）

Morin（1992e）在多年以前即指出，焦點團體在報紙與電視媒體已經相當普遍地使用。雖然Morin盛讚焦點團體是記者的另一個工具，但他也警告說：媒體往往並不瞭解這個研究方法的侷限。一個常見的警告就是，焦點團體不是小型的民意調查。焦點團體可能存在外在效度（external validity）的問題，也就是說，因為參與的成員未必能代表母群體，因此，其所得出的結論就可能無法推論至較大的母群體。儘管如此，透過焦點團體每場深度的討論，仍提供研究者動員公民的因素以及一般民意調查所無法提供的細緻觀察。1990年代早期由凱特林基金會（Kettering Foundation）運用焦點團體訪談法所提出的報告中（Harwood Group 1993），一篇名為「有意義的混沌：民眾如何關心公眾事務」的報告中指出，如果政治領袖真的想要讓民眾關心公共政策，他們和媒體可能需要設計新方法來達到此目標。該報告的諸多建議之一，便是尋求更多的「中介的制度」（mediating institution），讓公民可以針對每天的議題，更直接地互動與討論。有感於焦點團體研究法的侷限，凱特林報告在附錄中說明了其方法論：

> 團體討論當然有其侷限，本研究屬於質性研究。因此，不應該誤認本報告的觀察內容是以隨機抽樣調查而得到的結論。技術上來說，在確認內容之前，它們是需要透過可靠的量化方法去驗證的研究假設或一些觀點。不過，這些觀點仍然對於民眾如何看待公眾事務以及他們與公眾事務的關係之間，具有建設性。

觀察了主要在討論市政服務的品質或地方學校系統表現等地方政府議題的焦點團體場次，我對這些討論導向批判與負面的頻率感到震驚。一個參與者說了一個恐怖的故事，帶領其他人加入提供他們各自恐怖的奇聞。很快地，這個場次就變成發牢騷的場次。對於同樣主題的民意調查是否也會引起如此密集的負面內容？我很懷疑。在1996年Robert Sigel寫的一本關於性別關係的書中，她同時採用了焦點團體與民調的資料裡，就支持了我的臆測。大致上，Sigel的焦點團體資料，多過她的民調資訊，顯示出女性對於性別歧視與不合理待遇感到憤怒。Sigel認為焦點團體與民調的結果之差異，部分來自於不同的資料蒐集方式。換句話說，焦點團體並未得到如調查與民調相同的資訊。用在特定的目的上，焦點團體是不錯的研究工具，但民眾必須留意，別只依據焦點團體就接受民眾態度與行為的敘述和解釋。不過，對於候選人與他的競選，焦點團體可以是測試競選主軸、給選民的訊息以及競選廣告非常有效的工具。

審議式民調

審議式民調（deliberative opinion poll）結合了焦點團體與標準民意調查兩種要素，也就是說，這個調查集合了具有代表性的一組公民，提供他們討論議題的資訊與機會，然後再調查他們對那些議題的看法。Fishkin列出對於審議式民調的原理以及為何需要它的原因（1992, 1996），他認為民意調查要測量的是公民的想法，而不是這些有機會聚在一起的人們經由討論與研究一個議題後，他們對該議題的想法。審議式民調是個既昂貴又具挑戰性的工程，因為它需要邀集一群具有代表性的樣本，並提供他們有關當前議題既公正又平衡的素材資料。

美國第一個重要的審議式民調，是在1996年1月總統大選期間於德州奧斯汀所舉行的（Merkle 1996; Winkler 1996）。從美國民眾當中所選出具有全國代表性的樣本，並訪問他們在外交政策、經濟與家庭等三個主要議題領域的意見。這些樣本中的部分成員之後參加了在奧斯汀所舉辦的國家議題大會（National Issue Convention）；在就相同議題領域進行了密集的意見發表與討論之後，這些樣本再度接受民意調查以檢視他們的觀點是否有改變，如果有的話，是如何改變。受訪者的態度的確出現了變化。舉例而言，對於美國海外用兵的支持度增加了，而對於單一所得稅率（flat income tax）的支持度下降了。受訪者認為美國家庭所面臨的最大問題，則由傳統價值觀的敗壞轉變為經濟的考量。

這個審議式民調所產生的關鍵問題，是如何將其結論擴大推論到更廣的母體。Fishkin（1996）可能會主張由於這些樣本具有代表性，故可預期相同的態度改變也會發生在更大的母體。但對於Fishkin論點的一個重要批評是：真實世界的公民以及選舉本身並非依照國家議題大會的方式來進行（Mitofsky 1996）。大部分的人不會花時間學習，他們也不會以集中且深入的方式接觸來瞭解議題或候選人。即使現實世界中會出現小團體的討論，大部分公民所經歷的或所學習的直接來自於競選廣告、新聞報導等諸如此類的消息來源。而且，批評者指責說：認定1996年樣本的代表性，以及引用電視的置入性說服的效果，都讓受訪者更認識到他們正在參與非常特別的事件。而此認知有可能不當地影響參與者對於審議式民調經驗的反應。

即使現實世界與審議式民調倡議者所預期的有所落差，但此方法背後的原理倒是相當清楚。傳統民意調查迅速地捕捉選民心中的想法，如第二章所說，這些民調往往受挫於無態度。而且，候選人往往認為可以藉由政治性廣告與選舉語言來操弄民眾的意見。相反地，審議式民調可以在民眾得到議題的相關資訊之後，再揭露他們對該議題的想法。人們對這樣的研究發現是否會限制候選人或影響政治與選舉仍是存疑的。Sturgis、Roberts與Allum（2005）認為：即使審議式民調參與者的態度分布與對議題資訊的通曉程度改變，仍然缺乏證據顯示參與者所持態度的內在一致性是否增加。

自2000年起，審議式民調逐漸退燒，不過，一個夢幻的例子出現在2003年1月（Fishkin, Luskin, and Brady 2003）。從美國民眾當中透過科學抽樣選出了343位美國民眾，並經由電訪詢問他們對伊拉克、國際安全以及援外議題的看法。這些樣本後來被邀請親臨參加焦點團體的過程，之後，再度接受民調詢問他們對上述議題的看法。歷經了審議討論的過程，參與者的確更傾向認為伊拉克是個威脅，但他們同時也對於美國介入處理伊拉克與其他議題愈來愈感到疑慮。當預期戰爭即將結束，他們則會傾向支持美國重建伊拉克，且他們對於美國在國際事務上扮演領導角色以及對其他國家更慷慨地提供外援上更為支持。可惜該審議民調的結果並未獲得媒體青睞，使得該民調贊助者覺得非常挫折。他們認為，他們的研究結果在媒體報導上是具有重要性與新聞價值的，因為他們呈現了當民眾對議題掌握一定資訊後，他們所偏好的政策。

Fishkin（2009）主張以審議式民調的方式進行的政策說明會（town hall meeting）可能對市民與公職人員更為有利。他指出，在2009年很多國會議員回到選區舉行的政策說明會，很多最後變成極端意見者主宰發聲的場面。一個審議式民調的方式，會讓更文明與知性的討論出現，使得更縝密思慮的意見不會因為戲劇性的場面而被淹沒。不過，美國民眾願意參加這種場合嗎？依據Neblo等人（2010）的民調顯示，美國民眾參加審議式民調的意願，遠高於我們所預期。特別是，對於傳統黨派政治涉入不深的民眾，對於審議式民調的接受程度更高。

出口民調

本書第一章曾提到，出口民調（exit poll）是針對剛離開投票所的民眾進行的民意調查。這些能見度高又富爭議性的民調通常詢問選民，他們將票投給了誰。這些民調也蒐集受訪者在議題上的立場以及人口背景等資訊。最受重視的出口民調是由主要的新聞機構所執行的，用以預測並解釋總統選舉結果以及國會與重要的州級選舉的結果。

出口民調有許多優點與用處。首先，他們是針對實際選民進行的民調，可以避免選前民調必須要決定哪些人真的會去投票的長久以來存在的問題。其次，出口民調的樣本是從許多州蒐集而來，可以讓我們對各州的總統結果進行分析，這在只有1,500個樣本的全國性調查是辦不到的，因為後者讓我們無法在以州為單位切割樣本之後，達到我們所要推論「總統選舉人團投票結果」的目的。第三，出口民調可以快速製表，讓我們即時對選舉結果進行預測與描述。的確，在媒體爭相成為第一個論斷選舉結果時，此一優點便成了出口民調主要的賣點。最後，出口民調產生豐富的資訊可供記者與社會科學家進一步瞭解，哪些因素有助於選民做成最後的投票決定。

儘管近來年影響美國民眾投票機制的發展，可能影響出口民調的預測能力，但通常出口民調是正確的。很多州採用缺席投票的措施方便選民投票，奧勒岡州完全使用郵寄的方式，但有些州則讓選民可以在投票日之前先進行投票。例如，總統選舉的主戰場俄亥俄州在2006年改為「不提出理由即可缺席投票」（no-fault absentee voting）以及由本人提早去投票的缺席投票。提早投票的比例不斷上升，在2004年大約20%，到了2008年大約29%到30%。因此投票當天進行的出口民調並未找到這些選民，民調研究者必須在選前對這些有大量提早投票選民的州進行民調，以估計他們的投票行為以及將這些估計與選舉當天的出口民調合併，計算出較為精確的選舉預測。這讓出口民調變得更具挑戰性，也讓我們在將選前以及選舉當天的選票估計合併計算之後，所可能產生的估計誤差機率提高。

出口民調的估計結果偶爾會出現不正確的情況。例如在1998年的維吉尼亞州州長選舉的出口民調，它顯示黑人民主黨候選人魏爾德（Douglas Wilder）以超過10%的選票領先對手而勝選，但他最後是以不到1%的領先票數獲勝。對此不精確結果的解釋是：在出口民調中，有些白人受訪者說他們投給魏爾德，但實際則不然（Traugott and Price 1992）。另一個例子是在1992年新罕布夏州共和黨總統初選的出口民調中，小布希以6%的差距超過其同黨的挑戰者布坎南，而實際結果卻是超過16%。這樣的歧異部分歸因於布坎南的支持者較死忠且他們較有意願參與出口民調（Mitofsky 1992; Morin 1992b）。

出口民調在1980年與2000年及2004年（但在2006年、2008年與2010年則沒有）的選舉夜造成了頗具爭議的風暴。在1980年全國性的選前民調指出卡特（Jimmy Carter）與雷根（Ronald Reagan）的選舉結果接近，但在東部時區的出口民調結果顯示雷根可能獲得壓倒性的勝利（特別是在選舉人團）。令許多觀察家困惑之處是，在每一州投票時間結束後不久，電視新聞便以出口民調的結果而非官方公布的投票數據宣布雷根贏得該州選舉；大約在美國東部標準時間八點半的時候，即宣稱雷根已經很明確地贏得足夠多的州（的總統選舉人票）來確保他的勝選，完全不管密西西比河以西的其他州投票結果如何，儘管那些州的投票仍在進行也不管雷根在那些州的聲勢強或不強。電視新聞在有些州還在進行投票時，便宣布了雷根當選。卡特甚至在所有選舉還沒結束前，便承認敗選。可以理解的是，許多人擔心電視媒體在選民還沒投票前，便宣布某位候選人已經勝出所可能造成的影響。幾個報導指出，有些原本還在排隊投票的選民，聽到總統選舉結果已經確定後便離開了投票所，而有些選民則是根本就決定不去投票了。在1984年民主黨候選人孟岱爾（Walter Mondale）很聰明地等到所有美國西岸的投票所投票結束之後才承認敗選，而在1988年的杜凱吉斯（Michael Dukakis）也是如此。

在1980年的總統大選先行宣布選舉結果，是否讓選民不願投票？經驗研究的證據有不同的結果（Jackson and McGee 1981; Jackson 1983; Epstein and Strom 1984; Delli Carpini 1984; Sudman 1986）。1980年對選舉結果的提早預言顯然並沒有影響該年總統選舉的結果，但對於州以及地方的層級，不論程度如何，多少都還是有影響的。特別是在那些選民人數少的選舉中、且其選舉勝負的差距極小時。

在2000年的總統大選，主要電視台就關鍵性的佛羅里達州，做了兩次不應該做的選舉結果預測。在投票日當晚稍早的時候，新聞台預測副總統高爾獲勝。但在稍晚時，這些新聞台改口預言小布希州長贏得選舉，這是另一個應該被撤回的預測。但是，後面這個預測在選後重新計票時，讓小布希取得有利的戰略位置。Mitofsky（2001）解釋說，對高爾所做出的錯誤預測，可能僅是由於抽樣所選中的選區之估計不佳所致，而稍後對於小布希的預測並非出口民調的問題，而只是由於對訪問到的選民其投票意向的製表過程，出現一點溝通的疏失。

在2002年的選舉夜則見證了出口民調電腦程式的問題。它導致了新聞台忘了在選舉當夜的報導裡加入出口民調結果，反而以實際的開票數來報導（Torry 2002; Kurtz 2002; Plissner 2003）。在2000年與2002年出現的問題，讓6個新聞機構，包括ABC、CBS、CNN、福斯、NBC以及美聯社，解散「選民新聞服務」（Voter News Service），該單位的性質為負責蒐集出口民調資料的傘狀組織；而另成立一個新的組織，稱為「全國選舉資料庫」（National Election Pool），負責建立執行2004年與2008年總統選舉的出口民調〔欲瞭解2000年出口民調的慘敗，以及「選民新聞服務」的表現，請參考2003年春季號《民意季刊》（*Public Opinion Quarterly*）的論文集《回顧論文集：2000年選舉夜面面觀》（“Review Symposium: Election Night 2000 in Perspective”）〕。

在2004年的一個主要出口民調的爭議，是出口民調結果在選舉當天由幾個媒體機構洩露出去所造成的。這些洩露的消息指出，凱瑞（John Kerry）會拿下幾個關鍵的州，像是俄亥俄或是佛羅里達，如果消息屬實，那他將取代小布希成為下一任的美國總統。當計算完選票後，小布希在佛羅里達以相當大的領先差距以及在俄亥俄州以較小的領先差距拿下。一些民眾相信出口民調的結果而非實際的計票結果，就認為選舉系統做了一些妥協甚至於小布希偷走了勝選。選舉過後有些分析想瞭解出口民調與實際計票結果的差異，並判斷是否有什麼不妥的事情發生。執行出口民調的相同團體，「全國選舉資料庫」及其贊助者，也執行了一個研究。他們〔愛迪生媒體研究（Edison Media Research）以及國際米托夫斯基（Mitofsky International）〕批評媒體走漏出口民調消息，也指出只以部分以及早期出口民調的資料來推論可能會有誤導的結果，特別是對資料做最後的加權調整還未進行之前。他們並指出，他們抽樣的選區中有點略微偏向凱瑞的傾向。他們也認為，共和黨支持者較不願意參加出口民調，因此創造了偏向凱瑞的偏差，他們也引用一些實際參與出口民調的受訪者所指出的一些問題。一些批評的人仍然不願接受這些解釋，而仍然懷疑在2004年選舉時是不是出現了一些系統性的問題。Traugott、Highton與Brady（2005）提出了一個關於這些爭議的簡明摘要以及對關鍵資源的有用的參考書目。

在一個州的投票結束之前就預測該州的選舉結果，使得大家對新聞媒體的行為有些疑慮。雖然關於出口民調要進行到多晚才可以得到代表性的樣本且做出較準確的預測有些爭議（Busch and Lieske 1985），但很清楚的是，如果投票在晚上七點半結束的話，出口民調大概可以在傍晚的時候預測出勝選者。但大眾媒體廣泛地報導該預測，可能會壓低該州的投票率。新聞媒體宣稱他們小心翼翼地不在投票結束前做出預測，但在1983年由「婦女選民聯盟」（League of Women Voters ）與「美國選民研究委員會」（Committee for the Study of the American Electorate）的一項研究指出：在1982年選舉期間發生了諸多案例，是在投票仍在進行的當下，選舉結果的預測已經被報導了。在2000年時，當選舉還在進行，在一些關鍵且較早投票的州，出現刻意洩漏出口民調結果的情況。只有以訴諸法律的威脅，才能防止特定媒體在總統大選草率地洩露出口民調結果。甚至連一些主要電視新聞台的主播也開始輕率地於投票尚未結束前洩露該州出口民調的結果，我們經常在選舉夜聽到「按照出口民調結果，今夜對特定候選人來說，將是美好的夜晚」的這種說法。在2006年時，主要新聞台的主播宣稱：「出口民調顯示，那些關心選情而積極投票的選民們在開票結果出來後將迎接一個美好的民主黨之夜。」主播們強調，在選票計算完畢之前，他們並未洩露任何特定的內容；但他們在很多州選舉尚未結束之前，其實已經傳達了強烈的訊息，暗示著這將是民主黨選舉結果看好的一個選舉之夜。

許多團體對出口民調是極為反對的。國會以及州政府尖銳地批評出口民調，但是，對於禁止或是限制出口民調的立法卻一事無成。報紙專欄作家Mike Royko曾經鼓勵讀者對出口民調的訪員說謊，藉以降低該民調產業的用處。有些民調研究者對出口民調與提早的選舉預測也持批判的態度。雖然Roper（1985）與其他從業人員相信出口民調對於選舉結果的影響不大，但他們主張必須減少其使用，因為大多數的民眾相信出口民調會影響選舉結果。他們宣稱，出口民調造成民眾對競選過程失去信心並且逐漸開始對大眾媒體有所懷疑。Morin（2004）對2004年的爭議表示歡迎，因為他希望該爭議經驗讓公民對於提早公布的出口民調結果抱持懷疑的態度，更能夠意識到出口民調跟其他民調一樣，有其固有的問題以及不完美之處。

環繞著出口民調的爭議，會隨著他們的表現以及善用與誤用而消長。電視新聞急切地主張，政府對於出口民調所施加的限制是一種形式的新聞審查，且違反了憲法第一修正案所賦予的權利。新聞機構也認為，如果將民調二十四小時同時開放給所有的五十州，就可以解決媒體報導提早預測的問題了。但州政府官員認為耗費甚鉅而否決了該提議，他們並指出，媒體仍然可以對他們事先已經掌握到豐富資訊的州進行較初步的預測。Broder（1984）曾提出像加拿大所採用的解決方案：新聞媒體可以依照由東到西的時區順序報導大選，在各時區的投票結束後進行該時區的選舉報導。於是媒體可以從東部標準時間晚間八點開始報導東部時區各州的選情，晚間九點報導中西部時區，晚間十點報導洛磯山時區，晚間十一點報導太平洋時區各州。不過，在今天很多媒體管道以及許多以網路為基礎的方法去取得選舉結果，這個方案對解決問題的幫助不大。

出口民調的消費者應小心評估選舉日整天的新聞報導。任何關於不同團體投票模式的報導，極有可能是由當時所完成的出口民調而來。消費者應該問問自己，這些報導會不會影響他們的投票意願或投給哪位候選人的決定。他們也應該留意選舉預測宣布的時間。如果預測是在投票結束前所做的，那麼就應該是以出口民調而非官方統計的選舉結果，因為後者要等到投票結束後才會得知。下個問題是該預測是針對州級的選舉還是全國性的選舉。如果是後者的話，消費者應該注意是否有些州還在進行投票。最後，消費者應該記下，哪些媒體的選舉預測的結果是與後來實際選舉結果相左的。

除非媒體本身自律，否則出口民調不太可能受到規範。早期的出口民調，志在打敗競爭對手與增加收視率的電視新聞媒體，重金投資於調查科技與選舉報導（對報紙來說，出口民調扮演了不太相同的角色，因為報紙不需在選舉當夜就為預測選舉結果而彼此競爭。報紙主要使用出口民調來描述投票模式，並解釋選舉為什麼會有此結果）。然而，從1990年代的期中選舉開始，媒體競爭的情形逐漸緩和，因為ABC、NBC、CBS與CNN決定在「選民新聞服務」（以及後來的「全國選舉資料庫」）的監督下，共同執行一個出口民調。造成這個轉變的主要原因是基於財務的考量，因為出口民調非常昂貴。但如同Schneider（1989）所指出的，對同一個選舉所執行的不同出口民調，其結果會是不同的；多家公司同時執行民調讓調查者得以比較結果，並決定何者較可能正中目標。但當只有多個媒體聯合成立的一家機構執行出口民調時，上述的比較情況就不會發生了。

推開式民調

雖然推開式民調（push polls）存在多時，但在1996年的選舉卻讓推開式民調惡名昭彰，特別是在美國眾議員選舉以及一些州級與地方選舉中。當推開式民調愈來愈普及，美國民調研究協會以及全國民意調查協會都譴責這個做法。美國民調研究協會描述推開式的民調如下：

> 一種偽裝成電話民調的負面競選之陰險方式。所謂的「推開式民調」根本不是民調，而是不符合倫理的電話行銷，以研究為偽裝來撥打電話接觸選民，其目的在說服大量的選民影響選舉結果而非瞭解民意。（2007）

全國民意調查協會進一步解釋合格的政治民調與推開式民調之間的差異：

> 〔合格的政治民調〕使用可以代表所有選民的樣本。「推開式民調」利用電話資料庫來向大量的選民拉票。合格的民調會找出候選人的弱點，並嘗試確定當選民瞭解到這些缺點以及競選中的其他議題與層面，對選民造成的影響。「推開式民調」則是攻擊特定候選人。合格民調的目的是研究，訪問樣本而不是向其拉票，調查的目的不是用來欺騙選民……。媒體絕不應報導「推開式民調」的結果，但報導哪個候選人使用該民調手段就會是一個不錯的新聞話題（1995）。

1996年有個推開式民調被用在德州的共和黨國會議員初選（Clymer 1996）。共和國國會委員會偏好羅夫林（Greg Laughlin）眾議員，並資助了一個大概打了約三萬通電話的推開式民調來打擊其他兩位競爭者：保羅（Ron Paul）與迪茲（Jim Deats）。如果受訪者表示他們較傾向保羅，他們會被詢問：如果知道保羅支持毒品、色情刊物與娼妓合法化的話，還會不會支持他？相同地，如果受訪者說他們支持迪茲，便會被詢問：如果知道迪茲負有20萬美元的競選債務且前四次競選皆失利後，對他的支持強度還有多少？然而，這些提供給受訪者的資訊是誤導的，目的在於將他們從保羅與迪茲的支持陣營中推開，而轉向支持羅夫林。在2000年的總統大選初選中，南卡羅萊納州共和黨的初選出現了一個很大的爭議，因為參議員馬侃（John McCain）指控小布希的競選團隊從事大量的推開式民調，該民調問到以下的題目：「如果你知道馬侃有一個非婚生的黑人小孩，你會不會支持他擔任總統？」小布希的競選團隊否認該項指控，並指出他們所打的數千通電話都只是拜票電話，而非偽裝的民意調查。小布希陣營說，那個推開民調的意圖，是要向南卡羅萊納州選民散布對於參議員馬侃的負面資訊。

在2006、2008與2009年的選舉，推開式民調相當常見，他們以自動撥出電話而非人工撥出電話的方式進行。例如，在馬里蘭選民接到由保守團體所贊助的自動撥出的來電，詢問他們支持參議員選舉中的哪一位候選人：是共和黨的史提爾（Michael Steele）還是民主黨的卡丁（Benjamin Cardin）（Marimow 2006）。接著受訪者被問到，還未出生的胎兒可不可以當作醫學研究的對象。如果他們回答說：「不可以」，他們接著會從電話那端聽到：「事實是：卡丁投票支持讓未出生的胎兒成為幹細胞研究的對象。事實是：史提爾反對任何摧毀人類生命的研究。」相同的保守團體〔俄亥俄常識（Common Sense Ohio）〕在美國的俄亥俄、田納西、蒙大拿、密蘇里等幾個參議員競選激烈的州以及將進行反對人工流產工頭的南達柯他州積極地使用推開式民調（Drew 2006）。這些電話打出了成千上萬通。在2006年俄亥俄州長選舉中，共和黨候選人布萊克威爾（Ken Blackwell）在競選期間利用推開式民調去告訴選民，他的競選對手在兒童性虐待議題的態度上立場軟弱。

在2007年時，愛荷華州共和黨的黨團會議之前，一群支持共和黨總統初選參選人赫卡比（Mike Huckabee）的團體有組織的撥打電話，針對三名赫卡比的競選對手：湯普生（Fred Thompson）、馬侃以及朱利安尼（Rudy Giuliani）（Martin 2007）。在開始的幾個無傷大雅的題目之後，該調查接著提供一些對湯普生、馬侃以及朱利安尼的負面資訊。以對朱利安尼為例，他們告訴受訪者，他傾向贊成人工流產、支持公民組織、同性戀婚姻以及他的紐約市警局局長及生意合夥人涉及到很多不同的犯罪指控。羅姆尼（Mitt Romney）也在愛荷華黨團大會以及新罕布夏初選舉行前幾個月，成為推開式民調的攻擊目標（Elliott 2007; Lightman 2007）。那些電話詢問受訪者是否知道羅姆尼是個摩門教徒，而摩門教認為摩門經高於聖經，且羅姆尼因為替摩門教傳教而延緩兵役徵召，而他的五個兒子沒有一個服役。這些都或多或少減少民眾對他的支持程度。

在2008年的總統選舉，佛羅里達以及其他地區的猶太人被問到，如果知道歐巴馬曾經捐錢給巴勒斯坦解放組織、曾見過哈瑪斯（Hamas）的領袖、且屬於一個曾有發表反對猶太教聲明的教會，他們還會不會投票支持歐巴馬（Kennedy 2008）。最後一個例子是彭博（Michael Bloomberg）競選紐約市長連任時，他被指控進行推開式民調以打擊潛在的競選對手——美國眾議員魏納（Anthony Weiner）（Hernandez 2009）。訪問以恰當的題目開始，但是卻接著問受訪者，如果知道魏納在國會有錯過投票的記錄、很難留住辦公室的員工、接受過外國時裝模特兒的政治獻金，他們對魏納的看法會不會改變。

民眾面對推開式民調要如何才能自保呢？另一個譴責推開式民調的組織——「美國政治顧問協會」（American Association of Political Consultants），提供了幾個辨識該類民調的建議。首先，好聲望的民調一開始就會告知該研究的贊助者或執行該研究的組織；推開式民調通常不會提供該資訊。其次，合格的電話訪問往往會進行至少五分鐘且通常更久的時間；典型的推開式民調則往往進行不到一分鐘。第三個推開式民調的徵兆，新聞記者會比一般民眾更容易察覺，是在特定競選過程中所打的電話通數。在一個選舉中，成千上萬通的電話數清楚地顯示一個訊息：推開式民調正在進行。因為大多數真正的民調，只需要不到一千個受訪者。說真的，當媒體聽說到這類的活動，他們應該加以揭露並對其譴責。自認為接到推開式民調電話的民眾應該向媒體爆料，以期望媒體會進行調查並揭發這種行徑。由於推開式民調可能用於較不具能見度、較低階層的選舉，媒體也往往沒有加以監督，在此情況下，民眾的警覺心就顯得很重要了。不過，從前述的例子可以看到，即使在極具能見度的總統初選階段，還是可見推開式民調。

候選人對民調的使用

候選人以各種方式應用民調來測試政治水溫。有希望的候選人可能會委託進行私人的民調並檢視公開的民調，來評估他們勝選的機會。他們評估的結果會指引他們的期望與採取的行動。譬如說，民調的不利消息會讓他們決定不參選公職。在1986年紐約的費拉洛（Geraldine Ferraro）為了避免和現任的共和黨參議員達曼托（Alphonse D'Amato）競爭而決定不參加美國參議員的選舉，部分原因就是民調顯示她支持度一路遠遠落在其後。擁有進行民調並提供其他選舉服務的財力資源之政黨組織，可運用這樣的能力對徵召的候選人提供服務。在全國性的選舉中共和黨比民主黨更有能力提供其候選人與將成為該黨的候選人這樣的協助，因為該黨以電腦化的直接郵件更成功地進行募款的操作。在2006年選戰後期由民主黨國會競選委員會（Democratic Congressional Campaign Committee, DCCC）贊助的民調確認，則在一些民主黨挑戰共和黨頗受支持的現任者的選區中，民主黨參選人的選戰打得出奇地好。DCCC於是在那些選區注入資金，結果獲得很多意外的勝利。在2010年DCCC減少對一些民調表現落後的現在議員的資助，而將資金轉到民主黨選情較為樂觀的選區中。

有時候選人利用對其有利的民調結果來吸引政治獻金或嚇阻競選資金流向對手陣營。在1985年愛達荷州民主黨籍的州長伊文斯（John Evans）將他進行的民調結果寄給許多政治行動委員會（political action committees, PACs）以及可能捐助政治獻金者。該模擬對決的民調結果顯示出伊文斯在角逐參議員的席位上，與該州的共和黨參議員希姆斯（Steve Symms）打得難分難解。伊文斯的行動是對競選資金捐款者釋出清楚的信號：他在1986年的有大好的機會打敗希姆斯，因此值得他們投入政治獻金

（Rothenberg 1985, 11）。儘管伊文斯最終是以些微差距落選。

往往在公布的民調中顯示候選人聲勢不振時，候選人會試圖攻擊該民調的可信度與相關程度來降低對募款與志工志氣的潛在傷害。該候選人可能會反駁：「唯一算數的民調是選舉日當天的結果」，並且列出以往錯誤的民調來佐證。在一個針對1992年老布希陣營對負面民調結果所做回應的研究中，Bauman與Herbst（1994）發現三個主要的回應。首先是（往往有效的）堅定地回應：太早的民調結果不該太相信；其次是抨擊民調的執行者以及報導民調的記者；最後是發布自己進行的民調來反制其他公布的民調結果。在其他的情況下，攻擊民調可能是攻擊其研究方法相關的議題，像是挑戰其樣本、問卷題目的措辭、或題目所在的前後脈絡。

不論這些批評的優缺點，很清楚的是被民調「傷害」的候選人，有強烈的誘因來質疑民調的可信度，讓別人認真地對待其參選。如果候選人的參選不被認真對待的話，其在吸引政治獻金以及像媒體報導等資源上，就會遇到困難。第六章有提到，在2010年俄亥俄州長的史崔克蘭（Strickland）／凱希區（Kasich）的競爭中，史崔克蘭很早就公布了他們自己內部的民調結果，以預防其他民調公布他大幅落後所可能造成的後果。

候選人有時會容許被民調拖著走。當被問到他們的選戰為什麼不利用特定的訊息策略時，競選團隊有時會回應說，已經測試該訊息或是競選主軸卻發現它對民調數字沒有影響。在很多情況下，這是正確的反應。不過，在有些情況下則否。測試選戰訊息或是競選主軸跟獲得主要媒體青睞或是更具企圖地主動獲得媒體報導然後再評估自己民調的聲勢，這兩件事情是不一樣的。在民調中的問卷題目，未必能完整地捕捉真實的政治與媒體的情境以及真正競選過程的影響。

候選人有時會精心地操縱競選或民調過程的各面向以製造民調結果來提升他的排名。例如，在1982年角逐俄亥俄州共和黨州長提名的四位參選人中，其中一位候選人塔佛特（Seth Taft）決定在俄亥俄州共和黨進行全州的民調來評估候選人的相對實力前，先進行電視的廣告。民調顯示塔佛特最先起跑，故提升他認真參選的公信力。無疑問地，塔佛特有名的姓氏以及技巧地在最佳時機打廣告，讓他在初期搶占民調中有利的位置，但他最終還是在初選中落敗。為了顯現比實際更強的選舉實力，候選人會在所屬政黨以及媒體所贊助的民調執行前夕，託播電視廣告與寄送競選廣告給選民。

候選人與競選總幹事也會技巧性地有選擇的透露其私下進行的民調資訊。這些私下進行的民調有時是經過刻意設計以得出想要的結果。譬如說，在詢問候選人的模擬對決題目之前，民調研究者可能會問一系列的議題問題或候選人的資格問題，讓受訪者會傾向支持特定候選人。但把模擬對決的訪問結果透露給媒體時，競選團隊不會告知放在模擬對決前面的那些題目。候選人也可以藉由抽樣程序控制民調的結果。舉例來說，如果一個候選人被視為較受女性選民歡迎時，那在白天進行訪問就有可能得到女性居多數的樣本。不過，當透露民調結果時，民調研究者卻不提樣本中性別的比例，也因此誇大了候選人的排名。

選民與記者應該對這種選擇性透露的民調提高警覺。一個小秘訣是當競選團隊拒絕透露更多的民調資訊，像是題目措辭以及題目順序時。這樣對民調的操控還不普遍，因為競選團隊使用他們認為有效的策略，畢竟絕大多數的競選目的就是要勝選。不論有效與否，「好的」民調結果，可以讓募款容易些，獲得媒體更多嚴肅的報導，並且激勵競選團隊與志工。民調的消費者只能儘量運用優良的判斷力來評估選舉民調結果，並期待新聞記者不會輕易成為他人操弄競選過程的受害者。

總統選舉過程中的民意調查

民意調查充斥在總統選舉過程的各個階段。在初選期間，關鍵州的媒體民調相當普遍，同樣的測量全國民眾對民主黨與共和黨總統候選人偏好的民調也很普及。在總統大選期間，主要的新聞機構與競選團隊本身定期進行民調。當競選的重大事件發生時，像是總統候選人的電視辯論，會有一連串民調馬上評估該事件的效果。

總統選舉中無所不在的民調，其效果是讓民調專家變得更重要。過去二十年來，個別的民調專家像是卡戴爾（Pat Caddell）、渥施林（Richard Wirthlin）以及葛林伯格（Stanley Greenberg）便在卡特、雷根與柯林頓競選總統時一舉成名。今天民調專家成為候選人競選核心策略小組的成員，決定了競選主軸與策略、媒體廣告、公開演說的行程，以及其他競選的關鍵工作。

民調不只是反映候選人在總統大選時當下的排名，民調以及民調的報導形塑了競選過程的每個環節。民調在競選的募款上也有工具性的效果，儘管其效果降低了。自從1976年開始，總統選舉便受公費補助，讓主要政黨的被提名人不必擔憂因為民調表現不佳而導致喪失政治獻金。在2008年，有些候選人拒絕公費的競選補助，因為他們相信自己可以私下募得更多競選經費，對這些候選人來說，他們在民調的排名對他們的募款有重要影響。不過，在1968年，許多民主黨支持者抱怨早期的民調顯示出韓福瑞（Hubert Humphrey）會在選舉中慘敗，而嚴重妨礙到其募款。但是在選戰的末期卻出現韓福瑞有勝選的可能，可惜財力卻不夠他進行最後一搏。相對於總統大選，在初選提名階段，符合資格的候選人只能得到部分的公費補助，而他們能獲得多少公費補助端賴他們能獲得多少私人財力支援。當候選人的民調結果不好，以及初選成績或是黨團大會的表現欠佳時，可能抑制潛在的政治獻金金主，去支持看似會失敗的競選團隊。

黨團會議與初選階段

民調與媒體對民調的報導的合併效果，在黨團會議（caucus）與初選階段，至少因為以下兩個原因而別具關鍵性。首先，許多候選人會試圖尋求被政黨提名為總統候選人。譬如說，在1988年有6個共和黨黨員及7個民主黨黨員尋求政黨提名。因為在2008年沒有現任總統尋求連任，所以民主黨與共和黨的參選人數比1988年還多。在無法均等地報導所有候選人的情況下，媒體把注意力放在最認真又有希望的候選人身上，而所謂有希望指的是候選人在民調上的排名以及他們所募得的款項。

其次，黨團會議與初選是接連舉行的系列選舉，媒體僅對一州選舉結果的報導可能會戲劇性地影響後續的民調與初選結果。舉例來說，在1984年葛蘭（John Glenn）的競選團隊在新罕布夏州的初選前一週便進行了民調，實際的訪問差不多是在愛荷華州的地方黨團會議時執行的，葛蘭在愛荷華州黨團會議的表現不如預期。媒體報導愛荷華州黨團會議結果時強調葛蘭的競選受到重創。葛蘭在新罕布夏州的民調顯示，在愛荷華州結果的報導出現之前所完成的民調中，受訪者認為葛蘭競選聲勢很強；但在報導出現之後接受訪問者，受訪者認為葛蘭的聲勢較弱。媒體報導與民調的合併效果在愛荷華州與新罕布夏州特別地顯著，因為各黨都從這兩州正式地開始選出參加全國黨代表大會的代表，以提名該黨的總統候選人。因為媒體會對他們進行正面且密集的報導，愛荷華州與新罕布夏州的「贏家」幾乎無可避免地在全國的民調獲得可觀的支持。

總統候選人的初選階段有點像是連續的、心理的賽局，當好的民調顯示，候選人競選聲勢強的話，會讓競選團隊更容易吸引到財源、志工與媒體報導；差的民調則產生反效果。但候選人在民調裡面表現搶眼與否，其實是受其得到媒體報導多寡所影響的。這就是為什麼愛荷華州和新罕布夏州這麼關鍵的原因。因為這兩州都是小州，也使得個人或媒體的競選容易進行，也使得比較默默無聞或原居劣勢的候選人，像是1976年的卡特（Jimmy Carter）、1984年的哈特（Gary Hart）、1992年的柯林頓（Bill Clinton）、2000年的馬侃（John McCain）或是2008年的歐巴馬（Barack Obama）可以因為表現地比預期來得好，而獲得媒體實質的報導。媒體報導拉抬候選人在民調的支持率，接著再增加候選人的媒體曝光與其可信度。

候選人在初選階段，以民調的資料來向選民展示，他們比黨內的競爭對手更能擊敗黨外對手，來尋求支持。對於此一現象在1976年有個最佳的例子，甚至可以追溯到更早的1968年。1976年的福特（Gerald Ford）與雷根（Ronald Reagan）為了獲得共和黨總統候選人的提名而相持不下；獲勝者極有可能在總統大選中面對前喬治亞洲州長卡特（Jimmy Carter）。不論誰贏得共和黨提名，福特的競選團隊承認南部會輸給卡特，但他們引用民調數據聲稱，福特是共和黨中在全國選區與卡特對決實力較強的候選人（Philip 1976）。1968年洛克斐勒（Nelson Rockefeller）角逐共和黨提名時非常依賴民調，因為洛克斐勒知道他很難贏得總統初選與黨團會議。洛克斐勒以他共同出資贊助的五十州的民調來挑戰領先的尼克森（Richard Nixon），看誰才是共和黨內最強的候選人。洛克斐勒也委託並公布一些關鍵州的民調結果，以顯示他在對抗民主黨候選人韓福瑞（Hubert Humphrey）時，比尼克森更具優勢（Crossley and Crossley 1969, 7）。洛克斐勒希望以他是該黨能提名的最強候選人的論點來說服共和黨的黨代表。更近期的例子，是凱瑞（John Kerry）在愛荷華州的黨團會議以強大的聲勢獲得第一名。伴隨著媒體的報導與全國民調的聲勢，讓他贏得最可能勝選的民主黨候選人的頭銜。有希望當選的印象，部分歸功於民調的聲勢，協助凱瑞贏得當年民主黨的黨內提名。

總統辯論與總統大選

民調結果與媒體報導的交互作用可由總統選舉前的總統與副總統辯論來說明。在辯論結束後馬上進行的民調，常與幾天後才進行的民調結果，有所差異。這個差異係因為辯論結束後與民調執行這段期間，媒體對辯論的評論內容所致。例如，在1976年的福特與卡特的辯論中，福特總統誤將東歐說成不在蘇聯的統治之下，但是實際上，當時蘇聯軍隊駐守波蘭，且波蘭政府和其他東歐地區的國家一樣均受莫斯科支配。在辯論後馬上進行的電訪顯示卡特以些微的差距領先獲勝。媒體在辯論後對福特的口誤有許多負面的報導，但是福特的競選幕僚並未技巧地平息媒體的批評。因此，卡特原本的些微領先在後續民調中發酵，讓民眾壓倒性地認為卡特是該次辯論的獲勝者。

「贏得」辯論可能主要是因為媒體對候選人表現的報導與詮釋，而候選人在辯論中的實際表現倒是其次。這是為什麼ABC新聞網在1980年卡特與雷根的辯論後，所贊助的叩應民調特別地具有殺傷力。ABC新聞網邀請觀眾撥打他們公布的兩線電話號碼，撥打其中一線代表他們認為是雷根獲勝，而撥打另一線是卡特贏了辯論；每一通電話觀眾要支付50美分的成本。儘管用這個方法隱含了觀眾自我選擇與經濟狀況較好者較會撥打的偏誤，加上許多公民在完成該通電話時碰到的許多技術性的問題，但是，ABC新聞網宣布雷根在該次辯論以二比一的比例勝過卡特。理想上來說，美國人應該視這個立即民調既愚蠢又不健全。不幸地，因為這是對辯論首波公布的大規模民眾回應，該民調及ABC的報導塑造了後來對於誰贏得辯論的認知。在2000年小布希與高爾第一次的總統辯論後，科學的民調通常顯示高爾以些微差距獲勝。然而，許多具有受訪者自我選擇與不具代表性樣本的網路與收音機的叩應民調，卻顯示小布希才是大贏家。幸運的是，當媒體討論辯論的民調時，他們聚焦在科學性的民調上。不過，廣播人員因為依賴立即的當夜民調，而受到抨擊。

當民調已成為媒體所報導的黨代表大會演說與總統辯論等重大競選事件的一部分時，新聞機構很快地將當夜民調與即時民調放進他們的報導中。不過，全國民意調查協會（National Council of Public Polls, NCPP）（2000）就呼籲：

> 新聞價值與好的民調方法之間的衝突之處，是媒體偏好能就戲劇性的事件，提供立刻反應的「即時」民調。……
>
> 民調的觀眾與報導民調的媒體，要提的一個關鍵問題往往是：「這個調查訪問了幾天？」一般來說，調查進行地愈久，樣本的品質就會提升。……
>
> 所有的調查都沒能訪問更多受訪者……因為民眾會去渡假、去出差、去串門子、購物、外食、或就是因為太忙而無法接聽電話。這是為什麼最可靠的電訪，會在不同天打個三通、四通甚至更多通的電話以接觸受訪者來完成訪問。顯然地，當夜進行的或幾小時內完成的民調根本不可能做得到，也因此他們的成功率就低得多。
>
> 也因此那些因為沒被接觸到而沒被訪問到的人，他們非常有可能在意見上與受訪者有些微的差異；但是隔夜的民調，因為只有非

常低的成功率，比起多天多次回撥去追蹤的民調，就更有可能存在實質的偏差了。

在決定哪個候選人得以參加總統候選人的辯論上，民調也扮演了重要的角色。在1980年，身為辯論贊助者的「女性選民聯盟」（League of Women Voters），決定邀請在民調中支持率超過15%的候選人參加辯論。當時，真正的關鍵在於，獨立候選人安德森（John Anderson）是否能通過這15%的門檻。不同於1980年，在1996年時，所有的獨立與小黨候選人皆不能參加辯論會，裴洛（Ross Perot）與其他候選人要求法院駁回這個決定，但沒有成功。這是由「總統辯論委員會」（Commission on Presidential Debates）所決定的，該委員會由共和黨與民主黨各五位代表組成。他們決定辯論的形式以及誰能參加。民主黨與共和黨的被提名人（柯林頓與杜爾）自動成為辯論的參加者，但其他黨的候選人要展現他們擁有當選的實際機會才會被邀請參加辯論。也就是，他們須展示具有全國性的組織、全國性的新聞價值，以及全國選民對他們的熱情支持（Hernandez 1995）。一個候選人在民調上的支持度可以是全國選民對他的熱情與否的一個指標。在檢視完裴洛在全國民調的支持度不高以及其他證據之後，該委員會判定他不大可能當選，而排除讓他參加辯論。

總統大選的辯論不應費神在最愚蠢的候選人數目，但排除裴洛這個決定恰當嗎？裴洛畢竟出現在所有五十州的選票上，在1992年他從選民得到19個百分點的選票，且他有超過2,000萬美元的公費競選金資助他在1996年的競選。儘管委員會用來排除裴洛的民調資料顯示，他只獲得5%美國民眾的支持率，但其他民調卻顯示有超過70%的美國民眾希望裴洛參與辯論。而且，雖然裴洛在1996年民調得到5%的支持度和他在1992年同樣時間點的民調支持度相仿，但裴洛在1992年最後卻獲得了五分之一選民的支持。裴洛學到了：使用民調支持度來排除候選人參加總統大選辯論，其實是創造了自我實現的預言。如果一個在民調支持度差的候選人，排除其參加總統競選中能見度最高的活動，只會更加侵蝕該候選人的支持率，畢竟選戰已經進入最關鍵的倒數幾週了。

在2000年類似的情形也發生過，那時總統大選辯論委員會再次決定使用民調的支持度作為能否參加總統辯論的評判標準之一。該委員會從勞工節之後進行的民調中訂出了15%支持度的門檻。兩個最有希望的少數黨候選人，納德（Ralph Nader）與布坎南（Pat Buchanan），因為無法達到這個門檻而被排除。這個情形讓「改革黨」（Reform Party）提名的布坎南特別感到挫折，該黨因為在1996年選舉的表現而獲得1,200萬美元的公費補助。

選舉預測何時與為何失準

大多數的民調都能準確預測。儘管如此，民調研究者也曾犯下一些惡名昭彰的錯誤，像是1936年《文學文摘》的民調（在第四章討論過），以及在1948年總統大選的民調指出共和黨的杜威（Thomas Dewey）會擊敗民主黨的杜魯門（Harry Truman）。1948年的失準預測大致可以歸因於該民調使用配額抽樣的方法，更重要的是，遠在選舉舉行之前，民調即停止進行，也因而並未反映出許多民主黨的變節者回流到杜魯門的情況。事實上，最後的幾次民調也僅顯示杜威只以5個百分點領先杜魯門，且整個趨勢是杜威的領先差距持續縮小。

全國性的民調也曾在其他幾個重要的選舉失準。例如，在1980年它就無法預測雷根獲勝的幅度。大多數的民調顯示會是非常激烈的選戰，但雷根卻以10個百分點擊敗卡特。這些差勁的選舉預測肇因於許多民調無法持續做到選戰結束，也因此無法捕捉到尚未決定者與獨立選民在最後一刻對雷根湧現的支持熱潮。1980年在州這個層級的民調，就能較準確地預測雷根大幅度的勝選。

整體來說，在1992年總統選舉的民調是相當準確的，雖然評論家對有時互相矛盾的民調結果與媒體報導方式的氾濫表示關切。一部分的批評將焦點放在蓋洛普一直執行到選戰尾聲的追蹤民調。那個受到媒體相當程度關注的民調（Traugott 1992），在選取樣本上、未決定選民的選票分配方法上，以及，更重要的是，從分析註冊的選民改為分析可能去投票選民等的方法的改變上，都引來很大的關切，也造成了媒體與大眾對於柯林頓與老布希得票差距實際縮小的幅度，感到困惑。

在1996年選前的民調正確地預測了柯林頓將會贏得連任，但有些民調卻遠遠高估他和挑戰者的勝負差距。在那些試圖預測眾議院各黨席次分配的民調中，即使就在選前進行的各家民調也出現差異很大的不同估計，有些民調預測民主黨會大勝，有些民調預測民主黨會小勝，還有的民調則預測共和黨小勝。政治學者雷德（Everett Carl Ladd）將1996年描述成民調專家表現得非常糟的一年——是個「美國的滑鐵盧」（1996）。雷德批評民調誇大柯林頓的勝利差距，並責怪民調與新聞媒體做出柯林頓將大勝的預測，重挫選民對結果的興趣，也降低選民投票意願。民調專家則為民調辯護；Newport（1997）及Morin（1997a）就指出：1996年的民調預測大致上是準確的。

選舉民調的真正問題也許不在其準確與否，而在於如何報導。有太多民調占據選舉新聞的篇幅，並造成賭馬的心態。民調排名的小幅變動往往過於受到重視，雖然（考慮了抽樣誤差後）那實際上不是什麼新聞，但卻被寫成令人喘不過氣的新聞內容。民調的排名，而不是候選人在議題上的立場，經常牽動候選人的媒體曝光。在選舉期間，對民調微妙細節之處的詮釋也失去了，特別是在有關方法論的層面上。此外，媒體也傾向把焦點放在他們自己的民調而忽視其他與之競爭的民調。

民調在2000年的整體表現還不錯，大部分全國性民調在選戰接近尾聲顯示出小布希與高爾的選舉結果將極為接近的共同趨勢。即使如此，18個在選戰結束前所進行的全國性選前民調中，有13個指出小布希領先，3個是平手，只有2個認為高爾領先。相較於小布希得到的48.3%選民票，高爾得到48.6%（Traugott 2001）。但是有些認為小布希領先的民調顯示他領先高爾5到7個百分點。雖然全國性的民調在2000年大致上表現得不錯，Rademacher與Smith（2001）發現：平均來說，有79個州層級的電訪結果是不準確的。對2000年的民調研究者來說，最不好的經驗（除了佛羅里達的慘敗之外）可能是新罕布夏州的共和黨初選，大多數的民調都顯示差距很小的情況下，馬侃卻以壓倒性的差距勝過小布希。對民調研究者來說，新罕布夏州的部分問題是：沒有政黨傾向的獨立選民可以在任一政黨的初選中投票，而有許多這樣的選民參加共和黨的初選並投給馬侃。而且，Smith與Hubbard（2000）指出：2000年「未表態支持誰」或獨立選民的投票率比正常情況高出許多。

2004年選前最後的全國性民調的表現非常好。Traugott（2005）發現：大多數民調的估計與最後的選舉結果非常接近，其中13個顯示小布希領先，5個是凱瑞，2個平手。許多最後州級選舉的民調也非常準確，特別是在工業化的中西部以及大湖區等兩黨短兵相接的幾個州。值得注意的一點是：當最後的選舉結果非常接近時，例如，共和黨獲得51%而民主黨獲得49%，則民調中顯示共和黨獲得49%以及民主黨獲得51%的結果時，雖然是「錯誤的」但是（在考量了抽樣誤差後，這）是非常準確的。

在2008年時，整體而言，選前民調再次命中目標。NCPP的一項分析（2008）顯示：在選戰尾聲報導的19個全國性的總統選舉民調與最後的選舉結果非常接近。同樣的，非常多的州層級的民調結果也表現得不錯，儘管在預測上的差異很大。Keeter（2009）與其同僚檢視2008年選前全國性以及州層級的民調結果後，得到大致相同的結論，不過，他們深入研究電訪使用的不同抽樣方式——只有訪問市內電話，還是同時訪問市內電話與行動電話——他們也深入檢視攸關選舉最後結果的幾個一級戰區之州級民調的表現。他們再次確認民調表現得不錯。在2008年民調的難堪之處在於新罕布夏州民主黨的初選結果。所有的選前民調錯誤地預測歐巴馬會勝過希拉蕊，有些還說歐巴馬得票勝率會超過希拉蕊達雙位數。實際結果是希拉蕊以超過3%的差距贏得該州的初選。這些錯誤的調查結果被視為當今最差的民調結果之一，許多民調研究者與分析家試著找出服眾的解釋。許多常見的推測被提出來，包括：民調無法掌握的最後關頭投票轉向、對希拉蕊的隱性支持者或是對歐巴馬的隱性反對者、無政黨傾向的獨立選民參加民主黨初選或是共和黨初選的比例，以及新罕布夏州最後參與投票民眾的不可預測性〔參考Ramirez（2008）、Dilanian（2008）、Kohut（2008）、Zogby（2008）以及Frankovic（2008）對於該次民調什麼地方出錯的洞察與推測〕。值得一提的是，相同的這些民調在共和黨新罕布夏州的初選上，預測得相當好。

預測的準確性有賴於好幾個因素。以下將檢驗其中五個因素：選前調查的時間點、對於未決定選民的處理方式、選民投票率的估計、選民回答的真實性，以及改變中的政治與經濟氣候。

調查的時間點

選前的民調愈接近大選時執行，結果可能愈準確（Felson and Sudman 1975）。較晚執行的民調可以捕捉到，最後時刻的事件以及選戰活動可能對選舉結果造成之影響。相反地，選戰早期的民調主要反映選民對候選人的熟悉度與對現任者表現的印象。選戰初期，選民對候選人瞭解的資訊不多，因此，在他們獲悉參選者的一些新資訊後，他們的態度極有可能會改變。因此，在總統初選時的民調，往往不如在總統選舉期間的民調來得準確。在初選期間，尤其是在初選早期有大量候選人時，資訊的層級低，選民對候選人支持的堅定程度也低。

在一個廣泛分析影響選前民調準確性因素的研究中，Crespi（1988）發現：選前民調進行時間距離投票日的近或遠，是最重要的因素。次重要的因素則是勝負的差距，接著是投票率或該選舉是否為初選。這些研究發現提醒我們，如果民調更能夠辨識出可能去投票的選民，並在選戰尾聲掌握選民偏好變動的趨勢的話，準確性就會愈高。這個提醒和民調無法正確預測老布希在1988年新罕布夏州共和黨的初選會輕鬆獲勝，有直接的關係。為何大部分的民調都錯得離譜？蓋洛普民調公司解釋說，因為過早停止民調（在週二大選前的週日下午四點就停止了），而未能捕捉到最後的突破性發展（Grove 1988a）。正確預測老布希會獲勝的那個民調，就是CBS進行的，它包含了一個在選前的週日與週一進行的追蹤民調（Morin 1988a），也再次確認了Crespi所提醒的：愈接近選舉日執行的民調愈準確的建議。很清楚地，如果在選戰中有最後的突破性發展，像是國際危機或有人爆料醜聞的話，唯有在事件發生之後所進行的民調才能夠抓住其對民眾投票抉擇的影響。Lau（1994）分析1992年總統大選準確性，他發現進行多天的民調會比只進行一晚的民調來得準確。Lau也發現追蹤民調比標準的民調來得更準確，而在上班日與週末都訪問的民調會比只在上班日進行的民調來得準確。

對尚未決定選民的處理方式

當受訪者表示他們還沒決定要投給誰時，背後可能有很多不同的意義。有些人因為尚未取得足夠的資訊，所以真的沒辦法做抉擇，但這個比例的選民可能並不多。其他人可能不大認識其中一位或是多位候選人，因此也不願做抉擇。此外，「尚未決定」對那些不願向訪員透露投票意向的受訪者來說，可能是個安全的答案。

經由蓋洛普民調組織長久以來所使用的秘密選票技巧，我們找到了關於上述第三種選民可能性的證據。在該程序中，訪員給受訪者一張選票，並要求受訪者進行圈選，再將摺疊後的選票投入票箱。Perry（1979）指出：用這種方式得到的尚未決定的比例，是依照標準民調程序詢問受訪者投票偏好，所能得到的未決定比例的三分之一到四分之一（值得一提的是，秘密選票的技巧只能在面訪時使用）。

民調研究者可以完全忽略尚未決定的受訪者，並只將已經表態支持對象的受訪者之訪問結果製表就好了，但是，當尚未決定者跟已表態者存在差異時，這樣的程序會有嚴重的瑕疵。另一個處理尚未決定選民的方式，是說明他們的個案數，然後假設他們在投票時會如同已決定的選民一般，然後按相同比例分配給個別候選人。因此如果已決定的選民中有60%投給民主黨，則將尚未決定選民中的60%分配給民主黨。當兩位候選人擁有相同的知名度且我們沒理由懷疑在未決定選民中會有其他不尋常的情況時，這也許是個合理的法則。

不過，當一位候選人廣為人知、另一位則否時，如何處理尚未決定者就比較頭痛。在選舉中，如果一方是大家熟悉的長期現任者，另一方則是相對籍籍無名的挑戰者時，尚未決定者可能反應的是認為現任者表現不佳。在1978年俄亥俄州眾議員柯菲斯（Charles Kurfess）挑戰現任的羅德（James Rhodes）州長，爭取共和黨的黨內提名。當時羅德已做滿三任各四年任期的州長，並角逐四連霸，他是俄亥俄州共和黨內知名的戰將。由柯菲斯競選團隊所進行的基點民調顯示：受訪者以66%比6%的比例，分別支持羅德與柯菲斯，但有28%是尚未決定者。選舉結果是67%對33%，由羅德獲勝。在沒有定群追蹤樣本的資料下，我們不可能很肯定地論斷，說大部分尚未決定者選民轉而支持柯菲斯，但在這個案例中，認為尚未決定者對現任者具有負面評價似乎是說得通的。在對於其他訪問問題的回應上，這些尚未決定的選民壓倒性地偏好新的候選人來競選州長。

尚未決定的選民之行為，也是讓1989年的兩個選舉——紐約市市長選舉以及維吉尼亞州州長選舉——的選前民調，無法反映實際選舉結果如此接近的部分原因。雖然民調準確地預測了誰會當選，紐約市的狄金斯（David Dinkins）以及維吉尼亞州的魏爾德（Douglas Wilder），但民調過於高估他們勝選的差距。魏爾德在維吉尼亞州只贏不到1個百分點，而選前民調認為會有兩位數以上的差距。狄金斯在紐約市以差不多2個百分點的差距勝選，但民調顯示他會贏14到21個百分點（Balz 1989）。這兩個選舉受到媒體大量的報導，因為狄金斯與魏爾德兩個人都是首次贏得他們各自競選職位的黑人。民調專家相信，如果白人選民在黑白對決的選舉中表示尚未決定要投給誰時，將會一面倒地投給白人候選人，那麼造成狄金斯與魏爾德的選戰中民調錯誤的一個原因，就是那些尚未決定白人選民一面倒（支持白人候選人）的行為。在狄金斯與魏爾德的勝選中，其他導致民調與選舉結果差異的原因是：訪員的種裔效應、投票率高低，以及在最後時刻選民偏好的轉變。然而，事實仍是：當許多白人選民在黑白兩位候選人競選公職時，即使已經決定要投票給白人候選人，但其仍然會在回答訪員的詢問時表示，他們還沒決定投給誰。

選舉投票率的估計

民調研究者面對最難的任務，可能是估計受訪者中，誰會真的去投票。如果去投票者與不去投票者的偏好相同的話，這個任務就不是問題。但往往這兩個群體之間的差異非常明顯。在2010年的期中選舉，正確地估計民主黨與共和黨支持者的投票率，對於選舉預測正確與否非常關鍵。大多數民調研究者觀察到一個熱情的鴻溝（enthusiasm gap）：共和黨的支持者比民主黨支持者更想去投票且對他們的投票支持對象更為堅定。實際上，許多民調在報告預測結果時，會以全體註冊選民為基礎也會以可能投票選民為基準，也因此兩種的預測結果差異很大。例如，在2010年的10月18日，蓋洛普以註冊的選民為基礎的預測結果顯示：在國會選舉中，共和黨領先民主黨5個百分點。不過，在可能投票的選民中，在不同的投票率計算之下，共和黨的領先幅度拉大到11到17個百分點。CNN一系列有關參議院的選舉民調也顯示：民主黨在已註冊選民中的表現比在可能投票的選民中來得好。在科羅拉多州，共和黨的巴克（Ken Buck）在可能投票的選民中，領先民主黨的班奈特（Michael Bennet）達5個百分點，但在註冊選民中卻落後3個百分點。在威斯康辛州，共和黨的強森（Ron Johnson）在可能投票的選民中，領先民主黨的范高德（Russ Feingold）6個百分點，但在註冊的選民中落後2個百分點。在賓州，共和黨的圖米（Pat Toomey）在可能投票的選民中領先民主黨的賽斯塔克（Joe Sestak）5個百分點，但兩人在註冊選民中卻打成平手。

許多州採用提早投票後，讓確認可能投票選民的工作變得更具挑戰性。有人可能會認為：如果提早投票的民眾是那些原本在投票日就會去投票者，那採用提早投票，並不會改變我們預測參與投票與否的模型。但是，提早投票會不會因為大規模的動員而讓選民人數大增？例如，在2010年俄亥俄州民主黨的主席瑞德分（Chris Redfern）指出：有了提早投票之後，他必須在投票站開放時間的三十五天而不是投票日那天的十三小時中，將民主黨的選票催出來。雖然民主黨在2010年失去了俄亥俄州級的公職選舉，但是，瑞德分認為，如果沒有提早投票的話，州長選舉就不會選得如此激烈與接近。

多年以來，民調研究者用各種不同方法來預測選民會不會去投票。蓋洛普民調組織運用一組題目建立的指標，從全體樣本中，來確認其中可能會去投票的一群次樣本（Perry 1979, 320-321）。這些題目包括：受訪者表示會不會去投票的意向、有無登記為選民、過去投票的情況、知不知道投票所位置、對於一般政治事務的興趣、對這次選舉的興趣，以及對候選人偏好的強度。因此，在1976年蓋洛普對於總統選舉進行的最後一次調查中，當以所有的受訪者進行分析時，卡特會以48%領先福特的43%；而麥卡錫（Eugene McCarthy）與其他候選人共獲得了4%；至於尚未決定的選民與拒訪者共計占了5%。但當調查只考慮可能會去投票的選民時，卡特以48%比46%領先福特；其他的候選人得到2%；尚未決定的選民與拒訪合計占了4%。Morin（2001b）指出蓋洛普民調組織用來辨別可能投票選民的指標，迄今仍然非常好用。

其他的民調研究者使用類似的程序。例如，哈特（Peter Hart）曾使用受訪者的是否登記、過去選舉的投票參與情形、對這次選舉投票與否的意向、對此次選舉感不感興趣及其重要性的估計、認不認識候選人與投票所在哪裡（Goldhaber 1984, 49）。CBS新聞網／紐約時報在1998年的一個民調中採用辨識可能去投票者的方法是：回答在1996年或1994年有去投票者、對目前選戰關注者，以及表示一定會在11月去投票者。在1994年與1996年都曾去投票的受訪者，被界定為非常可能去投票者（Kagay 1998）。CBS新聞網／紐約時報的分類中，一個有趣的結果是：如果受訪者愈想去投票，他對共和黨的支持傾向愈高。例如，在1998年已經登記選民在民調中顯示：他們之中45%支持民主黨而有37%支持共和黨。但在可能去投票的選民中，民主黨只以47%領先共和黨的42%；而在非常有可能去投票者中，共和黨以48%領先民主黨的44%。

因為追蹤民調無法正確預測1988年新罕布夏州初選的結果，ABC新聞網／華盛頓郵報的民調研究者改變了他們判斷可能去投票者的方式（Morin 1988b）。ABC新聞網／華盛頓郵報的民調研究者在新罕布夏州的民調只問登記的選民，他們投票的機率是一定會去投、很可能會去投、去或不去投票的機率是五五波、或者他們可能不去投票。任何人說他當然會投票就被認定為可能的投票者。由這個方式產生樣本的投票率，是真正投票率的兩倍，主要是因為民眾即使實際不去投票但是會說他們將去投票，因為他們希望把自己塑造成好公民。因此ABC新聞網／華盛頓郵報決定建構多重的判定標準來認定可能會去投票的選民。例如，受訪者必須說他或她在1986年曾投過票也確定在這次會去投票。此外也考慮其他因素，像是對候選人支持的堅定程度。當我們採用更嚴格認定可能投票者的標準時，我們會得到更準確的結果，但同時在選舉預測時，會將樣本中更多的已登記選民剔除在外。

《可倫坡電訊報》則採取了一個較不同的方式，它使用了郵寄問卷進行調查。在第四章曾討論過，郵寄問卷的成功率較低，且回答者的樣本代表性無法確定。《可倫坡電訊報》從登記註冊的選民名單中選出樣本，以郵寄問卷的方式寄給他們，來部分地修正這些問題。在1994與1995年，電訊報使用郵寄問卷進行調查，但同時另外委託蓋洛普公司以電訪進行調查。電訊報的郵寄問卷調查結果大體上比蓋洛普的電訪來得準確，很有可能是因為郵寄問卷在估計有可能投票的選民上，表現地較電訪來得好。任何填完並寄回郵寄問卷的民眾，就有可能具有如可能投票選民一般的某種動機；而蓋洛普篩選可能投票選民的方式只是詢問登記註冊的選民他們會不會去投票而已。

Visser等人（1996）對電訊報的郵寄問卷民調，以及由艾克朗大學（University of Akron）與辛辛那提大學（University of Cincinnati）對於1980到1994年針對俄亥俄州選舉所執行的電話訪問，進行了深度的比較分析。整體來說，電訊報在選前最後的民調的選舉預測比起那些電訪民調得出的結果，要更為準確。其預測較佳的優越性有許多原因：樣本數比較大、問卷和實際選票極為相似、在回答的選項上拿掉了尚未決定的選項也就不必再分配尚未決定者，以及抽樣與回應的程序讓其獲得更具代表性的樣本。因此，與傳統智慧相反的是，郵寄問卷雖然只有25%的成功率，其選舉預測卻比電訪來得更為準確。更令人訝異的是，電訊報的選前民調，要求受訪者在投票日前的星期四寄達郵寄問卷。因此在投票日前的週末，無法蒐集到任何資訊，而在這段時間內有可能發生選民偏好出現可觀變動的情況，但是電訊報的民調卻依然較為準確。《可倫坡電訊報》的經驗可能會讓民調研究者重新思考民調的一些傳統智慧。

受訪者說謊嗎？

顯然地，如果受訪者對調查者說謊，民調預測的正確性一定會減低。但是受訪者為什麼要說謊？一個明顯的答案是他們實際不想去投票但是他們說他們打算去投票。我們無法只以詢問受訪者會不會去投票而確認他是不是可能會去投票的選民，因為很多受訪者會說謊而給予正確的以及社會期待的他們會去投票的答案。畢竟，好的美國公民應該去投票。

受訪者也可能在其他題目說謊，像是他們願意支持具有特定宗教背景、種族或是族群團體、性別或是性取向的候選人。在訪問的情境中，一些受訪者或許會覺得他們需要給一些他們認為是社會期待的回答，儘管他們本身並不是真的打算那樣投票。這個現象會發生在白人選民宣稱會支持非洲裔美國人（即俗稱的「黑人」）的候選人的情況下，儘管事實上他們不會真的投票支持。在1982年加州州長選舉中，洛杉磯市長布雷德利（Tom Bradley）是一位民主黨的黑人候選人，儘管選前民調顯示他以相當幅度領先，但最後卻以些微票數敗給共和黨候選人。對於顯前民調與實際選舉結果的差異所給予的解釋相當簡單：一些白人選民不願意透露他們對黑人候選人的反對。這就是所謂布雷德利效應（Bradley effect）的由來。

所謂布雷德利效應可以擴大為不僅限於候選人族裔的背景而產生的隱性反對。過去美國民眾有沒有謊稱他們支持天主教候選人？美國民眾是否全然願意讓民調研究者知道他們對於投不投給摩門教徒、猶太人、女性、拉丁裔或是同性戀總統候選人的真正感受？從候選人的族裔背景來說，當前的布雷德利效應似乎非常小（Hopkins 2009），在2008年總統選舉前，對於歐巴馬的候選人身分上會不會有所謂布雷德利效應的討論不少。一些觀察家說不會產生，因為美國社會已經改變，且候選人的族裔不再像二十年之前是一個那麼顯著的因素了。其他觀察家則指出，歐巴馬需要在民調中維持超過五成以上的支持率以實際贏得選舉，因為未決定的選民可能會因為他的族裔背景反對他，而一些民主黨的白人選民也許會對民調研究者謊稱他們願意投票支持民主黨的黑人候選人〔對於此一議題的不同觀點，請參考Altman（2008）、Barth（2008）、Carroll（2008）、Fulbright

（2008）、Greener（2008）、Holmes（2008）、Levin（2008）、Morrison（2008）、Novak（2008）以及Silver（2008）〕。事實上在2008年的選前民調與實際選舉結果相當一致，顯示並沒有明顯的布雷德利效應。Keeter與其同僚（2009）執行了一個更為精緻與複雜的分析，也發現在2008年選舉時，布雷德利效應非常小。

變化的政治與經濟氣候

當選民按照過去模式投票時，民調的預測最佳，在1982年的民調即為一例。在1982年選舉預測的表現不佳，是因為一直低估了民主黨支持者的投票率。因為經濟蕭條加劇、工會以及黑人組織對會員進行有效的動員，使得那年的民主黨支持者投票率高過預期。而且，失業者的投票率通常較低，但1982年的選舉卻是例外，因為許多剛失業的民眾先前是固定參與投票者，且他們該年投票的比例也遠高過預期（Rothenberg 1983, 8）。

在1982年的選舉競爭中，對民調產業的名聲造成最大傷害的，當屬伊利諾州的州長選舉。大部分的民調預測現任的共和黨州長湯普生（James Thompson）會贏民主黨的史蒂文生（Adlai Stevenson III）達15到20個百分點，但當選舉結果揭曉，湯普生僅以0.2個百分點勝選。

Kohut（1983）以及Day與Becker（1984）檢視了許多伊利諾州民調正確性的待驗假設。他們排除了像是沒有捕抓到選民在最後一刻改變立場等的可能缺失；民調一直進行到投競選結束的投票日前，結果仍顯示湯普生將大勝。對可能投票選民的估計太差勁的可能性也被排除。民調的不佳表現，反而歸因於民主黨認同的一致投票之熱潮，其中包括了一些喜歡湯普生勝過史蒂文生，但最後仍投給所有民主黨各公職候選人的選民。在芝加哥的民主黨組織將資源砸在「選票蓋給10號」（Punch 10）（也就是將各公職候選人的選票都一致投給民主黨候選人）的媒體造勢，這個方式在黑人區特別有效，它也是反雷根行動的一環（Kohut 1983, 42; Day and Becker 1984, 613）。因此，對於該次伊利諾州民調災難的正面部分，是因為政黨組織和動員的成功，該發展是難以藉由民調手段加以預期或是評估的。

另一個民調失準的例子發生在1994年國會的期中選舉，共和黨的勝利比投票前數週所進行的民調來得更為徹底。或許部分可歸因對民主黨支持者與共和黨支持者可能投票選民估計的困難，但距投票日前十天的事件也有可能影響到投票結果。舉例來說，柯林頓總統密集又大量曝光的競選造勢活動，就有可能將原本地方性的選舉全國化，讓共和黨因此獲益。投票日前夕所進行的民調大致上準確地預測了共和黨的大勝，許多選區在選前最後一週的聲勢變化，也讓共和黨獲益。相似的情形也發生在2002年國會的期中選舉，其中投票結果顯示共和黨實際贏得的支持比選前數週所進行的民調來得更多。有些人將共和黨的強力表現歸因於小布希總統有效又密集的競選活動，以及共和黨在設定關鍵議題上的能力較佳。

在2006年的國會期中選舉，選舉結果反映選前民調所預測的：民主黨在美國眾議院獲得結結實實的勝利。各種不同的指標，像是一般國會選舉投票意向的問題（只問你要投給哪一黨而不是特定的候選人）、國會的滿意度、總統的滿意度、對伊拉克戰爭的態度、對經濟問題的關注程度、對健保或是貪污等議題的態度，以及其他許多問題，都指向民主黨會重新取得眾議院的控制權。即使在選前最後一週，有許多對於選前政治氛圍轉變可能會影響選舉結果的臆測。總統的助選以及共和黨著名的最後七十二小時努力能不能保住共和黨的國會多數？凱瑞笨拙的笑話會不會傷害民主黨？電視上對於伊拉克情勢變得更為凶險的報導與畫面會不會傷害共和黨的選情？美國民眾對於最近的局勢發展有何反應？在這波民主黨勝選的聲勢下，過去國會選舉重劃的方式能不能保住共和黨的席次？在2010年一般國會選舉投票意向的問題、對國會的滿意度、對現任國會議員的滿意度、對經濟問題、對赤字、對健保改革以及其他議題的態度，都指向共和黨將重新掌握眾議院的多數，且大幅縮減民主黨在參議院的優勢。上述兩個結果都發生了。

選前民調如何影響選民

有關民調如何影響選民的臆測經常聽見但卻相互矛盾。有些觀察家認為：當民調顯示某個候選人領先，會讓落後候選人的支持者改變他們的偏好而跑去支持民調領先那位候選人。其他的觀察家則強調「落水狗效應」（underdog effect）：他們聲稱有同情心的選民會支持民調看似要落選的候選人。很少有強有力的證據可以支持以上任一種觀點。「西瓜效應」（bandwagon effect）存在的話，會需要領先的候選人持續拉大他們和對手的差距，而「落水狗效應」則會讓預測選情不看好的候選人逆轉勝。上述單純的效果從未一致地出現過。

由de Bock（1976）所進行的實驗研究發現，令人洩氣的民調結果會讓候選人原來的支持者降低支持度與去投票的動機。不過，這個發現似乎受到實驗設計本身所影響，因為在實驗中接觸到負面民調的效果，會比現實世界來得更為直接。其他實驗研究則顯示出民調會鼓勵民眾對「落水狗」的支持，雖然這樣的效應並不強（Marsh 1984）。

在1985年ABC新聞網與華盛頓郵報共同進行的民調，試圖瞭解民調對於選民抉擇的效應。民調中問了一組美國民眾的樣本：他們知不知道1984年選舉中，哪位候選人的民調較高，以及那些民調是否影響了他們的投票行為（Sussman 1985d）。78%的受訪者正確地指出那些民調認為雷根會勝選，7%說是孟岱爾，15%不知道或不記得民調結果。在這些正確地指出雷根在民調中領先的78%的受訪者中，有4%的人說民調幫助他們投給雷根，4%說民調使他們投給孟岱爾，而93%則說沒有受到影響。Sussman總結地說：選前民調對於投票並沒有任何明顯的影響，因為支持孟岱爾的效果剛好跟支持雷根的相互抵消。

但是，任何引用Sussman的研究，需要權衡以下三個因素。第一，要求民眾在選舉結束七個月後，再回憶他們當時的想法是有風險的，因為人總是健忘的。第二，Sussman研究的程序是需要民眾很明確地回憶民調有沒有影響他們；但民調可能是在不知不覺中影響的。第三，有些民眾或許不願承認民調影響他們的投票，以免讓他們看起來像是因不當原因而做出投票決定的。儘管有這些保留，大體上，Sussman的結論是可信的，特別是對1984年的選舉。

西瓜效應以及落水狗效應可能會也確實會發生，但它們影響的程度很小，甚至是微不足道的。民調藉由對於競選經費的捐款人、競選團隊工作人員、媒體報導的影響，而間接對選民產生效果。除了影響選民行為外，民調還可以影響民意本身，第九章會說明這個主題。例如，當意識到民眾對一個議題的意見出現改變，這個訊息可能會引導民眾支持新趨勢所傾向的立場。或是當他們知道自己的觀點不被其他民眾所認同，他們可能變得不願表達意見。民調最重要之處，在於讓民眾瞭解政治以及競選過程，並鼓勵他們蒐集資訊以及關心選舉。基於民調在選舉與政治談論的顯著性，不管民調的本意為何，民眾都應該瞭解民調的益處及其可能被操弄的事實。

結論

大體來說，美國的選舉民調都非常準確，特別是由有知名的媒體與民調組織所執行或是贊助的民調。在民調的運用以及自由選舉的歷史較短的國家，民調的過去記錄就沒那麼讓人印象深刻。例如，俄羅斯在1993年12月舉行史無前例的多黨選舉中，民調研究者的表現就蠻糟糕的。Shlapentokh（1994）描述道：民調研究者沒能預測出哪個政黨會獲勝以及政黨的得票順序。有些國家的民調會因為專業技術不足，或是文化的限制而出現問題。例如，光是抽出好樣本就困難重重：擁有電話的人可能並不普遍，同時居民的居住單位數量（特別是在鄉下地方）有可能是錯的。在極權政府的傳統與壓迫下的人民可能會擔心接受陌生人的訪問，而不願參加民調或是提供真正反映他們真實想法的答案。如同一位俄羅斯分析家評論在前蘇聯執行民調的困難：「你談的是從30,000個村落以及超過1,000個城市中進行抽樣。你必須到一些幾十年來藐視公權力的地方，然後詢問民眾他們內心最私人的恐懼——關於未來。你能期待這些受訪者將他們心裡

的想法告訴那些未曾謀面的陌生人嗎？」（Specter 1996）

幸運的是，這些專業技術上與文化上的問題在美國就沒那麼普遍，同時美國選舉民調的過去記錄是令人滿意的。更多要考量的是民主國家中民調企業如何影響人民的行為。我們會在下一章討論民調如何影響民眾與社會的議題。

習題

1. 首先檢視在2004年或2008年在勞工節與投票日之間由兩個不同民調機構所進行的全國性的選前民調。注意這段期間內民主黨、共和黨，以及小黨候選人排名順序的變動。設法連接特定的競選事件與候選人民調排名的變化。接著比較兩個民調機構在這段期間內結果的相似與不同之處。

   接著，在同樣的時段內，挑出兩個州以及該兩個州層級的民調。找出的其中一個州其總統大選的競爭十分激烈，而另一個州的競爭則是一面倒。追蹤這兩個州民調結果的起伏。抽樣誤差如何影響你對於你所選出的兩個州中總統大選競爭的描述？
2. 民調研究者往往詢問美國民眾他們認為美國所面臨最重要的問題是什麼，以及哪一個政黨比較能夠解決這個問題。找出一個曾經詢問此類問題的民調機構，並追蹤美國民眾在2005年到2010年之間的回答分布。民眾在這段期間內回答的內容有何變化？你所發現的回答模式可否在總統大選與國會選舉中，民主黨與共和黨的競選策略與傳遞的訊息中找到答案？

第八章　分析與詮釋民調

前面幾章，我們已經說明民調如何執行、媒體如何報導，以及它們對選舉與競選過程如何產生影響。本章焦點將放在民調的最後產品——分析與詮釋民意調查的資料。

即使民調資料的統計分析是該產業的中心，但詮釋民調結果較像是藝術更甚於科學。民意調查人員對於決定要分析哪些題目、哪部分的次樣本全體要交叉分析，以及如何詮釋統計結果上，擁有很大的裁量權。以測量幹細胞研究的三個題目為例，調查人員可以從這三個項目建立一個指標，如第三章所述。或許受限於版面與時間，或許出於御繁為簡的考量，也許是那些特定的結果最能支持分析者個人的政策偏好，所以調查人員只強調其中一個題目的結果。另一個可能性是檢視全體樣本的結果，並忽略偏離整體趨勢的次群體的答案。這些都再次說明，報導時間與版面的限制或者調查者的個人偏好，都可能影響這些決定。最後，兩個調查人員對相同的調查結果，因為他們在資料分析的觀點與價值不同，而可能會以相當不同的方式來詮釋民調結果：杯子裡的水，可能是半滿，也可能是半空。

民調資料的分析與詮釋包含高度的主觀與判斷。在此脈絡下，主觀並不意味著刻意的偏私或扭曲，而是對於民調資訊的重要性與相關性單純地專業判斷。當然，新聞機構一般是以不具偏見的立場詮釋它們的民調。但是，偏見還是可能滲入（有時是無心的，有時是刻意的），例如，當新聞機構贊助一個民調來推銷某特定立場，因為民調的資料分析與詮釋是最後階段，很有可能對民意具有最直接的影響，所以，本章提出許多個案來說明，分析與詮釋民調結果的主觀性層面。

選擇要分析的題目

很多民調要處理的是多個面向且複雜的議題。例如，當研究者詢問美國民眾關於稅制改革的態度時，他會立刻發現：受訪者壓倒性地贊成更公平的稅制。不過，若詢問受訪者對稅制改革特定面向的看法時，他們的意見可能反映出高度的困惑、毫不在乎、甚至彼此矛盾。至於報告中會傳達出對於稅制改革的支持、冷漠、或是反對的意見，就要看研究者選擇的重點是哪個項目。美國對中東外交政策，是另一個高度複雜的主題，視研究者詢問民眾對政策的哪種層面的意見，我們可以找出他們分歧的回應。

在第六章討論很多關於全民健保的改革，也是一個需要很多題目來掌握該議題諸多面向的複雜主題。在第六章討論中可以發現，特定題目顯示了對於健保改革強烈支持的面向，有些則呈現實質的反對。當我們拙劣地選擇任何部分題目來說明美國人對健保改革的態度時，都會呈現扭曲的樣貌。特別是健保改革這樣的主題，因為許多美國民眾並未持續瞭解其內容，且大家在資訊蒐集上又有一定的落差時，該如何適當地分析資料就會讓人更擔心。

進一步地說，當公民只有不完整的資訊，在提供新資訊與新論點之後，其偏好會戲劇性地改變。如同Blumenthal（2009b）的研究所呈現，在健保論辯中的「個人強制納保」（individual mandate）的特性一般。一項凱瑟家庭基金會（Kaiser Family Foundation）執行的健康追蹤民調詢問美國民眾有關個人強制納保的問題：「請問您贊成還是反對，不論是經由民眾的雇主或是其他的機構，並對無法負擔費用者提供財務上協助的情況下，而要求所有美國民眾都要投保健康保險？」調查結果有66%支持這個規定，而有31%反對。接著，該調查詢問那些贊成的民眾：「如果這樣一來，意味著有些人會被要求購買他們認為太貴或是不想要的健康保險，那您的意見會如何？」這些原本支持的受訪者中，轉變為以73%比21%的比例，反對健保。同樣地，該調查接著詢問原先反對健保的受訪者，「如果這樣一來，保險公司仍然會拒絕讓已經生病的民眾納入保險，那您的意見會如何？」這些原本反對強制納保的受訪者中，轉變為以71%比23%的比例，支持健保。上述的例子讓我們看到，後續追問的問題是如何讓民眾對健保的意見出現劇烈的改變。原本的支持者，改以壓倒性比例反對，而原先反對者，也大幅朝支持方向改變。這樣的態度變化意味著，民眾對於健保改革態度並未發展完成，也進一步建議我們，針對這個議題要利用多項的問卷題目才能加以深入研究。

有些調查以多項的題目來深入建構一個主題的不同面向。在此情況下，研究者面對的難題，是要決定報導哪些結果。此外，就算進行了深入的分析，新聞媒體可能只公布分析的摘要，如此一來，民調的消費者須仰賴媒體，正確地描述整體的研究。透過贊助民調藉以展示民意支持特定立場或政策的團體或組織，往往選擇性地公布結果，以利該組織與其政策占據有利的地位。

相較於對特定研究主題的深入調查，一般性的調查，在一次調查裡囊括了許多的主題。研究者此時須確定，少數幾個針對特定主題的題目，的確可以衡平地掌握該話題的實質內容與複雜性。至於答案就留給上述兩類民調的消費者來判斷，看看他們是否得到該主題的關鍵資訊，或是其他不同的民調題目會得到不同的結果。

在公立學校禱告的議題是個很好的例子，可用來說明民調可能是不完整的，且潛在具有誤導性。一般民調研究者會詢問受訪者，他們是否支持在公立學校允許志願性禱告的憲法修正案。在民眾的回應方面，有超過四分之三的美國民眾表示他們支持這樣的修正案。但這個問題沒有問到重點。個人志願性禱告從未被禁止；真正的問題在於組織性的志願禱告。然而許多民調研究者卻沒有針對這個方向來詢問受訪者。是否有共同的祈禱文？如果有的話，誰來草擬？是否有人來帶領全班進行禱告？如果是的話，又會是誰？在什麼情況下及何時來進行禱告？不想參加禱告或是喜歡不同禱告文的學生又該如何？

專題的民調與一般的調查共同的困難是：針對特定主題進行調查的整組題目，通常媒體不會完整地報導，也讓民調消費者無法掌握完整的資訊來判斷該調查是否有效。有時，民調的贊助者會應要求提供完整的報告，且愈來愈多贊助者會在他們的網站上提供完整的調查與結果。不過，一般民調的消費者不會花額外的力氣，去瞭解該民調及其結果，反而只是依賴媒體報導、報紙資訊等管道瞭解民調。意識到上述的問題後，當聽到有人聲稱有調查顯示民意支持或反對特定立場時，我們每個人應該質疑提出該論點的公司老闆、民選的官員、或甚至是朋友。該問的第一個問題是：引用的是什麼證據來支撐該論點？然後，我們可以檢視題目的遣詞用字、答案的選項、對無態度的篩選，以及對於「不知道」的處理方式。接著我們可以嘗試進行較艱難的工作，就是評估那些用來研究該主題的問卷題目，是否真的最適當。可以用別的問題來問？沒有問到該話題的哪些層面？最後，或許該思考的是，可以對資料進行不同的詮釋嗎？以及是否可以對報告呈現的趨勢提出另外的解釋？

當人們引用民調結果時，他們忍不住會使用那些支持他們立場的結果，而忽略那些與其相左的。問題是，單靠一兩項題目並無法捕捉到大多數複雜議題的全貌。例如，在2003年5月初所進行的蓋洛普民調，我們就可以發現：在同志權利的議題上，當選擇性地使用與分析不同的調查題目，會讓我們對受訪者在該議題所持的意見，產生出不同的印象。幸運地是，蓋洛普機構的民調涵蓋了許多題目，並以公正、無偏見的方式呈現了所有問題的結果（Newport 2003a; 2003b）。在所有的問題中，蓋洛普問了下列四個題目：

問：您認為，兩個彼此同意的成人之間的同性戀關係，應該還是不應該是合法的？

應該	60%
不應該	35%
無意見	5%

問：您覺得，同性戀應該還是不應該，被視為另一種可以被接受的生活方式？

應該	54%
不應該	43%
無意見	3%

問：您贊成或反對，讓同性戀伴侶得以結婚並給予他們一些已婚伴侶合法權利的法律嗎？

贊成	49%
反對	49%
無意見	2%

問：您可能知道，新聞中有相當多關於男同性戀與女同性戀權利的討論。一般來說，您認為同性戀在工作機會上，應該或不應該擁有平等的權利？

應該	88%
不應該	9%
無意見	1%

如果我們把焦點放在第二和第三題，我們可能會認為美國民意在同性戀權利上，有鮮明的分裂。但如果我們強調的是第一和第四題，我們可能會得出，有相當多數的美國民眾支持同性戀權利的結論。很清楚地，對同性戀權利持不同立場者，可以輕易地選出支持他們立場的題目。然而，蓋洛普民調機構意識到，對同性戀及其權利的態度是多面向的，因此必須用多重的題目來捕捉民意的複雜性。

在政府是否應對「以信仰為基礎的倡議」（faith-based initiatives）予以補助的議題上，更能說明問卷題目的選取及分析對於民眾瞭解民意之複雜性的重要。皮尤對宗教與民眾生活論壇（Pew Forum On Religion and Public Life）以及皮尤對民眾與媒體研究中心（Pew Research Center for People and the Press）在2001年3月所進行的民調發現：有75%的美國人贊成政府補助「以信仰為基礎的倡議」，讓他們提供社會服務，另外有21%持反對的立場（Goodstein 2001; Morin 2001a）。但當問卷中提到，是特定宗教團體接受政府經費補助時，支持率便戲劇性地下滑。天主教與基督教的教會以及猶太教的教堂仍然分別得到62%、61%與58%的實際支持度，但摩門教教會、回教清真寺，以及佛教寺廟則只分別得到美國民眾51%、38%與38%的支持。此外，受訪者對各宗教團體使用政府經費來讓民眾改變信仰、政府對宗教組織涉入過多，以及宗教與國家分離的這些基本議題表達了關切。而且，受訪者中有78%表示：使用政府補助來提供社會服務的宗教組織，不能只僱用認同該宗教的人。因此，雖然對「以信仰為基礎的倡議」得到廣泛的支持（75%），對這樣的支持，其實是有重要的條件與限制的。

關於選取題目重要性的例子，其他可以在下列判斷美國民眾態度的例子中發現：1990年伊拉克入侵科威特、2003年的伊拉克戰爭，以及九一一發生之後的反恐戰爭。在第一次波斯灣危機的初期，許多調查組織以不同的問題詢問美國人民，他們對美國向伊拉克採取軍事行動的觀感為何。毫不令人意外地，這些組織得到不同的結果：

問：對於目前美國對伊拉克採取直接的軍事行動，請問您贊成還是反對（Gallup, August 3-4, 1990）？

贊成	23%
反對	68%
不知道／拒答	9%

問：請問您同意還是不同意，美國應該採取一切必要的行動，包括使用軍事武力，以確使伊拉克自科威特撤軍（ABC News/*Washington Post*, August 8, 1990）？

同意	66%
不同意	33%
不知道	1%

問：請問您贊成還是不贊成，動用美國部隊迫使伊拉克人離開科威特（Gallup, August 9-12, 1990; 引用*Public Perspective*, September/October 1990, 13）？

贊成	64%
不贊成	36%

問：接下來我要提一些可能會也可能不會發生在中東的事情。針

對每一件事情，請告訴我，您認為美國應不應該採取軍事行動。

……如果伊拉克拒絕從科威特撤軍（NBC News/*Wall Street Journal*, August 18-19, 1990; 引自*Public Perspective*, September/October 1990, 13）？

不採取軍事行動	51%
採取軍事行動	49%

值得注意的是，這些回答點出了，對於美國採取軍事行動不同的支持程度，即使大部分的問卷題目都是在相隔兩週內執行的。

第一個題目顯示出大部分受訪者反對採取軍事行動。這很容易解釋：這個題目只考慮到當時的軍事行動，而許多美國民眾可能會認為，美國在嘗試其他可能的解決手段之前，採取軍事行動是不成熟的。

接下來的兩個題目則指出：多數民眾支持軍事行動，而最後一題則顯示出：意見極為分歧的美國民眾。很清楚的是：支持或反對軍事行動的人，會各自引用對其有利的題目去支持他們的論點。

在整個波斯灣危機中，民意都高度支持老布希總統的政策；只有在1990年10月到12月的期間，才出現對老布希總統的支持度下降到低於60%的情況。譬如說，1990年由CBS新聞網／紐約時報進行的民調，顯示了以下的回應型態：

問：請問您贊不贊成喬治．布希對伊拉克入侵科威特的處理方式？

贊成	50%
不贊成	41%
不知道／不適用	8%

另一個ABC新聞網／華盛頓郵報在11月中旬的民調，是這麼詢問民眾的：

問：請問您贊不贊成喬治．布希對伊拉克入侵科威特所導致情勢的處理方式？

贊成	59%
不贊成	36%
不知道／不適用	5%

一些反對軍備擴張的人士試圖使用這些（以及相似的）民調來呈現民眾對於總統政策的支持度正在下降。因為稍早的民調顯示：支持度介於60%到70%之間。幸運的是，華盛頓郵報引用了續問上述不贊成老布希總統政策的受訪者，他們認為總統行動是過慢還是過快的意見。結果，這些不贊成者中有44%認為「過慢」，而37%認為「過快」。因此，多數的不支持者是支持對伊拉克採取更迅速的行動，這樣的調查結果對於反對總統採取軍事手段解決的批評者來說，僅提供薄弱的支撐。

在2003年8月，蓋洛普民調機構（Newport 2003d）詢問美國民眾，對於美國在各種不同層面涉入伊拉克事務的看法。調查中部分的題目如下：

問：您認為在主要的戰事結束以後，美國在伊拉克的情況如何？是非常好、還算好、有點差、還是非常差？

非常好／還算好	50%
非常差／有點差	49%

問：總體而言，您認為在伊拉克當時的情勢，值得一戰嗎？

值得一戰	63%
不值一戰	35%

問：您贊不贊成喬治．布希對於伊拉克情勢的處理方式？

贊成	57%
不贊成	41%

問：您認為老布希政府對於伊拉克情勢有沒有清楚的處理方案？

有	44%
沒有	54%
無意見	2%

問：關於美國應該如何處理在伊拉克的美軍數量，您的觀點跟下列哪一項最接近？美國應該派遣更多部隊到伊拉克、美國應該維持目前的部隊數量、美國應該開始從伊拉克撤出部分部隊、還是美國應該從伊拉克撤出所有部隊？

派遣更多部隊	15%
維持目前數量	36%
撤除部分部隊	32%
撤除所有部隊	14%

幸運的是，我們有以上所有題目來捕捉美國民眾對伊拉克情勢的複雜意見。但很清楚地，如果我們選擇性聚焦在某些題目上時，將會描繪出極為不同的民意風貌。例如，一些對老布希政府懷有敵意者，可能會把焦點放在第四個題目上，該題目指出大多數的美國民眾相信，老布希政府對伊拉克的情勢，缺乏清楚的處理方案。支持老布希政府者，可能把焦點放在第二和第三個題目上，這些問題顯示出：更大多數的美國民眾認對伊拉克值得一戰，並且贊同總統對伊拉克情勢的處理方式。其他的觀察家可能會強調第一和第四題，而認為美國民眾在伊拉克的議題上有明顯的分歧。

在2006年9月，由馬來西亞大學的國際政策態度計畫（Program on International Policy Attitudes, PIPA）幫世界民意組織（WorldOpinion.org）所執行的計畫，訪問了1,150位成年的伊拉克民眾。其問卷題目，包括了以下四道題目：

問：請問，您認為伊拉克新的政府體系，讓中央政府擁有的權力是太多、太少、還是剛剛好？

太多	37%
剛好	26%
太少	35%

問：請問您對以下的組織或是人物的態度如何？是非常喜歡、有點喜歡、不太喜歡、還是很不喜歡？

	非常喜歡	有點喜歡	不太喜歡	很不喜歡
賓拉登	1%	7%	16%	77%
蓋達組織	2%	5%	12%	82%

問：請問您對以下事情的態度如何？是非常贊成、有點贊成、不太贊成、還是很不贊成？

	非常贊成	有點贊成	不太贊成	很不贊成
攻擊以美國為首的駐伊拉克部隊	27%	34%	23%	16%

問：請問，在以下的項目中，哪一項是您希望伊拉克政府要求美國為首的聯合部隊做的？

在六個月內撤軍 37%

在一年內逐漸撤軍 34%

在兩年內逐漸撤軍 20%

只有在伊拉克安全提升後才開始減少部隊 9%

試想有些人想倡議美國涉入伊拉克，並引用上述對伊拉克民眾的民調來支持他／她的立場。想倡議美國涉入伊拉克者，也許會想引用前兩個題目，指出有61%（26+35）支持伊拉克政府至少應該擁有一定權力來治理，且絕大多數的伊拉克民眾很不喜歡賓拉登與蓋達組織。

不過，反對美國政策的，也可以指出：後面兩題顯示，有61%（27+34）的伊拉克民眾贊成對美軍為首的部隊展開攻擊、也有71%（37+34）希望美國部隊在一年內撤軍。很顯然地，依照我們想強調的題目之不同，我們可以描繪出伊拉克民眾非常不同的民意樣貌。

在2003年由福斯新聞網／民意動態（Opinion Dynamic）所進行的民調，包含了一些詢問美國民眾在九一一事件後，覺得是否安全的相關問題（The Polling Report, August 11, 2003）：

問：對於在911之後，美國沒有再發生其他的恐怖攻擊，請問您覺得意不意外？

非常意外	21%
有些意外	30%
不太意外	27%
一點也不意外	19%
不確定	3%

問：美國情報單位已經改進程序，以求未來能夠預防類似911的攻擊，請問您有沒有信心？

非常有信心	17%
有點信心	45%
不太有信心	20%
一點也沒信心	13%
不確定	5%

問：您認為另一起在美國的重大恐怖攻擊，會發生在未來的三個月內、六個月內、一至兩年內、兩年以後、還是永遠不再發生？

在三個月內	4%
在六個月內	10%
在一至兩年內	31%
兩年以後	17%
永遠不再發生	16%
不確定	22%

問：您認為當今在美國境內，有沒有蓋達組織的恐怖份子團體？

有	92%
沒有	4%
不確定	4%

問：請問，您認為美國在確保邊界安全上做得夠不夠？

夠	35%
不夠	57%
不確定	8%

美國民眾對他們安不安全的實際感受如何呢？再次地，我們可以看到，強調不同的題目會提供相異的民意樣貌。例如，62%（17+45）的美國民眾對美國情報機構未來有辦法預防恐怖攻擊上，是非常有信心或者有點信心的。但是，卻有62%（4+10+31+17）的美國民眾相信美國會再遭受另一次大規模的恐怖攻擊。美國民眾對於九一一之後沒有發生另一起恐怖攻擊的看法是分歧的，但他們幾乎是無異議地相信，蓋達組織的成員潛伏在美國境內。上述的例子給我們很清楚的教訓：以任何單一調查題目來進行民意的詮釋，都可能產生對民意的誤導的描述。有時，倡議特定立場的人士，刻意選擇性地並且誤導性地利用調查結果，來推銷他們的立場。

在2006年6月，ABC新聞網／華盛頓郵報進行了一項調查，包括詢問美國將一些囚犯關在關塔那摩灣軍事監獄的問題：

問：對於美國政府將一些還未接受審判的恐怖份子嫌疑犯，拘禁在古巴的關塔那摩基地的軍事監獄內的這項做法，請問您支持還是反對？

支持	57%
反對	37%
不確定	5%

問：有人說，這些囚犯應該給予戰俘的權利或是以犯罪罪名起訴，所以他們才可以在審理時為自己辯護。也有人說因為恐怖份子嫌疑犯一旦獲釋風險太高，所以戰俘的權利或是刑法並不適用於他們身上。請問您認為在關塔那摩的囚犯應該給予戰俘的權利或以犯罪罪名起訴？還是無限期地被監禁而不需被起訴？

戰俘身分／起訴	71%

不起訴而被監禁	25%
不確定	4%

問：請問您對於美國對關在關塔那摩的囚犯的權利，給予適當地保障上，有沒有信心？是非常有信心、有點信心、不太有信心、還是毫無信心？

非常有信心	21%
有點信心	45%
不太有信心	17%
毫無信心	14%
不確定	2%

問：請問您認為，將一些囚犯拘禁在關塔那摩基地的軍事監獄內，有沒有損害美國的國際形象？

有	62%
沒有	35%
不確定	3%

問：請問您認為，將一些囚犯拘禁在關塔那摩基地的軍事監獄內，有沒有讓美國免於恐怖主義而美更安全？

有	51%
沒有	45%
不確定	3%

想像一下國會議員對於美國在關塔那摩的政策有所爭論時，支持該政策者會引用有57%美國民眾支持該政策，反對者會引用有71%的美國民眾認為那些囚犯應該擁有戰俘身分或是接受審判。支持者可能會援引有66%（21+45）的美國民眾至少對於戰犯權利的適當保護具有信心，但是反對者會指出有62%的美國民眾認為美國的國際形象因此受損。我們再一次可以發現：選擇使用特定的項目，可能會讓我們對美國民意提供錯誤的描繪。

在2001年與2002年，圍繞著減稅議題的政治辯論，往往引用民調結果來為各自的立場辯護。當然，在其他條件相同的情況下，美國民眾偏好較低的稅賦，這也是提倡減稅的共和黨人士常常引用的立場。在2001年第一輪的稅改中，小布希政府宣稱政府的預算，估計將有數兆的剩餘款可供美國進行減稅、支付國家債務，以及支撐社會安全與健康保險。但即使在如此情況下，減稅對美國民眾來說並非當務之急。例如在2001年2月的CBS民調詢問美國民眾以下的問題：

問：有些國會議員說，在未來幾年的政府預算將會有盈餘。如果真有盈餘，而您須在以下項目中做選擇的話，您希望如何運用這筆錢：1. 減少所得稅；2. 償還國家債務；3. 保有健康保險以及社會安全等計畫；4. 其他？

減少所得稅	19%
償還國家債務	13%
健康保險／社會安全	48%
其他	7%
選擇多個項目	12%
不知道	1%

當經濟衰退，而且預計的預算盈餘變為赤字時，反對各種減稅者，經常引用一類民調結果，以顯示當減稅與其他公共政策目標放在對立面時，民眾對減稅的慾望明顯地下降。例如，一個NPR／凱瑟家庭基金會／甘迺迪政府學院，在2003年2月以及3月的民調，是這麼詢問美國民眾的：

問：對您來說，以下哪一個比較重要？要求政府提供民眾需要的服務還是減稅？

提供民眾需要的服務	66%
減稅	31%
不知道	2%

從某些方面來說，這是個有瑕疵的問卷題目，因為，所謂「需要的服

務」可能對不同的受訪者有截然不同的意義。但是當要美國民眾在服務與減稅兩者擇其一時，這個題目得到的是民眾典型的回應類型。同樣地，在2003年夏末，華盛頓郵報／ABC新聞網所進行的一個民調發現：大約60%的美國民眾對總統要求國會再提供870億美元來重建戰後的伊拉克與阿富汗而感到不悅（雖然有大約相同比例的美國民眾希望美軍繼續留在伊拉克）。但當被問到這870億要從哪裡的政府支出挪過來時，相對多數的民眾（41%）要求廢除最近通過的減稅方案。

從減稅這個例子可以得出一個明顯的重點：要正確描繪美國民意，考慮的不僅是美國民眾偏好較低的稅賦，還要把減稅的代價一併納入，特別是在聯邦預算吃緊的情況下。很清楚地，要掌握具有複雜性且會隨不同條件而變化的民眾看法時，應該要使用多重題目。這樣一來，可以公布多重題目的調查結果，儘管正反雙方的支持者可能都希望僅公布有利於他們立場的結果。

在1996年與2006的特列之一，是有相當多的美國民眾擔憂經濟情況不佳，但是各種客觀指標卻顯示出，經濟狀況其實相當地好。對此難題的部分解答，是美國民眾對國家經濟情況的無知以及獲得的資訊錯誤。例如，儘管1996年的實質失業率比1991年低，但仍有33%的美國民眾認為1996年的失業率要高一點，而28%的美國民眾認為兩年度的差不多。美國民眾對於失業率估計值的平均數值是20.6%，但實際上是只略高於5%。美國民眾對於通貨膨脹與預算赤字的感覺也有類似的情況；美國民眾認為兩者的情況比真正的客觀數據要糟得多。難怪許多美國民眾在經濟景氣好的時候表達對經濟的不安全感：他們並不知道經濟的實際表現有多麼地強（Morin and Berry 1996）。

有時候我們禁不住想藉由公民對於特定調查題目的回應，來臆測公民更一般性的意見及對政策的偏好。在很多情況下，臆測與投射是錯的，但仍需要額外的民調題目來加以證實。例如，在1999年由蓋洛普民調機構為CNN／今日美國新聞報所進行的一個民調，便這樣詢問美國民眾：「軍中對於同性戀採取的『不問，不說』政策，請問您支不支持？」50%的受訪者表示他們支持該政策，而46%的受訪者表示反對，顯示公民對此議題的意見是明顯分歧的，支持者僅僅剛剛好過半。幸運地，這個調查續問那些反對的46%民眾：「請問您反對的原因，是因為您認為同性戀應該能夠公開地在軍中服役，還是因為您認為無論在何種情況下同性戀都不得在軍中服役？」原本反對的46%，對於這個問題的回應可以區分成三部分：有35%表示同性戀應該可以公開服役、8%認為同性戀永遠都不得服役、而3%則不再表示意見。如果將續問題目的結果加進去，可顯示出美國民意更為支持同性戀在軍中服務的樣貌。

在2010年2月益普索（Ipsos）／麥可拉齊（McClatchy）對於健保改革的調查，也出現類似的模式。當詢問民眾對於「當前正在討論的健保改革方案」贊成還是反對，41%的美國民眾說他們贊成，47%表示反對。如果只用這個題目，對健保改革批評者會宣稱有相對多數的美國民眾不希望健保改革。但是在續問那些反對者之後，我們發現情況是更為複雜：「您（反對健保改革）是因為整體來說您是支持健保改革，但是認為目前的方案改革的程度不夠多；還是整體來說您是反對健保改革，而認為目前方案的改革程度太大？」在這些原本反對者中，有37%是支持健保改革但是認為目前改革幅度不夠，但有54%是反對健保改革，認為目前的改革幅度太大。這裡是有超過三分之一的反對民眾會因為健保改革力度更強而轉為支持，這鐵定不是反對健保改革者想聽到的結果。當然，當健保改革的幅度更大時，原本的支持者可能轉為反對。這個例子再次說明了，如健保改革這樣的複雜議題，要精確地描繪美國民意的樣貌所會存在的問題。

關於人工流產的兩個民調，顯示出近年來對人工流產的支持或許減少了，但我們不能據以斷定民眾更傾向應以法律加以限制。在2000年洛杉磯時報的一個民調發現：超過半數的受訪者認為，除了被強暴、亂倫、或母親生命有危險的情況以外，人工流產應該完全不合法（Rubin 2000）。不過，有超過三分之二的受訪者表示，人工流產的決定權應該交給母親與她的醫師。即使有57%的民眾認為，人工流產是謀殺生命，但他們之中有超過半數同意，人工流產的決定權應該留給女性。在1998年可倫坡電訊報對俄亥俄州民眾所做的民調，也得到同樣的結果（Rowland 1998）。只有27%的俄亥俄州民眾認為人工流產一般是可以施行的；15%的民眾則認為可以施行但要有較嚴格的限制；43%認為除了被強暴、亂倫、或母親生命有危險之外，人工流產應被視為違法的；15%則認為人工流產根本就不該被允許。此外，有51%的受訪者認為人工流產是一種謀殺的行為。這些結果或許可以告訴我們俄亥俄州民眾會支持政府採取行動來限制或禁止人工流產，其實卻不然。當俄亥俄州民眾被問到他們對以下說法同不同意：「即使我認為人工流產可能是不對的，我也不認為政府應該防止婦女進行人工流產。」受訪者中有66%同意這樣的說法，而只有27%反對。從這個例子我們學到的教訓是：我們無法依照公民對於某一個議題的意見，來假定我們知道他們對政策的處方。而是，我們應該同時詢問他們對議題的意見及對政策的偏好。有些民眾不喜歡人工流產，但也不願將他們的觀點強加在別人身上。同樣地，有些公民可能拒絕自己擁有槍枝，但這不代表他們會反對其他公民擁有槍枝。有些人可能反對安樂死以及醫生協助下的自殺，但這不代表他們支持用嚴峻的刑罰，來懲處這些行為。

本節最後的一個例子會聚焦在，即使在完整的民調與分析皆可取得的情況下，新聞媒體如何選擇讓民眾看到哪些民調的結果。由Robert T. Michael及其他人在1994年出版的《性在美國：一個定調的調查》（*Sex in America: A Definitive Survey*），以及另一本由Edward O. Laumann、Michael與John H. Gagnon所寫的更專門及全面性的著作：《性的社會組織：美國的性行為》（*The Social Organization of Sexuality: Sexual Practices in the United States*）。兩本書都以一個由全國民意研究中心（NORC）所執行的調查為基礎，該調查的問卷內容相當廣泛，以科學抽樣訪問3,432位受訪者。這是一份真正關於性行為的民調，並非如第一章所討論之假的性民調。

由於主題重要，也由於「性」具有賣點，媒體對調查的報導相當普遍。不同的新聞機構如何報導調查結果，正顯示出媒體對公民會閱讀到哪些內容，是具有多少影響力。例如在1994年10月7日的紐約時報頭版，標題是：「性在美國：對結婚的忠誠終蓬勃發展」。接連幾天的報紙刊載的是比較沒那麼吸睛的新聞，包括了1994年10月18日的新聞，將標題不正確地訂為：「同性戀調查引起了一個新問題」。

三份主要的新聞性雜誌中的兩份，以性調查作為1994年10月17日那一期的封面。《時代雜誌》的封面是：「性在美國：自金賽報告後，來自最重要調查的出人意表新聞」。《美國新聞與世界報導》的封面就有點傷風敗俗，封面是一個半裸的男人和女人躺在床上，標題是：「性在美國：史上最具權威的大規模調查，透露我們在臥房門後做的事。」相反地，《新聞週刊》僅用兩頁的篇幅來報導，標題是「不狂熱，但滿足。性：放鬆。根據一個主要的新調查顯示：如果你跟伴侶，大約一週兩次。寫下你自己的愛戀故事」。

其他的雜誌與報紙也用刺激閱讀量的方式報導了這個調查。11月號的《魅力》（Glamour）週刊用戲謔的方式在頭版報導了這個調查：「誰正在做？怎麼做？重要的全美性調查」。週刊內頁的報導是由原書的作者所撰述。1994年11月15日出刊的《聲援者》（The Advocate）封面寫著：「那個性調查到底是什麼意思？」而該報導主要把焦點放在，調查的母群體內的男同性戀與女同性戀的數目。頭條報導是：「10%：真的還是迷思？在《性在美國》一書中，該指標性的調查裡，有關男同性戀與女同性戀的權威資訊相當稀少，不過，調查提供的資訊才真的造成大麻煩。」最後，《高等教育記事報》（*Chronicle of Higher Education*）在1994年10月17日那一期，對主題故事下了這樣的標題：「美國人的性生活。曾經是保守勢力攻擊的目標，調查僅製造些許讓人震撼的結果」。

關於該調查的兩本書都包含大量的資訊，以及大量的結果與發現。儘管前述媒體的報導大多準確地報導了實際的調查結果，但在著重調查裡較刺激的部分上，也是有選擇性的，在滿足讀者需要的情況下，這個結果也不令人驚訝。

以調查資料來檢驗趨勢

研究人員經常使用民調資料來描述與分析趨勢。要研究趨勢，研究人員必須確保其研究主題相關的問卷題目，在不同時間點的不同調查中都有被納入調查題目內。理想上，該題目必須使用相同的遣詞用字。但即使具備這樣的條件，可比較性的嚴重問題會讓趨勢分析困難重重。相同的遣詞用字也許在不同時間點對受訪者來說並不意味相同的事情或是提供相同的刺激，因為社會與政治環境的變化會讓該題目的意義改變。例如，我們考慮以下的題目：

問：有人說民權人士推動得太快。也有人覺得他們推動得不夠快。您覺得呢？您認為民權運動的領導者是推動得太快，太慢，還是剛剛好？

回答這個題目的答案，可能會受到在訪問當下，民權運動領導者的目標與議程所影響。當發現比較多的美國人認為民權運動領導者推動得過快或過慢時，也許不是反映出民眾對於民權運動積極者過去態度的轉變，而可能是對民權運動議程本身的改變。在此情況下，我們需要有續問的特定題目，來測量民眾對民權運動議程的看法，以協助定義這個趨勢。

另一個案例則指出評估趨勢需要注意脈絡的重要性。考慮下面的題目：

問：請問，您認為華盛頓的政府所做的事情是對的頻率是：總是、大部分是、還是有時候是？

從1960年代到1980年，對這個問題的回覆顯示出民眾的信心出現相當程度地降低，在1980年代略微上升，在1990年代信任逐漸回升，但在2001年9月的恐怖攻擊之後急遽拉升。這個後九一一之後的信心激增到底意味著什麼？Langer（2002）與Bishop（2002）都認為：這個問卷題目的意義在恐怖攻擊之後出現了變化，民眾會認為問題隱含地是在問他們：在國防與國土安全上，對聯邦政府的信任程度如何；在過去，他們會在社會與內政的計畫脈絡下，思考與回答這個問題。確實，當九一一事件逐漸遙遠，而華盛頓的政治回歸「常態」，民眾對政府的信任又再次降低。

除了政治環境的變化外，跨時可比較性仍有其他的障礙。例如，即使問卷題目的用詞維持相同，但放在問卷的位置會改變，也隨之更動其意義（見第三章）。同樣地，抽樣底冊的定義以及完成訪問的步驟也可能改變。簡言之，可比較性包含了不僅是相同的問卷題目。不幸地，民調結果的消費者顯少可以得到，讓他們判斷哪些問卷題目真的具備進行跨時研究的可比較性。

兩個研究可以呈現跨時研究利用相同問卷題目的利弊得失。Abramson（1990）抱怨由密西根大學調查研究中心在每兩年進行的全國選舉研究，因為新題目加入，卻把舊題目移除後，失去了貫時研究（longitudinal study）的可比較性。相反地，Baumgartner與Walker（1988）抱怨使用同樣的標準問卷題目，在跨時評估美國民眾加入成為團體會員的參與程度，卻出現系統地低估該活動。他們主張應該採用新的方式來測量團體會員資格，這當然會使新、舊調查在比較時，出現更多的問題。雖然新、舊測量題目都可以包含在調查內，但如果調查要涵蓋許多主題的話，這樣會非常耗費成本。

另外兩個的研究則顯示，題目措辭的變化會增加評估態度跨時變遷的難度。Borrelli、Lockerbie與Niemi（1989）發現在1980年與1984年測量美國民眾政黨認同的民調，結果出現很大的差異。他們將差異歸因於三個因素：民調是否只抽樣選民、民調在詢問民眾的政黨認同時是否強調「今天」或現在，以及民調是否在快到投票日時進行的，這樣會使在總統競選期間領先的政黨，有較高比例的認同者。這個研究在評估政黨認同跨時變化的意涵相當清楚：在總結兩次民調中政黨認同的比例真的出現變化前，要先排除其他可能導致變化的原因，像是問卷題目的遣詞用字曾經變動過。在一個關於1983年到1986年間，民眾支不支持對尼加拉瓜反抗軍給予援助的研究上，Lockerbie與Borrelli（1990）主張許多觀察到的美國民意改變，很多不是真的；而是因為，用於測量支持反抗軍與否的問卷題目的用詞改變了。

Smith（1993）批評在1964、1981與1992年進行的三個大型全國的反猶太主義研究（studies of anti-Semitism），就是一個研究方法改變如何影響縱向比較的最佳例子。該例子告訴了我們，調查之間使用不同的方法會降低縱貫性的可比較性。1981年與1992年的研究設計，明顯地立基於1964

年的基礎，據以輔助反猶太的趨勢分析。但如Smith所說，就三個研究進行縱向比較是有問題的，因為三個研究的樣本定義與訪問方式不同、題目先後順序與題目遣詞用字改變過，以及可用來評估抽樣品質與研究執行的資訊不足。不過，在檢視了由11題建構的反猶太量表後，他發現有6個題目是具有高度的跨時可比較性，它們顯示：反猶太的態度在下降。

總統聲望或是滿意度的趨勢，應該是所有民調題目中最常被分析與報導的。該題目被問了數十年，可以用來比較不同總統任內的滿意度以及分析不同背景，特別是不同政黨認同或是意識形態的美國民眾對總統的滿意度。當我們分析民眾對總統的滿意度分數時，一定會看整體的趨勢以及劇烈起伏而偏離趨勢的情況。這些起伏可能是因為一些重要的突發事件，或許是外交危機讓美國民眾齊心鞏固領導中心，或是因為內政錯誤而損害總統團隊的威信。當距離投票日愈來愈近，媒體會更注意總統的滿意度，甚至將其當作是選舉可能結果的預兆。當然，在2010年的期中選舉， 歐巴馬總統低於50%的滿意度就被視為民主黨在期中選舉將會遭遇挫敗的另一個預兆。

除了總統滿意度之外，民調研究者與分析家經常想描述以及解釋美國民眾在許多政策議題的態度。其中一個經常被關注的主題是美國男同志與女同志的處境，而聚焦在像是：男同志或是女同志服役、同志的婚姻、同志的領養、同志在工作場所的權利等議題，在過去二十年，民調發現在這些議題上對同志的支持在上升。例如，皮尤民調就發現，在1999年到2006年間，美國民眾支持讓同志領養小孩的比例從38%上升到46%，反對的比例則從57%下降到48%，其中仍然看到有略多的民眾抱持反對同志擁有領養小孩權利。對於同志公開在部隊服役的議題，支持度從1994年的52%上升到2006年的60%，而反對的比例則從先前的45%下降到32%。其他的調查結果得到類似的模式。例如，美國全國選舉研究的資料顯示：對同志領養小孩的支持度的比例自1992年到2008年幾乎上升了一倍，從26%到51%。而對同志在軍中服役的支持度則從1992年的56%上升到2008年的71%。

這讓我們想到一個問題：是什麼因素讓美國民眾愈來愈支持同志的權

利？是因為美國民眾對這些議題的看法改變？還是因為對於同志權利較敵視的年長世代，逐漸由對同志較同情的年輕世代所取代？當然，這個答案是：兩個情況都發生了。在皮尤的調查中，我們將不同年齡層的受訪者與對同志議題的態度做交叉分析，而得到一些間接的證據：

	男女同志領養小孩				同志在軍中服役			
	支持（%）		反對（%）		支持（%）		反對（%）	
年齡層	1999	2006	1999	2006	1994	2006	1994	2006
18-29	49	58	46	38	56	72	43	23
30-49	44	47	51	46	56	62	42	30
50-64	30	44	66	49	47	59	50	35
65及以上	21	32	75	62	41	47	50	39

值得注意的是，在1994/1999年到2006年之間，所有的年齡層都變得更為支持同志領養小孩與軍中服役。同時要注意的是，在兩個議題上，最年輕的族群（18-29歲）是兩個年度調查最支持同志的，而65歲以上的族群是對同志最有敵意的。從以上數字所得到的可能結論是，最年長的世代逐漸凋零而最年輕的世代逐漸取代之，因此，對同志支持的趨勢會持續上升。而所有年齡層都變得更支持同志的趨勢建議，雖未經證實，個人的態度也朝向更為支持同志權利的方向轉變。要呈現這個趨勢的最直接方法，是運用定群追蹤調查（參考第七章），它讓我們得以追蹤同一個人態度的跨時變化。但是定群追蹤調查昂貴又耗時，所以它不像在不同時間點訪問不同受訪者的橫斷面研究那樣常見。不過，如果我們在不同時間點用相同的問卷題目且訪問受訪者實際的年齡，進行多次的橫斷面研究，則我們可以進行世代分析（cohort analysis），讓我們追蹤同一年齡層他們跨時的態度變化。

想像一下，一個人擁有在1985年到2010年間針對同志相關議題以及受訪者實際年齡每隔五年進行一次的民調資料，那他就可以在1985年定義年齡世代並跨時追蹤那個世代。例如，他可以在1985年將受訪者定義為18至29歲的一個年齡層，第二個的年齡層是30到39歲……等等。在1990年調查時，那些18到29歲的年齡層已經變成23到34歲的年齡層，而在1995年是28到39歲的年齡層，按此原則可以持續計算下去。當然，一個人也可以在2010年將每個受訪者放在一個年齡層，然後回推他們在之前調查中屬於哪一個年齡層。關鍵在於：跨時追蹤民眾所屬的年齡層，讓我們可以推論在各年齡層中的個體層次可能的態度變化，讓我們可以更加瞭解我們觀察到趨勢變化背後的過程。

檢視不同背景的受訪者

沒有必然的理由說不同背景的民眾會對某一個議題呈現態度一致的意見。的確，在很多議題上，我們有很多理由來相信結果是正好相反的。這也就是為何進一步檢視樣本中相關的次群體，可以讓我們對美國民眾的意向有更全面的瞭解。不過，如此一來，我們需要注意到將全體樣本切割成次群體後，會增加抽樣誤差，並降低我們估計的穩定度。例如，一個成功樣本數為1,600個美國人可能會被詢問他們對於人工流產的態度。在觀察了全體樣本的分布類型之後，研究者可能希望對不同宗教背景者（樣本中有1,150位基督教徒、400名天主教徒與50名猶太教徒）進行交叉分析，以確定不同宗教信仰與人工流產態度之間的關聯性。研究者接著可能會發現天主教徒大體上是最反對人工流產的，他找出哪些背景的天主教徒最反對人工流產，他可能要進一步把這400位天主教徒分成年輕的與年長的，或經常上教堂的與不常上教堂的，或分成四類：年輕且常上教堂的、年長且常上教堂的、年輕但不常上教堂的，以及年長但不常上教堂的。將類別分得愈細，在特定類別下的樣本數就愈快減少，以致於一些類別下沒有足夠的樣本數讓我們做穩健的推論。例如，一個蓋洛普的報告（Newport 2005）指出，不同背景的天主教徒，視其上教堂的頻率，而在一些社會議題上有明顯的差異。例如，每週上教堂的天主教徒中，只有20%認為人工流產是道德上可以接受的，相較之下，很少或是從不上教堂的天主教徒中，有54%認為可以接受。同樣的，有35%定期上教堂的天主教徒，認為同性戀行為是道德上可以接受的，相對之下，有63%的很少或是不上教堂的天主教徒認為可以接受。

有太多的例子可以顯示，在民調資料中，深入挖掘不同背景受訪者態度的差異，是有其優點的。一個在1982年2月進行的ABC新聞網／華盛頓郵報的調查，顯示男人和女人對色情文學的態度，有很大的差異。若只檢視全體樣本，將會漏失這些重要的差異。例如，當被問到以下問題：「您認為我國的法律，在反對色情文學上，是太嚴格、不夠嚴格、還是剛剛好？」有10%的男性認為太嚴格、41%表示不夠嚴格，而有47%認為剛剛好；女性中則有2%認為法律太嚴格、72%表示不夠嚴格，而23%認為剛剛好（Sussman 1986, 37）。

民調顯示不同種族對辛普森（O. J. Simpson）案的意見存有極大的差異。黑人比較相信辛普森是無辜的，他們也更傾向認為辛普森無法獲得公平的審判。例如，在一個對加州民眾的田野調查（*U.S. News and World Report*, August 1, 1994）中，只有35%的黑人受訪者認為辛普森會得到公平的審判，相較之下，白人則有55%。此外，62%的白人認為辛普森是「極有可能或是有可能」在謀殺的罪名上被判處有罪，相較之下，只有38%的黑人認為如此。時代雜誌／CNN的一個全國性民調（*Time*, August 1, 1994）發現了可以比較的結果：66%的白人認為辛普森得到了一個公平預審（preliminary hearing），相對之下，只有31%的黑人受訪者持此觀點；77%的白人認為對辛普森犯罪的指控「非常有力」或「相當有力」，而只有45%的黑人持此觀點。一個新聞週刊的民調（August 1, 1994）則顯示：有60%的黑人相信辛普森是遭到陷害（有20%認為是遭到警察陷害）；但只有23%的白人相信此陰謀論。當問及和一般白人嫌犯相比，辛普森受到的待遇是較好或是較差時，白人以52%比5%的懸殊比例認為他受到較好的待遇，黑人以30%對19%認為受到較差的待遇。這些對辛普森案不同的回答震驚許多美國民眾，他們無法理解為何其他種族的同胞，會對這個案子有這麼不同的看法。

有時候美國民眾會因為年齡不同而對議題有不同意見。例如，考慮一下醫師協助自殺這個議題。許多研究都顯示，愈年長的受訪者，愈反對醫師協助自殺（Rosenbaum, 1997; Moore 2005）。另一個不同年齡層態度差異很大的領域是：彼此同意的成人間之同性戀關係應不應該合法。在2003年5月的一個蓋洛普民調顯示：18歲到29歲間的美國民眾中，有66%認為同性戀關係應該是合法的；而有33%則是反對。但在65歲及以上的美國民眾中，有39%認為同性戀的關係應該是合法的，而55%則反對（Newport 2003a）。在支不支持與伊拉克開戰的問題上，不同年齡看法也有差異。依據華盛頓郵報／ABC新聞網的一個民調顯示：65歲及以上的美國民眾中，只有49%支持開戰，相較於18歲到34歲的受訪者中有60%支持，而35歲到44歲的受訪者中有67%支持。的確，Morin與Deane（2003）指出：在民調中常常顯示，年長的公民比較不支持開戰。

兩個關於槍枝擁有權以及槍枝權利的州級民調也顯示：檢視不同背景受訪者，意見差異的重要性。在1999年一個田野調查詢問加州民眾：「您認為以下哪一個比較重要：是保護美國民眾擁有槍械的權利，還是限制美國民眾擁有槍械的權利？」整體來說，64%的加州民眾認為控制槍械擁有權比較重要；30%則選擇保護槍械擁有者的權利。但以受訪者黨派屬性進行交叉分析卻發現了明顯的差異。民主黨人支持控制槍枝擁有權相對於支持保護擁有槍枝的權利之比例是79%比16%。但49%的共和黨人認為保護擁有槍枝的權利較重要，而有45%選擇在槍枝擁有權上更多的規定。相似地，可倫坡電訊報委託進行的一個民調顯示出性別在回答以下問題上明顯的差異。「您認為以下哪一個比較重要：保護美國人擁有槍械的權利，還是控制槍械的擁有權？」（Rowland 1999）男人在這個題目上分布是相持不下的，但有70%的女性受訪者認為控制槍械擁有權比較重要，而有21%的女性認為保護擁有槍械的權利比較重要。電訊報的調查也重申前述觀點：沒有人可以依照受訪者在其他議題的立場，來假定他們在特定議題上的立場。從略微多數到壓倒性多數的俄亥俄州民眾，支持不同的槍枝管制與槍枝安全措施。有90%贊成強制性的等待期，以進行欲擁槍者的背景安全查核；有70%贊成擁有手槍要向政府註冊；86%贊成裝設兒童安全鎖；85%贊成要求手槍持有人參加槍枝安全的講習課程；以及53%支持禁止舉辦缺乏監督與管理之下買賣槍械的槍枝展覽會，進行槍枝的購買與販售。

但53%贊成立法（有各種配套的安全措施）允許成年人攜帶隱秘式武器。

在許多情況下，用來檢視次群體的類別常常是既有的或是很明顯的。例如，如果有人對性別或種族差異感興趣，則男性與女性的類別或者白人與黑人的類別就是我們用來進一步分析的分類標準。其他要進一步分析的分類則需要動點腦筋。例如，當我們要分析年齡的效果，如何切割較佳？青年、中年、老年？那麼，每個類別的具體年齡層應該是多少？中年指的是35歲到65歲、40歲到60歲、還是其他年齡層？還是應該分為三個以上的年齡層？如果我們將成功樣本用來分析宗教的效果，典型的分類是：基督教、天主教以及猶太教。但這個三分法中，可能會忽略了一些有趣的變異。也就是說，有些基督教徒是新福音教派的、有些是基本教義派，其他的則屬於傳統新教。此外，由於大多數的黑人是基督徒，所以在比較天主教徒與基督教徒的時候不控制種族的話可能會有誤導的分析結果。同時，三分法也忽略了在美國境內數量逐漸增加的穆斯林教徒。

以意識型態來區分受訪者是另一個分析民意的常用方式。在意識型態的分類上，最常用的是區分為自由派、中庸派與保守派。我們利用以下問卷題目將受訪者分類，題目是：「整體來說，您認為自己是自由派、中庸派、還是保守派？」但不同的民眾真的對每一個名詞給予共同的意義嗎？這些名詞會不會過度簡化現實？記者Kevin Philips（1981）引用政治科學家Stuart A. Lilie與William S. Maddox的研究，主張傳統的自由派—中庸派—保守派的分類，在我們進行資料分析時，是不適當的。他們反倒是提出了四分法：自由派、保守派、平民主義者（populist）與自由意志主義者（libertarian）。他們的出發點是基於兩個潛在的面向：一個人支不支持政府對經濟的干預，以及一個人支不支持個人行為自由與性別平等的擴張。他們把自由派定義為支持政府對經濟的干預，以及個人自由的擴張；保守派則是兩者都反對的人；自由意志主義者是支持擴張個人自由但反對政府干預經濟；平民主義者是贊成政府干預經濟但反對擴張個人自由。依據一個民調，平民主義者占大約24%，保守派有18%，自由派有16%，而自由意志主義者有13%。其他的受訪者則無法加以分類，或者是還不熟悉意識型態專有名詞的意義。

對意識型態進行更精細的分類，可能有助於我們更瞭解民意，但傳統的分類方式，仍然主導了政治論述。即便如此，當一個人因為會影響市場機制而反對政府方案，但支持法院對支持人工流產的判決，並推動同性戀的權利者，也我們很難將其貼上是自由派還是保守派的標籤，因為他們在經濟議題上顯得保守，在生活風格的議題上卻顯得自由。或許，他們應該被歸類為自由意志主義者。

有時，我們會以知識與通曉程度高低而將受訪者區分成有趣的分析類別。例如，對於社會安全以及健康保險未來規劃的意見，與受訪者對兩個計畫的知悉程度相關（Pianin and Brossard 1997）。在一個民調中，一個民眾愈瞭解社會安全與健康保險，他愈相信該計畫出現危機而政府應該趕緊採取行動。例如，在高度通曉者中，有88%認為社會安全不是有危機就是會出現重大問題。在僅略知一二的受訪者中，僅有70%同意這個看法。同樣的，有89%的高度通曉者，認為如果國會不作為，社會安全將會枯竭而喪失功能。相對來說，僅有61%對此議題略知一二的受訪者同意這個看法。

這些研究發現，對民意研究提出了一些有趣的規範性議題。如第一章中所述，民調的方法論是非常民主的。所有的民眾有近乎相同的機會中選成為樣本並表達意見；在典型的資料分析中，所有受訪者的權重是（近乎）相同的。除了投票所以外，所有民眾對於公共政策的影響力並不相同。政治資源的分配，不管是財富上或資訊上，在民眾中的分配並不是均等的。因為不同決策者會引用民調結果來合理化他們的政策，民調本身成為影響公共政策的一種手段。不過，所有的民調受訪者的意見，都應該平等地予以計算嗎？菁英學派的批評會認為，應該讓民眾中最通曉資訊的一群人擁有最高的權重。不過，這種立場定會遇到平等主義學派的抵抗。我們在下一章會繼續討論，民主政體中的民調角色。

詮釋民調結果

在談過以及分析過這麼多內容之後，有時，對民調結果的的反應以及對於後續的詮釋，是受一個人的價值以及信念所影響。例如，一個民調結果顯示：有75%的美國民眾願意讓他們的子女和患有愛滋病的學童上同一所學校；而25%則不願意。對於這個發現大家可能會有什麼樣的反應？當科學的證據已經顯示愛滋病不會因為偶發接觸而傳染時，有些人可能對於為什麼仍有四分之一的美國民眾心胸狹隘地對待愛滋病，而感到震驚與沮喪。其他人可能感到安心與鬆一口氣，因為有四分之三的美國民眾非常開明以及寬容地允許他們的子女和患有愛滋病的學童一起就讀。有些人可能會覺得驚愕：在愛滋病並沒有絕對的把握不會經由偶發接觸而傳染的情況下，為何有75%的美國民眾還傻呼呼地讓他們的小孩和愛滋病兒童一起上課呢？

如果民意顯示：90%的白人支持黑人擔任總統，但10%不支持。則這個結果應該如何詮釋？我們如何詮釋這樣的答案？有人可能會認為美國民眾的種族態度改變而覺得開心。從不同的觀點來看此議題，可能會責難在這個以為已經是開明與寬容的時代，仍有10%的白人受訪者仍然不願表態支持夠格的黑人候選人。

以上兩個例子，都無法提供單一而正確的資料詮釋。反而，資料詮釋的走向，受詮釋者個人的價值觀、信仰與目的所影響。這個觀察可以顯現在兩個全國性的槍械管制的調查中，其中一個由全國來福槍協會（National Rifle Association, NRA）所贊助，並由決策／制訂／資訊公司執行；另一個則是由手槍暴力預防研究中心（Center for the Study and Prevention of Handgun Violence）所贊助，並由劍橋報告公司（民調研究者Patrick Caddell的公司）所執行。雖然兩個調查的統計結果可以互相對照，但兩個報告卻做出實質上頗不相同的結論。NRA的分析，得出下列的結論：

> 大多數的美國民眾相信，我們不需要更多的法律來管理槍械的擁

有與使用，同時更多的槍械法律，並不會讓犯罪率降低（Wright 1981, 25）。

相反地，手槍暴力預防研究中心所贊助的研究結論如下：

> 很清楚地，大多數的民眾（包括擁有以及未擁有手槍者）盼望對於手槍發放執照並登記……。美國大眾希望某種形式的手槍管制法案（Wright 1981, 25）。

Wright小心地分析用來支持各自結論的證據，他發現：「兩份報告主要的差異並不在它們的研究發現，而在對發現的陳述以及對發現所下的結論：證據的哪些面向要被強調（或不被強調），以及從這些證據得到的，對於武器管制上需要或是不需要更嚴格管制的意涵」（Wright 1981, 38）。究其根本，不同的建議來自對於資料不同的詮釋。

另外有兩個關於稅制改革的民調，也提供我們選擇性地詮釋並報導民調資料的另一個案例（Sussman 1985a）。先談一個由保險業贊助、民調研究者Burns Roper執行的民調。在記者會上發表的主要結論是：77%的美國大眾表示：「勞工的員工福利不該被課稅」，而只有15%的人認為要被課稅。這個結論讓保險業感到安心。然而，Roper納入了其他的問卷題目，而這些題目是保險業選擇不去強調的。Sussman指出，77%反對課徵員工福利稅的人接著被問道：「如果這項稅收直接用在減少聯邦赤字而非新增的政府花費上，您仍舊會反對就員工福利進行課稅嗎？」在此條件下，有26%的受訪者不再反對，使得反對的比例降到總樣本的51%。

延續著第一個續問的問題後，再問受訪者這一個問題：「如果這項額外的稅收可以用來降低全體民眾的所得稅率，您是否仍然反對將員工的福利列入應課稅的所得？」（這正是財政部原先稅收計畫的一部分）。樣本中，現在只有33%反對課徵員工福利稅，50%支持，17%無法決定。因此，看你使用的是哪項結果，任何人都可以將民眾對員工福利課稅的議題，說成是大多數公民支持或是反對這項計畫。

另一個Sussman分析的民調也試圖瞭解民眾對於財政部稅制方案的回應。調查中的一個題目是這樣的：

> 問：財政部提議改變稅制。財政部將提出三種累進稅率，但大部分現行從所得抵扣的部分將被取消。非聯邦所得稅與財產稅將無法抵扣，同時許多抵扣的部分將受限制。請問，您贊成或是反對這個提案？（Sussman 1985a）

毫無意外地，有57%的民眾反對財政部這項計畫，只有27%予以支持。但如Sussman所言，這樣的問題具有高度的選擇性及引導性，因為問題把焦點放在會傷害到納稅人的稅制變革部分。例如，問題中沒有告訴受訪者，財政部計畫的最主要部分，是會降低現行的稅率，讓80%的美國人可以繳納和以往一樣或甚至更少的稅。這個調查很明顯地，是設計用來得到一組和贊助者的政策目標是完全相符的結果。

在2003年8月，佐格比國際民意調查公司（Zogby International）與《美國企業雜誌》（American Enterprise magazine）合作，執行一個宣稱是科學的伊朗民眾的民意調查。在佐格比公布的一個星期內，在9月10日，全國民意調查委員會（National Council on Public Opinion Poll）的審閱委員會發出對該調查的一份批評，指出它不是一份以科學機率抽樣而是便利取樣的調查，且只在伊朗的四個城市（不包括巴格達）的公共場所，像是購物區或是咖啡廳等地方，進行訪問。

不論這樣的抽樣程序具有什麼樣的優缺點，對於該民調的詮釋才值得注意。在民調進行的當下，美國國內對小布希總統提出的戰後伊拉克計畫的批評聲浪，正逐漸升高。愈來愈多的美國民眾，相信即使正規的戰事已告終，但對伊拉克的後續處理，進行地並不順利。美國軍人在伊拉克常受到攻擊，且似乎許多伊拉克民眾對於美國的政策以及美國的出現感到憤怒。當民調的結果公諸於世，小布希政府的支持者宣稱，美國對伊拉克的政策其實比媒體報導的要好得多。的確，《美國企業雜誌》的總編輯Karl Zinsmeister在分析民調總結後提出警告：「我們在世界的蠻荒角落蹣跚前進，美國，要撐下去。」（Zinsmeister 2003）

也許Zinsmeister說得沒錯。但有人會擔心民調結果的正確性，因其並未納入巴格達地區的民眾。更重要的是，對於那些回答的詮釋，有些可能是過分樂觀。例如，Zinsmeister寫道：「伊拉克人很樂觀。十個人中有七個人說，他們預期他們的國家及他們的個人生活，會在五年後變得比現在更好。」懷疑論者可能會這麼認為，依照伊拉克當前的局勢，伊拉克民眾當然會認為五年後生活會好轉，因為現在的情況已經差到不能再差了。另一個民調中的題目是這麼問的：

> 問：如果要您說出一個您希望伊拉克新政府效法的國家，您會選擇下列哪一個國家？
>
> | | |
> |---|---|
> | 敘利亞 | 11.9% |
> | 沙烏地阿拉伯 | 17.4% |
> | 美國 | 23.3% |
> | 伊朗 | 3.1% |
> | 埃及 | 7.1% |
> | 其他 | 15.4% |
> | 無 | 21.9% |

在報導這些結果上，Zinsmeister只考慮伊拉克民眾在以上五個國家中的選擇，然後就寫道：「到目前為止最熱門的國家是美國，有37%（23.3/11.9+17.4+23.3+3.1+7.1）比例的伊拉克民眾較偏好它。……」但另一種解讀這些數字的方法是說，有23.3%的受訪者選擇美國，或更消極地來說，當伊拉克人有機會選擇美國作為伊拉克新政府仿效的對象時，竟有76.7%的受訪者選擇了美國以外的其他國家。

Zinsmeister也樂觀地認為，伊拉克不會變成基本教義派下的伊斯蘭共和國。他寫道：

> 或許最強的跡象是，伊斯蘭政府不會成為伊拉克未來的一部分：這個國家徹徹底底的世俗化了。我們詢問受訪者他們在上個月有多常參加星期五的祈禱，有43%的受訪者表示「從來都沒有」。該是把柯梅尼從伊拉克批評家的恐懼表上劃掉的時候了。

Zinsmeister直接從一個調查題目的結果，跳到一個已經建立的伊斯蘭共和國不具有任何危險的結論。另一個題目問的是，伊拉克是否應該有一個伊斯蘭政府，或者政府是否應該讓每個人擁有各自的宗教信仰。大約

33%的受訪者偏好伊斯蘭政府，而60%的受訪者支持讓人民擁有他們自己選擇的宗教。這個題目顯示出：有三分之一的伊拉克民眾想要伊斯蘭政府，但讓人民擁有他們自己的宗教信仰，是否就排除了伊斯蘭政府，這一點也無法釐清。

很明顯地，Zinsmeister想用民調結果，鼓勵美國人繼續留在伊拉克。他對讀者表明立場，說他是以倡議者的立場從事寫作，且他如何使用並操弄民調的資料。但另外兩篇關於這個民調的文章，一篇發表在《基督教科學箴言報》（*Christian Science Monitor*, Hughes 2003），另一篇出現在英國的《金融時報》（*Financial Times*, Dinmore 2003），他們就指出，就同樣的資料，可用不同的鋪陳方式，得到不同的效果。《金融時報》的新聞有點負面，因為標題是「民意調查顯示伊拉克民眾不信任美國」。相反地，《基督教科學箴言報》一篇關於伊拉克人對美國的態度的新聞就來得正面得多了。就某個角度而言，Hughes寫道：「三分之二的受訪者敦促美國與英國部隊應至少再停留一年。」這就有點誤導了，因為實際問伊拉克民眾的問題是：「如果可以選擇的話，您希望美軍和英軍部隊在多久之內離開伊拉克？六個月、一年、兩年、或是更久？」有31%的受訪者希望他們在六個月內離開伊拉克，而總計有65.5%的受訪者希望是在一年之內。很清楚的，並非是三分之二的伊拉克民眾要求美國與英國部隊續留至少一年，而是三分之二的伊拉克民眾要這些部隊在一年內離開。

民調何時出現衝突：幾個最後的思考

有時，民調的消費者面對相同主題、相近時間執行的民調，卻出現分歧的結果而倍感困惑。特別出現在總統選舉期間的對比式民調，常有多家民調在相近時間點做出的民調結果，偶爾出現歧異的結果。例如，在1984年的美國選舉差不多時間進行的民調得到相當不同的結果。一個哈里斯的民調指出：雷根領先孟岱爾9個百分點；ABC新聞網／華盛頓郵報的民調指出：雷根領先孟岱爾12個百分點；CBS新聞網／紐約時報的民調指出：雷根領先孟岱爾13個百分點；洛杉磯時報的民調指出雷根領先17個百分點；NBC新聞網的民調指出雷根領先25個百分點（Oreskes 1984）。在1988年9月時，有一次在三天內，就接連釋出了7個關於總統大選的民調，有的調查結果是老布希以8個百分點領先，有的則是杜凱吉斯領先6個百分點（Morin 1988c）。在1992年8月下旬所進行的10個全國性民調，都顯示柯林頓領先老布希5到19個百分點之間（Elving 1992）。在1996年選前最後一波民調顯示，柯林頓以7到18個百分點之間的差距領先杜爾。在2000年的10月26日，當天發布了6個民調出現各種不同的結果，包括了小布希以13個百分點領先高爾以及高爾領先小布希2個百分點。在2004年與2008年的選前民調，顯示選舉結果得票會非常接近。對於總統選舉選民投票偏好這種看似直截了當的話題，為什麼還是會有這麼大的差異？我們可以舉出很多理由，有些的效果非常明顯，有些則否。

對於民調與某次選舉的結果出現歧異的原因，有相當多的文獻討論此一主題（Lipset 1980; Lewis and Schneider 1982; Dolnick 1984; Traugott 1987; Voss, Gelman, and King 1995）。Zukin（2004）對於在相近時間點執行的民調為什麼會出現歧異，提供一個對各種因素清晰易懂的概觀說明。Zukin首先指出，這些不同的結果可能只是因為抽樣誤差。看似不同的結果，一旦將原先估計的抽樣誤差百分比納入，則不同民調其實是在相同的區間內。運用Zukin的例子，如果一個民調有4%的抽樣誤差，它顯示小布希以48%領先凱瑞的43%，則小布希真正的支持度應該是在44%到52%之間（在一定的信心水準之下），而凱瑞應該是在39%到47%之間。小布希可以領先到13%（小布希52%對上凱瑞的39%）或是落後3%（小布希44%而凱瑞47%）。Zukin指出，抽樣誤差可以解釋我們看到的許多不一致的民調結果。

接著，Zukin考慮很多民調研究者必須做的很多調查過程各種技術性的決定，這些決定也有助我們解釋不同民調的差異。例如，他指出，民調研究者可能使用不同的抽樣底冊以及不同的選擇實際受訪對象的方法。完成調查的時間點也許不同，正如同執行的程序、問卷遣詞用字或是順序，以及加權方法可能有差異。不同的調查機構在認定可能去投票的選民之方法也許並不同；在訪問的執行過程可能也不盡相同，像是採用怎麼樣的回撥（callback）方法，以及是否努力說服拒訪者接受訪問。

總統選舉民調結果的歧異，也許比起在不同議題或是政策問題民調上的差異，更易於解釋，特別是後者的民調很可能是在相近的時間點執行的。除了上述的各種解釋選舉民調結果差異的原因之外，我們可能要對潛在的問卷題目遣詞用字以及題目的前後脈絡，以及無態度與不同成功率的可能影響，給予更大的關注。因為民調消費者可能對於各家競爭的民調在研究方法與研究設計上的差異並不熟悉，所以要認定哪一家民調結果最具說服力以及調和各種衝突的結果。我經常建議我的朋友，當他們碰到同一主題的民調出現不同結果時，也許將各結果取個平均值，可以得到一個對結果的最佳估計。但這個建議只有在我們面對具有威望的民調公司所執行的民調才有用；要避免將一個讓樣本自由選擇參加的不科學民調的結果，納入一起平均。當相同主題的多個民調，得到相近的結果時，民眾會對此民調結果充滿信心。而當一個主題只有一家民調公司在執行時，民眾必定希望該民調得到的結果是真實的，而非只是民調執行過程中不同方法選擇的產物。簡單地說，民眾往往很難區分民調資料的詮釋與蒐集資料的過程，所以，要當個通曉民調的消費者就更具有挑戰性了。

習題

1. 回顧本書中舉出的調查例子。挑一個案例並就同樣的調查結果，提出兩個非常不同的詮釋。也就是說，對於相同的一組結果寫下兩個非常不同的評論。
2. 假設歐巴馬總統在2010年的施政滿意度是54%。你會怎樣報導這個調查結果？你會提出怎樣的評論？先想一下，各種可能影響這個結果的因素，也許可以參考一下那個月的全國性報紙的相關報導，我們如何判斷這樣的滿意度是高還是低？什麼樣的比較點有助於我們做出該判斷？

第九章　民調與民主

非常清楚的是，民調會再續留；
不會只是一年，而是從今以後。

訪問以及問卷，與我們熟悉的民調專家，
非消逝的幻想，喔，我的天啊，絕不假！

媒體鍾愛民調各種樣貌，即使內容並沒什麼可聊。

統計偶爾使你麻痺，結果也許讓你震驚，
但是經過一些時日，民調終將歷久彌新。

——向George Gershwin致歉

民調是古典民主理論的當代產物；它見證了理性又聰慧的公民對每天重大議題做出有見識判斷的能力。民調讓政治組織得以在推動其目標時，展現民意是站在他們那一邊的。新聞機構也同樣迷戀民調，部分是因為民調似乎提升了民眾，同時也是媒體的觀眾，成為重要的政治角色，實際上，民調在政治過程中，將漫無組織的公民轉型成單一行為者。當民調顯示民眾不支持政府的行動時，它提供了媒體政府與民眾間衝突的素材，像是總統與國會間或眾議院與參議院之間的爭論一般。

當民調的技術更為精進、提升與容易取得之後，不同類型的團體，包括營利的與非營利的、公部門或私部門，都有能力贊助以及自己執行民調。組織可隨時僱用民調研究者專家執行民調來推銷他們的政策理念。如果想要確保調查出符合他們想要的結果，他們也可以自己做調查。這些為個人服務的民調充滿著誘導的問卷題目、扭曲的樣本，以及錯誤的資料詮釋。例如，在1980年代菸草協會（the Tobacco Institute）與密西根菸草與糖果配送與零售商協會（the Michigan Tobacco and Candy Distributors and Vendors Association）為了企圖擋下更高的香菸稅與禁菸的立法提案所執行的民調即是（Perlstadt and Holmes 1987; Morin 1989a）。

民調技術改變的一個層面，是今天更為便宜或快速的方式從事民調，特別是網路民調、或是事先錄好問卷的電腦自動撥號語音訪問。這些便宜的民調方式讓各種訪問的數目快速成長，也讓人不免質疑調查的適當性與有效性。當以嚴謹以及合乎規範的方式執行，網路民調與電腦自動撥號語音調查，會是一個確知民意的有用途徑。但他們也可能以鬆散與瑕疵的方式執行，特別是如何取得具有代表性的樣本。如今有太多充滿瑕疵的民調被媒體所報導，因此使得這些民調實際上隱含了待驗證的特性。也因此，民調的消費者必須對民調結果更加小心評斷以及批判。

主要的新聞機構在其專屬的民調設備上投下鉅資，助長了調查的擴散。例如，當總統大選候選人辯論開始，新聞機構如果沒有對辯論的輸贏做一個民調並加以報導的話，其報導會被指責是不完整的。對於特定的選舉，媒體間醜陋的爭搶著要第一個報導選舉的最後結果，也說明了競爭與閱聽率的壓力，促成了民調的廣泛使用。媒體是基於兩個假定進行新聞的處理：民眾對重要新聞事件的反應是有意義的，以及民調提升了新聞的價值。

如何評估民意調查：一個摘要

對於公民來說，民意調查是讓他們參與社會事務以及瞭解政府決策與公民意見之間關係的重要方式。當愈來愈多的機構進行民調並發布結果時，不論是要告知大眾或是操縱民意，公民應該當個有警覺性的消費者，對各種可能影響民調結果因素保持敏銳度。要擁有這樣的敏銳度並不需要熟悉統計或具有調查研究經驗。消費者只需用健康的懷疑態度來面對民調，並用下列評估民調結果的重點為工具。

首先，民調的消費者要問的是：民意調查測量的是真正的意見還是無態度？受訪者是否對該主題有一定的知悉度且能提出真正的意見？或是聚焦在太深奧的內容，以致於受訪者只是回應出訪問情境下的社會壓力，讓受訪者在即使對訪問的問題沒有真正看法的情況下，仍然提供答案？Neuman便主張，態度與無態度之間往往沒有明確的分野，Neuman以準態度（quasi-attitude）這個名詞，將態度與無態度之間，做出一個程度上的區別，且指出公民對調查題目的回答，是「深思熟慮後的意見、穩定的意見、三心兩意的意見、誤解，以及純粹隨機回答的集合體」（1986, 184）。

另外要考慮的一個問題是：研究者是否曾努力過濾掉那些對題目缺乏真正態度的受訪者？不幸地，媒體報導中常常省略了，有沒有過濾題及其效果的資訊，也就是說，我們往往無法分辨，總樣本中有多少比例樣本回答了特定的題目，而哪些比例的樣本被過濾掉了。若要對這些訊息提供更好的報導，則新聞機構至少在報導民意調查時，提供特定題目中回答受訪者的樣本人數。如果那個人數與總樣本數有很大的出入時，新聞機構應該解釋其歧異處。

當過濾的資訊沒有呈現的情況下，會迫使民眾須先對於該調查是不是只測量到無態度者，先做一個印象式的判斷。有些政治菁英已經針鋒相對而熱烈討論的公共政策議題，像稅制改革議題，對許多美國民眾來說可能沒有多大興趣，也因此極有可能民調只是測量到無態度。

跟無態度相比，民眾有較佳的能力評估，題目的措辭可能造成的效果。因為媒體通常提供題目的實際措辭，讀者（或閱覽人）可判斷問題中的任何字詞是否為刻意誘導、選項是否以公允及平衡的方式呈現，以及問卷題目是否正確地反映出我們要研究的主題。如果一個新聞報導遺漏了題目的措辭，特別是在對爭議性議題的調查中，消費者必須提高警覺且加以質疑。

問卷題目的措辭，是完整的問卷內容必須和調查報告一起提供的原因之一。調查中針對某一主題常包含很多個題目，但當報導僅報告其中一兩個題目的時候，提供完整的問卷是很有幫助的。缺少完整的問卷，民調消費者就無法評估是不是調查單位僅選擇性地釋出部分調查結果，而可能有誤導的效果。

另一個檢視完整問卷的原因，是要評估題目先後順序的潛在影響。因為新聞報導（而非新聞機構針對自身民調所發的新聞）與新聞內容鮮少包括完整的調查內容，所以包括完整的問卷是不太常見。儘管如此，民眾應該要知道，在調查時前面問的題目會影響到受訪者對下一題的回答。民眾對這種微妙的情況不大能直接感覺到，然而策略性地擺放題目的先後順序，卻是改變民調結果最有效率的方法。就算每個題目都可能是中立又公正的，他們的排列順序卻可能引導出調查贊助者所想要的特定答案。要得知此問題存在與否的線索，可以看看執行調查的機構，例如競選團隊，是否拒絕釋出完整民調的結果。

民調消費者應該注意的下個問題是抽樣。雖然對大部分民眾來說，這是民調最神秘的部分，但抽樣的細節並不需要深入地瞭解。抽樣誤差並非民調經常出錯之處，有聲望的民調研究者會選擇代表性的樣本並報導抽樣誤差與信心水準，好讓民眾可以對調查結果重要與否進行獨立的判斷。要確保樣本能適當地反映出民調想推論母群體的目標，民調消費者應該留意如何定義樣本。當然，消費者要確認這個樣本是經由科學性的隨機方法所選出的，而非自選樣本或是便利抽樣。

對於抽樣，民眾不應忽略的一個面向為：特定的調查發現，其基於多少比例的總樣本數。基於各種原因，像是使用過濾題目、或者需要分析樣本中更有意思的次群體，所以我們分析結果的樣本數目會比原始樣本少得許多。因此，我們不但要知道總樣本的抽樣誤差，還要知道運用次群體推論時的抽樣誤差。

由於媒體報導中，除了說明訪問的方式（電訪或面訪）與訪問時間外，對於訪問的過程提供的訊息很少，使得民眾不太可能評估調查結果的訪問效應。民調的消費者一般會假設訪問是妥善地執行，對一個有聲望的民調公司來說，這個假設是無庸置疑的。但消費者須注意的是，當訪員刻意想製造偏差的訪問結果時，其實在訪問過程中有許多可乘之機。對民調消費者來說，要瞭解有沒有訪員效果的最佳方法，就是當個民調的受訪者，並細心觀察訪員的表現——當然，這不是每個人都會有的機會。

評估民調最後一個要問的問題，是評估民調結果的分析與詮釋。大部分的民眾沒有接觸原始民調資料的管道，所以必須依賴新聞機構與其他提供資料者，對結果的分析及詮釋。但是，這些提供資訊來源者，是否為特定民調結果的既得利益者？如果是的話，消費者必須更加小心地檢視民調結果。例如，保險業所贊助的民調中指出，第三責任險（liability insurance）的危機，是由貪婪的律師所造成的，則民眾對此結果，應該比由較少直接利害關係的機構所贊助的類似民調，抱持著更多的質疑。同樣地，由候選人釋出的選舉民調結果，應該比由較有公信力的新聞機構所釋出的，更加小心地檢視。

在評估完民調的消息來源後，消費者面對更困難的任務，是要確定民調研究者所提出的結論，是否由調查資料推論而得。這個任務困難重重，是因為如前所述，新聞報導或新聞稿中，只提供部分的相關證據。像是，民調可能對一個主題運用許多題目來調查，但媒體報導可能只呈現其中部分題目的調查結果。在缺乏完整問卷題目的情況下，我們只能希望分析者能對具有代表性的結果進行報導，或者臆測不同的題目可能會得出不同的結果。同樣地，報告中可能包含全體樣本的結果，而非樣本中次群體在該題目上最重要的差異。在無法直接接觸到資料的情況下，民眾只好自己思索，次群體中的差異會對整個結果的詮釋造成什麼樣的影響。

對民調的詮釋，不是個客觀的工作；不同的分析者對同樣的民調資料，可能產生相異的結論。儘管其原因眾多，但最明顯的一個，是分析者帶著不同的價值觀念以及觀點，在執行他們的資料分析與詮釋的工作。例如，儘管對於哪些因素會造成民眾對某個議題較高或較差的支持度，並沒有客觀的標準；但這些因素多半取決於分析者的個人觀點。因此民調的消費者應該捫心自問，他們以報導的資料內容，會不會分析出相同的結論。一個由有聲望的機構贊助，並由具有公信力的公司執行，不代表消費者必須自然而然地尊重其結論。如果一個民調的結果，是與贊助者的既得利益有所牽扯的話，消費者就得獨立判斷了。

民調及其對政治體系的影響

民調會促進還是阻礙民眾在社會的影響力？民調對政治體系的整體影響，是正面的還是負面的？這些問題迄今仍在熱烈辯論中。Cherington在1940年時就主張：民調增加了民眾的影響力，因為民調提供了一個讓具有代表性的不同階層美國民眾發聲的管道；僅是小眾的觀點則再也得不到關注了。Meyer（1940）也進一步指出：民調提供了民之所欲的資訊，讓政治領導者用以抵擋以大眾民意之名遂行一己之私的小團體，所製造的壓力。

這些主張迄今仍然屬實，然而我們也必須認清，以民調作為民眾影響政治決策的方式有其限制。首先，如第一章所討論的，美國是一個代議民主國家，除了民選的公職人員之外，還包括各種試圖促進自身利益的組織團體。關於民意調查結果可以直接轉化成公共政策的任何假設都是天真的。若照例將民調結果直接轉化成政策，也不會是我們想要的。民調往往只捕捉到民意的短暫與過渡面，民眾在回答時也許較少慎思明辨或是深思熟慮。和國會的辯論以及公聽會相比，複雜的議題當然永遠無法單靠一個民調來有效掌握。

其次，即使民眾反映在民調中的觀點已經過深思熟慮，民調經常呈現出在特定議題上沒有多數意見；且意見可能以不同方式出現分歧。而且，自動地服從多數也可能讓我們所重視的保障少數的價值受到質疑。我們正視：不適當地使用民調可能會威脅而非提升代議民主及其相關的價值觀念。

第三，只關注民調的結果反而會忽略民意形成與修正的過程。例如，形塑民意的因素之一是政治菁英的行為。當白宮運用大型的公關，包括總統的全國電視演說、引人注目的總統公開行程，以及提交國會的法案包裹，則當民意朝向白宮所希望的方向移動時，我們一點也不會感到意外。民意並非永遠是公眾觀點的獨立表達，民意有可能會被操控，至少是部分被菁英所操控。

有時候，總統會主導不受歡迎的議題，通常是在國際危機發生的時候。在總統對國內發表重要演說後，民調通常會顯示出對於總統行動的熱烈支持，這或肇因於民眾的愛國心，或是在面對危機時全民萬眾一心的希望。就像是1990年的波斯灣危機、2001年發生在美國本土的恐怖份子攻擊，以及2003年對伊拉克的戰爭。

其他的時候，總統可能會急於跟緊民意然後再塑造民意。這發生在1986年夏秋之交，美國總統對美國民眾毒品濫用問題的回應上。在知名運動員慘死以及媒體對毒品危機的報導幅度增加，在1986年8月一個由CBS新聞網／紐約時報所進行的民調中，有最多的美國民眾認為國家面對最重要的問題是毒品問題（Clymer 1986b）。國會，特別是民主黨眾議員，希望在這個議題上贏得先機，而提出了一個反毒的法案。白宮以採納國會的提案作為回應，但是雷根總統也提出了他自己的方案，並和第一夫人史無前例地在全國性電視節目上發表聯合演說。新的重大法律案也通過，以表示毒品問題受到重視。老布希總統在1989年對毒品宣戰，並任命了一個反毒的「頭頭」（czar）來協調聯邦的提案。總統宣布了許多反毒的計畫。民調結果顯示，雖然美國人以壓倒性的比例支持這些提案，但他們強烈地認為老布希總統的計畫不夠長遠。

上面這些例子，說明了公民的影響力是什麼？當然，毒品的例子告訴了我們民意對於喚醒民眾對該議題重視的效力。即使如此，該議題的重要性，相當程度上是受因為新聞媒體與政治菁英將議題端上檯面的影響；民眾只是被動回應該議題而非主動創造議題。將反毒措施納入法律，提醒我們當引起民意關注後可以鞭策政府提出政策計畫。但是，當媒體與總統停止討論某議題後，該議題就變得沒那麼重要且逐漸從民眾的關注中消逝，且民眾可能會有一種錯覺，就是認為該問題已經解決了。

有時候政治菁英可能會（故意或無意地）誤判民調的真正意見。不幸地，政治領導者有時候無法認清民調的限制以及特定情境，而自動地將支持的民調結果視為對政策的背書。美國民眾在國際危機出現時，擁護總統領導中心的趨勢，就不應被盲目地解讀成，授權總統執行特定政策。

Ginsberg（1986）認為：民調削弱了民意在民主社會裡的影響力。他主張：除了參與民意調查之外，民眾還有許多其他方式來表達意見，像是進行示威與抗議、一人一信運動，以及利益團體的活動。不過，因為民調常被視為是科學的且能代表大眾，因而成為主要的意見方式。

照Ginsberg的說法，民調頻率的增加造成民調本質的四個根本改變：首先，就表達意見而言，回答民意調查比起提筆寫信或參加抗議活動來得容易許多；通常抱持堅定立場者，才會採取寫信和抗議的行動。至於民調，誰都可以回答，不管他們對於該議題的態度強烈與否。因此在民調中，少數團體意見的強烈態度，會被大眾的無所謂意見所淹沒。的確，政府的領導者可能藉由引用多數美國民眾的意見，來表達大多數民眾對異議份子的觀點不予支持的立場。

其次，民調將民意從行為，譬如一人一信或示威活動，轉變成態度，也就是對於民調題目的口頭回覆。Ginsberg認為，以民調所展現的民意，對政治菁英的威脅性，遠不及透過行為機制所進行的意見表達。此外，民調可以讓領導者知悉異議者在還沒採取行動之前的態度傾向。瞭解民眾對各種議題的態度，可以讓政府預警與採取補救的措施或是透過政治公關的方式操縱民意，來改變民眾的態度。

第三，民調將民意從團體意見的總和轉換成個人各自擁有的意見。這個因素讓民選官員忽略團體領導者轉而關注民眾的意見。不幸地，太關注民眾意見反而減弱了民眾的政治權力，因為在美國，團體組織的活動而非個人的活動，才是民眾影響政府決策的關鍵。

最後，民調減低了民眾設定政治議程的機會。民調的主題是民調的贊助者，而非公民，來選定的。因此，公民失去了對議程的控制，由民調所呈現的議題也很可能和民眾真正關心的議題有很大的差距。

Ginsberg的結論是：民調讓民意更安全了，並對政府造成的威脅更小了。藉由民調所表達的意見，其實讓民眾對決策者的要求與限制更少了，且讓政治領導者有更強的能力去「預期、導正、並操控大眾的態度」（Ginsberg 1986, 85）。簡言之，Ginsberg的論點是：民意調查的出現與成長對於民眾的政策影響力反而是不利的。

儘管我們未必完全同意Ginsberg的結論，他倒是對民意調查氾濫所隱含的危險，點出了很多重要的議題。很清楚地，公民須避免讓「民意」與

「民調結果」畫上等號。民意表達的方式很多，包含Ginsberg上面所提到的：抗議、一人一信運動、直接與決策者接觸，以及其他的各種方式。政治菁英也體認到忽略其他的表達政治意見選項將付出的可能代價，但重要的是，媒體也承認民調並非表達民意的唯一合法方式。同樣的，公民也要避免以回答民調的被動方式，來取代在政治上更積極的參與途徑。

儘管美國民眾直接參與選舉的比例在下降，但其他以團體組織的活動卻在上升。如果團體擁有資源的話，在其主張和政治菁英的議題設定相衝突時，它們就可以利用民調來推銷其議程。和Ginsberg的主張相反的是，民意調查不需要將民意變成個人的財產，而是變成團體的資產。民調可以辨別不同背景的民眾中，通常是由人口學特徵性來定義，哪些人與大部分民眾的意見持不同立場。例如，對2000年總統大選的選舉結果的民調便顯示：白人與黑人對小布希獲勝的合法性以及整個司法與選舉過程的公平性有相當不同的認知。不論Ginsberg的觀點是否言過其實，民調在美國民眾的政治生活、競選活動、政府治理，以及一般茶餘飯後的閒聊中日漸重要。

Bartels（2003）對於民主治理中民意調查的角色則有不同的觀點。他主張因為民調測量的是民眾的態度，並不是民眾對公共政策的偏好，所以，民調不會提供也不能提供政治領導人所該追求的政策選項之方向。Bartels認為在民調中民眾對於政策問題的回應，會因為題目的措辭、題目所在的先後順序以及所提供的選項之不同，而有劇烈地變化，因此對領導者應該如何治理國政的指導其實提供非常少的訊息。Althaus（2003）也有同樣看法。他瞭解民調以及民調受訪者的限制，所以他認為民調應該用來決定民眾最關心的問題是哪些，而不是對於那些問題的解決方案。如果民眾對公共政策的複雜性與詳情所瞭解的資訊有限，那民調最好用來評估民眾對該政策企圖與目標的看法，而非如何具體處理問題的看法。從這個方向，公民在民意調查中的角色，是提供決策者較為廣泛的資訊，但將具體達成政策目標的工作交給決策者。

觀察家關注民調對民眾的政治影響力以及民選公職人員施政表現上的效果。早在六十年前，Bernays（1945）即警告：民調會宰制政治領導者，決策者會像奴隸般地順著民調來取悅民眾並維持其支持率。民調甚至會癱瘓政治領導者，防止他們採取不受歡迎的立場，以及不讓他們在具有爭議性的議題上教育民眾。像Bernays的政治觀察家仍輕蔑地嘲笑把民調數字隨身放在口袋的政治家，認為他們缺乏了不論民調如何也要貫徹自身信念的勇氣。

有些公職人員確實盲目地依循民調結果，但今日是誰在濫用、操控、讀錯民調結果，就更值得我們注意。特別是，總統們正逐漸地試圖經營民意。例如，Altschuler（1986）就描述了詹森（Lyndon Johnson）總統在其支持率開始下降時，如何主動出擊。為了讓關鍵的菁英們相信他得聲望仍強，詹森對民調展開攻擊、選擇性地洩露私人執行的民調、並藉由建立與民調研究者的私人情誼來試圖影響民調結果與報導。同樣地，尼克森政府也嘗試藉由影響民調的執行與報導他們的全國性民調，來操控蓋洛普與哈里斯民調組織（Jacobs and Shapiro 1995-1996）。內部的民意調查是雷根政府有技巧地建立公共關系的核心關鍵（Blumenthal 1981）。Beal與Hinckley（1984）在描述雷根政府時，他們認為民調在總統選舉後比在選舉前更為重要，事實上，民調對國家治理的重要性，遠超過一般所認知的。同樣地，民調是柯林頓總統白宮運作的中心，也在小布希總統任內占有一席之地。Jacobs與Shapiro（1995）指出：甘迺迪、詹森、還有特別是尼克森總統任內，都是當代白宮使用民調的先驅。Shapiro與Jacobs（2002）檢視總統如何利用民調來操縱民意以及讓他們得以規避大眾欲求。當然，沒有人會否定總統與其他民選官員的民調專家。但對於現任者表現好壞，絕不能簡化為以特定方法塑造民意的成功與否來衡量。

雖然許多研究檢視總統如何嘗試塑造民意，但有愈來愈多的研究開始分析民調如何影響總統行政團隊的政策選擇與決策。最近兩個研究，一個是對尼克森政府（Druckman and Jacobs 2006），另一個是對雷根政府（Murray 2006），他們發現總統的行政團隊不是只想操縱民意或只是跟隨民調結果。檢視尼克森與雷根的行政團隊所委託的私人民調以及其他文件資料庫與其他資料來源後，兩個研究都發現，當民眾認為該議題對他們來說是非常重要以及顯著的，行政團隊會回應民意。不過，在比較不重要的議題上，總統有更多的自由去採取可以取悅他們核心支持者以及其他團體的立場，而不在乎一般大眾。至少，上述的研究發現：總統在關鍵議題上會回應民調，在一些情況下，民調實際是公民影響政策的工具。

另外一個民調影響菁英行為的例子發生在2006年的期中選舉。雖然參選人總是關注民調以及民調對他們的影響，但是在2006年可以直接觀察到候選人，特別是共和黨候選人，如何策略性地改變他們的行為。當媒體報導的民調結果顯示美國民眾逐漸反對伊拉克戰爭、對小布希總統在伊拉克的表現愈來愈不滿，以及選民愈來愈想投票給民主黨時，許多共和黨的現任國會議員修正他們在伊拉克的立場或是改變他們的選戰策略。一些共和黨議員與小布希政府的伊拉克政策保持距離，其他議員表示他們對國防部長倫斯菲（Donald Rumsfeld）不具信心（倫斯菲在選後隔天請辭），其他議員則不希望總統到選區幫他們站台。當然，民調結果以及媒體的大幅關注，讓國會議員改變他們在2006年選舉的行為。

民調對政治系統最後的一個值得考慮的效果就是：它們對於政治論述的貢獻。我們也許會問：當代的政策辯論是不是變得太過於倚重民調。例如，在2009-2010年對於健保改革的辯論以及在媒體的報導上，太受民調影響。有些評論建議政策最終應該採取民調所反應的民眾偏好。一般來說，主張政策須反應大眾的意見是相當合理的。不過，當民意過度受到扭曲、半真半假、恐嚇的伎倆等支持與反對健保改革的政治辯論所影響時，或是國會以外的行為者，像是企業團體、貿易協會、勞工工會，以及其他組織，利用所有可能的策略，像是電視與收音機廣告、直接郵寄郵件、報紙的專欄文章、語音自動撥號電話行銷、電話撥號中心，針對健保改革進行遊說，當辯論結束，民調研究者詢問民眾對於支持與反對論述的意見，而由媒體報導這些民調結果。最終，對於健保改革的實質辯論，也許反而成為邊緣的議題，讓他在降低的辯論品質中，變成枝微末節。在美國政治中，操縱與利用民調以達成特定目的並不新奇，推銷特定議題者總想宣稱民意是站在他們這一邊。但是健保改革辯論卻更上一層樓，也許會讓這樣的惡靈在未來成為趨勢。如果是不計代價贏得目標，那什麼手段都會用得出來。但是民調作為發現美國民眾偏好的絕佳利器，也許反而成為混淆與扭曲議題以及操縱美國民眾的工具。

民調能夠以多種實質的方式影響政治論述。特別是，美國民眾透過民調知悉其他民眾的態度後，也許會改變他們的意見以及後續的行為。我們可以用沈默螺旋理論（theory of the spiral of silence）以及多數無知（plurality ignorance）來加以解釋。

沈默螺旋理論是Noelle-Neumann發展出來的（1974, 1977），她主張每個人都希望受到尊重以及受人歡迎。為達成此目標，他們必須敏銳地知道主流的意見及其變化。如果個人發現他們的意見屬於少數且沒得到支持時，他們就較不願意公開表達意見。其結果是，這些人的意見其實是比他們認為得更為微弱。反過來說，如果人們認為他們的觀點是熱門的，且愈來愈受歡迎的話，他們就更想公開討論這些觀點。這些意見就得到更多支持者，也會讓人覺得其遠比實際上來得更為強烈。因此一個意見逐漸成為主宰意見，而其他的意見就退縮回去。「多數的無知」指的是民眾對於他人或團體之信念的錯誤認知（O'Gorman 1975; O'Gorman and Garry 1976-1977）。那些錯誤認知會影響他們自己的觀點以及他們表達自己觀點的意願。Lang與Lang（1984）在1960年代，便將多數的無知與沈默螺旋相連結，來討論美國的種族態度：

> 典型的多數的無知讓許多白人不承認他們自身反對黑人的偏見，他們相信這個偏見與可被接受的文化理想相衝突。為了要合理化自身的行為，這些白人常常將這種偏見歸咎於其他白人，他們會說：「我不在意有個黑人鄰居，只要我的其他白人鄰居不會無法接受即可。」
>
> 但如果對於鄰居反應的這種憂慮是不合理的話呢？又如果民調顯示社會已經準備好接受某種程度的反種族隔離政策，而這些民眾不認為其他的白人已經準備好接受了呢？這種和主流意見相反的發現有其爭議性。而真正的民意分布，相較於個人所認知的大環境的意見氛圍，就顯得較不重要了。一個定調的民調發現可以將行為合理性的前提摧毀。在此情況下，對於真實意見的沈默螺旋

助長了不見容於社會的隔離情緒，並讓意見隱藏。

如這個例子所述，民調提供民眾瞭解其他民眾想法與信念的一個機制。對於那些主要和相同想法者互動，且不大瞭解在該議題上可能有多元意見的民眾來說，這顯得特別重要。如果民調可以正確地測量民眾心中的信念與價值觀的話，那民眾就可以不用再錯把不具代表性的觀點視為是大多數人的意見了。民調可以告訴民眾整個社會的縮影，並可以促進政治上更健康與開放的辯論。雖說如此，但民眾也有可能從民調得到讓他們感到意外、震驚、覺得冒犯、甚至因而分裂的資訊。當然，我們對於有相當多的美國民眾相信美軍在美伊戰爭後在伊拉克找到了大規模毀滅性武器感到震驚，而事實上並沒有；美國民眾也相信大規模毀滅性武器在戰事中已經拿來對付美軍了，事實上也沒有；而一般大眾相信伊拉克與海珊曾經和蓋達組織合作，進行九一一恐怖攻擊，但實際上卻始終找不到這樣的證據。美國民眾為什麼會有這樣的想法已經超出了本書的範圍。但從民意得到這些資訊，讓我們更瞭解美國民眾對於伊拉克政策偏好的各種不同面向。當民調告訴我們許多美國民眾錯誤地認為歐巴馬總統是個穆斯林教徒或是／而且他不是在美國境內出生，這讓我們更能理解當代美國政治諷刺之處。

結論

美國民眾對於民調有種矛盾的感情。當民調太具侵略性且似乎告訴民眾他們將會怎麼做時，民眾憎恨民調。不過，美國民眾也對於民調告訴他們一些關於他們自己的事情，而讓他們悠然神往。他們也會因為很少成為受訪者而對民調懷疑，但他們也準備好引用有聲望或甚至惡名昭彰的民調專家所做的調查。他們抱怨民調的氾濫，但他們也傾向於提出只有透過民調才能回答的問題。

民眾也許是因為對民調的不確定而出現這樣的矛盾心理，就像什麼問題會進入民調是一樣的。我們說民調是科學的，但民眾知道民調有時會出錯。政客今天被民調唱衰，但改天政客咒罵民調。美國民眾如果瞭解影響民調的因素的話，會更能夠評估民調。本書的目標是褪下民意研究的神秘面紗，讓民眾可以駕馭民調，而不再被民調奴役。

習題

1. 寫一篇關於民調在民主政治體所扮演角色的小論文。領導者如何使用民意調查？領導者是否應該遵照他們自己的想法或是依循民眾在民調中所表達的想法？在什麼樣的情況下你認為領導者應該忽視民調與大眾的偏好，而做他們認為對的事？討論這些情形。最後，除了民調之外，還可能有什麼方法可以來測量並評估民意？跟民調相比，你認為這些評估民意的其他方法是比較好還是比較差？你為什麼會這麼認為？

參考網站

媒體

平面媒體

www.ap.org	美聯社
www.latimes.com	洛杉磯時報
www.nationaljournal.com	國民新聞報
www.nytimes.com	紐約時報
www.upi.com	合眾國際社
www.usatoday.com	今日美國報
www.wsj.com	華爾街日報
www.washingtonpost.com	華盛頓郵報

電視

www.abcnews.com	ABC新聞
www.cbsnews.com	CBS新聞
www.cnn.com	CNN新聞
www.foxnews.com	福斯新聞
www.msnbc.com	NBC新聞

機構

www.aapor.org	美國民意研究協會
www.amstat.org	美國統計學會

www.casro.org	美國調查研究機構協會
www.census.gov	美國統計局
eagletonpoll.rutgers.edu	伊構頓公眾利益民調中心
ec.europa.eu/public_opinion/index_en.htm	歐洲動態（歐洲委員會民意分析部門網站）
www.electionstudies.org	美國全國選舉研究
www.epi.org	經濟政策研究所
www.field.com	田野研究公司
www.gallup.com	蓋洛普機構
www.harrisinteractive.com	哈里斯互動
www.icpsr.umich.edu	政治與社會研究跨校聯合會
www.ipr.uc.edu/OhioPoll/OhioPoll.html	俄亥俄調查
www.knowledgenetworks.com	知識網
www.maristpoll.marist.edu	聖母學院民調中心
www.marketingpower.com	市場研究協會[1]
www.mra-net.org/ga/	美國市場調查協會
www.ncpp.org	全國民調委員會
www.norc.uchicago.edu	全國民意研究中心
www.people-press.org	皮尤公民與媒體研究中心
www.pipa.org	國際政策態度計畫
www.pollingreport.com	民調報導
www.quinnipiac.edu	昆尼皮亞克大學民調中心
www.ropercenter.uconn.edu	洛普中心
www.rasmussenreports.com	拉斯穆森報告
survey.rgs.uky.edu/nnsp/	州調查全國網
www.surveyusa.com	美國調查

1 市場研究協會（Marketing Research Association, MRA）在2008年時與CMOR（Council for Marketing and Opinion Research）合併。

www.worldopinion.com	世界意見
www.zogby.com	佐格比國際民意調查公司

政治網站

www.dailykos.com	每日科斯
FiveThirstyEight.com	538網——奈特・西爾弗的政治計算
www.huffingtonpost.com/news/pollster	赫芬頓郵報民調專家
www.politico.com	政治活動家
www.realclearpolitics.com	清明政治
www.vote-smart.org	聰明投票計畫[2]

2 該計畫只在2000年與2004年的競選期間有活動。

參考文獻

Abramowitz, Alan I. 2006. "Just Weight! The Case for Dynamic Party Identification Weighting." *PS: Political Science and Politics* 39 (July): 473–475.

Abramson, Paul R. 1990. "The Decline of Overtime Comparability in the National Election Studies." *Public Opinion Quarterly* 54 (Summer): 177–190.

Abramson, Paul R., Brian D. Silver, and Barbara Anderson. 1987. "The Effects of Question Order in Attitude Surveys: The Case of the SRC/CPS Citizen Duty Items." *American Journal of Political Science* 31 (November): 900–908.

Akron Beacon Journal. 1994. "Foreign Poll-icy" (editorial), 8 May, A14.

Aldrich, John H., Richard Niemi, George Rabinowitz, and David Rohde. 1982. "The Measurement of Public Opinion about Public Policy: A Report on Some New Issue Question Formats." *American Journal of Political Science* 26 (May): 391–414.

Althaus, Scott L. 2003. *Collective Preferences in Democratic Politics: Opinion Surveys and the Will of the People*. New York: Cambridge University Press.

Altman, Alex. 2008. "The Bradley Effect." *Time,* October 17. www.time.com/time/nation/article/0,8599,1851287,00.html.

Altschuler, Bruce E. 1986. "Lyndon Johnson and the Public Polls." *Public Opinion Quarterly* 50 (Fall): 285–299.

Alvarez, Lizette. 1998. "After Polling, GOP Offers a Patients' Bill." *New York Times,* July 16, A1.

Alvarez, R. Michael, and John Brehm. 2002. *Hard Choices, Easy Answers.* Princeton: Princeton University Press.

American Association for Public Opinion Research (AAPOR). 1997a. *Best Practices for Survey and Public Opinion Research and Survey Practices AAPOR Condemns*, May.

———. 1997b. "Major Opinion Research Association Finds Pollster Frank Luntz Violated Ethics Code," press release, April 23.

———. 2005. *Code of Professional Ethics and Practices.* www.aapor.org., revised version.

———. 2007. "AAPOR Statements on 'Push Polls,'" press release. www.aapor.org.

———. 2009. "Standard Definitions: Final Disposition of Case Codes and Outcome Rates for Surveys."

Anderson, Barbara A., Brian D. Silver, and Paul R. Abramson. 1988. "The Effects of the Race of the Interviewer on Race-Related Attitudes of Black Respondents in SRC/CPS National Election Studies." *Public Opinion Quarterly* 52 (Fall): 289–324.

Ansolabehere, Stephen, and Brian F. Schaffner. 2010. "Residential Mobility, Family Structure, and the Cell-Only Population." *Public Opinion Quarterly* 74 (Summer): 244–259.

Aquilino, William S. 1994. "Interview Mode Effects in Surveys of Drug and Alcohol Use." *Public Opinion Quarterly* 58 (Summer): 210–240.

Aquilino, William S., and Leonard A. Losciuto. 1990. "Effects of Interview Mode on Self-Reported Drug Use." *Public Opinion Quarterly* 54 (Fall): 362–395.

Asher, Herbert B. 1974a. "The Reliability of the Political Efficacy Items." *Political Methodology* 1 (May): 45–72.

———. 1974b. "Some Consequences of Measurement Error in Survey Data." *American Journal of Political Science* 18 (May): 469–485.

———. 1974c. "Some Problems in the Use of Multiple Indicators." Paper presented at the Conference on Design and Measurement Standards for Research in Political Science, Delevan, Wis., May 13–15.

———. 1992. *Presidential Elections and American Politics,* 5th ed. Pacific Grove, Calif.: Brooks/Cole.

Associated Press. 2003. "Media Group in Deal to Conduct Exit Polls." February 4.

Bacon, Perry, Jr.. 2010. "Rep. Ryan Pushes Budget Reform, and His Party Winces." *Washington Post*, August 2, A1.

Baker, Peter, and Dan Balz. 2005. "Bush Words Reflect Public Opinion Strategy." *Washington Post,* June 30, A1.

Balz, Dan. 1989. "About Those Predictions We Made Last Tuesday . . ." *Washington Post* National Weekly Edition, November 13–19, 38.

Bardes, Barbara A., and Robert W. Oldendick. 2003. *Public Opinion: Measuring the American Mind,* 2nd ed. Belmont, Calif.: Thompson/Wadsworth.

Barnes, James A. 1993. "Polls Apart." *National Journal* 25 (July10): 1750–1754.

Bartels, Larry M. 2003. "Is 'Popular Rule' Possible? Polls, Political Psychology, and Democracy." *Brookings Review* 21 (Summer): 12–15.

Barth, William K. 2008. "Will Obama Beat the Bradley Effect?" *Jerusalem Post*, October 18.

Battaglia, Michael P., Michael W. Link, Martin R. Frankel, Larry Osborn, and Ali H. Mokdad. 2008. "An Evaluation of Respondent Selection Methods for Household Mail Surveys." *Public Opinion Quarterly* 72 (Fall): 459-469.

Bauman, Sandra, and Susan Herbst. 1994. "Managing Perceptions of Public Opinion: Candidates' and Journalists' Reactions to the 1992 Polls." *Political Communication* 11: 133–144.

Baumgartner, Frank R., and Jack L. Walker. 1988. "Survey Research and Membership in Voluntary Associations." *American Journal of Political Science* 32 (November): 908–928.

Beal, Richard S., and Ronald H. Hinckley. 1984. "Presidential Decision Making and Opinion Polls." *Annals of the American Academy of Political and Social Science* 472 (March): 72–84.

Benson, John M. 2001. "Heard Enough: When Is an Opinion Really an Opinion?"*Public Perspective* 12 (September/October): 40–41.

Berinsky, Adam J. 2004. *Silent Voices: Public Opinion and Political Participation in America*. Princeton: Princeton University Press.
Bernays, Edward L. 1945. "Attitude Polls—Servants or Masters?" *Public Opinion Quarterly* 9 (Fall): 264–268.
Bernick, E. Lee, and David J. Pratto. 1994. "Improving the Quality of Information in Mail Surveys: Use of Special Mailings." *Social Science Quarterly* 75 (March): 212–219.
Bierma, Nathan. 2002. "The Pollsters Are Calling, but Who Is Answering?" *Chicago Tribune* Online Edition, September 24.
Bishop, George F. 1987. "Experiments with the Middle Response Alternative in Survey Questions." *Public Opinion Quarterly* 51 (Summer): 220–232.
———. 1990. "Issue Involvement and Response Effects in Public Opinion Surveys." *Public Opinion Quarterly* 54 (Summer): 209–218.
———. 2002. "Illusion of Change: Sometimes It's Not the Same Old Question." *Public Perspective* 13 (May/June): 38–41.
———. 2005. *The Illusion of Public Opinion: Fact and Artifact in American Public Opinion Polls*. Lanham, Md.: Rowman and Littlefield.
Bishop, George, and David Moore. 2009. "1st Annual: 2009 Top Ten 'Dubious Polling' Awards." www.stinkyjournalism.org, January 29.
Bishop, George F., Robert W. Oldendick, and Alfred J. Tuchfarber. 1980. "Pseudo-Opinions on Public Affairs." *Public Opinion Quarterly* 44 (Summer): 198–209.
———. 1982. "Political Information Processing: Question Order and Context Effects." *Political Behavior* 4: 177–200.
Black, Joan S. 1991. "Presidential Address: Trashing the Polls." *Public Opinion Quarterly* 55 (Fall): 474–481.
Blais, Andre, Neil Nevitte, Elisabeth Gidengil, and Richard Nadeau. 2000. "Do People Have Feelings toward Leaders about Whom They Say They Know Nothing?" *Public Opinion Quarterly* 64 (Winter): 452–463.
Blumberg, Stephen J., and Julian V. Luke. 2007. "Coverage Bias in Traditional Telephone Surveys of Low-Income and Young Adults." *Public Opinion Quarterly* 71 (Special Issue): 734–749.
Blumenthal, Mark. 2009a. "The Public Opinion: No "Perfect" Poll." www.pollster.com, August 27.
———. 2009b. "Polling on the Individual Mandate." www.pollster.com, December 15.
Blumenthal, Sidney. 1981. "Marketing the President." *New York Times Magazine,* September 13, 110–118.
Borrelli, Stephen, Brad Lockerbie, and Richard G. Niemi. 1989. "Why the Democrat-Republican Partisan Gap Varies from Poll to Poll." *Public Opinion Quarterly* 51 (Spring): 115–119.
Brener, Nancy D., et al. 2006. "The Association of Survey Setting and Mode with Self-Reported Health Risk Behaviors among High School Students." *Public Opinion Quarterly* 70 (Fall): 354–374.
Brennan, Mike, and Jan Charbonneau. 2009. "Improving Mail Survey Response Rates Using Chocolate and Replacement Questionnaires." *Public Opinion Quarterly* 73 (Summer): 368–378

Broder, David S. 1984. "The Needless Exit-Polls Battle." *Washington Post* National Weekly Edition, January 2, 4.

Brodie, Mollyann, Lisa Ferraro Parmelee, April Brackett, and Drew Altman. 2001. "Polling and Democracy." *Public Perspective* 12 (July/August): 10–24.

Broh, C. Anthony. 1980. "Horse-Race Journalism: Reporting the Polls in the 1976 Presidential Election." *Public Opinion Quarterly* 44 (Winter): 514–529.

Brynaert, Rob. 2010. *"Scary" Harris Poll: 24% of Republicans Think Obama "May Be the Antichrist."* www.rawstory.com, March 25.

Budiansky, Stephen. 1995. "Consulting the Oracle." *U.S. News and World Report,* December 4, 52.

Busch, Ronald J., and Joel A. Lieske. 1985. "Does Time of Voting Affect Exit Poll Results?" *Public Opinion Quarterly* 49 (Spring): 94–104.

Campbell, Bruce A. 1981. "Race-of-Interviewer Effects among Southern Adolescents." *Public Opinion Quarterly* 45 (Summer): 231–244.

Carroll, Jason. 2008. "Will Obama Suffer from the 'Bradley Effect'?" *CNNPolitics,* October 13. articles.cc.com/2008-10-13/politics/obama.bradley.effect_1_bradley-effect-bradley-campaign-exit-polls?_s=PM:POLITICS

Carter, Bill. 1996. "Three Networks Admit Error in Arizona Race Reports." *New York Times,* February 29, A9.

Chang, Linchiat, and Jon A. Krosnick. 2010. "Comparing Oral Interviewing with Self-Administered Computerized Questionnaires." *Public Opinion Quarterly* 74 (Spring): 154–167.

Cherington, Paul T. 1940. "Opinion Polls as the Voice of Democracy." *Public Opinion Quarterly* 4 (June): 236–238.

Christian, Leah Melani, and Don A. Dillman. 2004. "The Influence of Graphical and Symbolic Language Manipulations on Responses to Self-Administered Questions." *Public Opinion Quarterly* 68 (Spring): 57–80.

Christian, Leah, Scott Keeter, Kristen Purcell, and Aaron Smith. 2010. "Assessing the Cell Phone Challenge." Washington, D.C.: Pew Research Center.

Clymer, Adam. 1986a. "One Issue That Seems to Defy a Yes or No." *New York Times,* February 23, 22-E.

———. 1986b. "Public Found Ready to Sacrifice in Drug Fight." *New York Times,* September 2, D16.

———. 1996. "Phony Polls That Sling Mud Raise Questions over Ethics." *New York Times,* May 20, A1.

Columbus Dispatch. 2010. "How the Dispatch Poll Was Conducted." October 31, A8.

Converse, Jean M. 1976–1977. "Predicting No Opinion in the Polls." *Public Opinion Quarterly* 40 (Winter): 515–530.

Converse, Philip E. 1970. "Attitudes and Nonattitudes: Continuation of a Dialogue." In *The Quantitative Analysis of Social Problems,* edited by Edward Tufte, 168–189. Reading, Mass.: Addison-Wesley.

Coombs, Clyde H., and Lolagene C. Coombs. 1976–1977. "'Don't Know': Item Ambiguity or Respondent Uncertainty?" *Public Opinion Quarterly* 40 (Winter): 497–514.

Cotter, Patrick R., Jeffrey Cohen, and Philip B. Coulter. 1982. "Race-of-Interviewer Effects on Telephone Interviews." *Public Opinion Quarterly* 46 (Summer): 278–284.
Couper, Mick P. 2000. "Web Surveys: A Review of Issues and Approaches." *Public Opinion Quarterly* 64 (Winter): 464–494.
Couper, Mick P., Frederick G. Conrad, and Roger Tourangeau. 2007. "Visual Context Effects in Web Surveys." *Public Opinion Quarterly* 71 (Special Issue): 623–634.
Couper, Mick P., and Peter V. Miller. 2008. "Web Survey Methods: Introduction." *Public Opinion Quarterly* 72 (December): 831–835.
Crane, Misti. 2010. "Doctors Wary of Changes in Healthcare." *Columbus Dispatch*, July 18.
Crespi, Irving. 1980. "Polls as Journalism." *Public Opinion Quarterly* 44 (Winter): 462–476.
———. 1988. *Pre-election Polling: Sources of Accuracy and Error*. New York: Russell Sage Foundation.
Crossley, Archibald M., and Helen M. Crossley. 1969. "Polling in 1968." *Public Opinion Quarterly* 33 (Spring): 1–16.
Curtin, Michael. 1986a. "Celeste Leading Rhodes 48% to 43%, with Kucinich Trailing." *Columbus Dispatch,* August 10, 1-A.
———. 1986b. "Here Is How Poll Was Taken." *Columbus Dispatch,* August 10, 8-E.
Curtin, Richard, Stanley Presser, and Eleanor Singer. 2000. "The Effects of Response Rate Changes on the Index of Consumer Sentiment." *Public Opinion Quarterly* 64 (Winter): 413–428.
———. 2005. "Changes in Telephone Survey Nonresponse over the Past Quarter Century." *Public Opinion Quarterly* 69 (Spring): 87–98.
Davis, Darren W. 1997. "The Direction of Race of Interviewer Effects among African-Americans: Donning the Black Mask." *American Journal of Political Science* 41 (January): 309–322.
Davis, Darren W., and Brian D. Silver. 2003. "Stereotype Threat and Race of Interviewer Effects in a Survey on Political Knowledge." *American Journal of Political Science* 47 (January): 33–45.
Day, Richard, and Kurt M. Becker. 1984. "Preelection Polling in the 1982 Illinois Gubernatorial Contest." *Public Opinion Quarterly* 48 (Fall): 606–614.
de Bock, Harold. 1976. "Influence of In-State Election Poll Reports on Candidate Preference in 1972." *Journalism Quarterly* 53 (Autumn): 457–462.
Delli Carpini, Michael X. 1984. "Scooping the Voters? The Consequences of the Networks' Early Call of the 1980 Presidential Race." *Journal of Politics* 46 (August): 866–885.
Delli Carpini, Michael X., and Scott Keeter. 1991. "Stability and Change in the U.S. Public's Knowledge of Politics." *Public Opinion Quarterly* 55 (Winter): 583–612.
———. 1996. *What Americans Know about Politics and Why It Matters*. New Haven: Yale University Press.
Dilanian, Ken. 2008. "Pollsters Struggle to Explain Clinton Win." *USA Today,* January 9.

Dinmore, Guy. 2003. "Opinion Poll Underlines Iraqi Distrust of America." *Financial Times*, September 11, 11.
Dolnick, Edward. 1984. "Pollsters Are Asking: What's Wrong." *Columbus Dispatch,* August 19, C1.
Dran, Ellen M., and Anne Hildreth. 1995. "What the Public Thinks about How We Know What It Is Thinking." *International Journal of Public Opinion Research* 7 (2): 128–144.
Drew, Christopher R. 2006. "Automated Telemarketing Tactic Steers Voters Toward Republicans." *New York Times,* November 6, A1, A16.
Druckman, James N., and Lawrence R. Jacobs. 2006. "Lumpers and Splitters: The Public Opinion Information that Politicians Collect and Use." *Public Opinion Quarterly* 70 (Winter): 453–476.
Durand, Claire. 2008. "Assessing the Usefulness of a New Measure of Interviewer Performance in Telephone Surveys." *Public Opinion Quarterly* 72 (Winter): 741–752.
Durrant, Gabriele B., Robert M. Groves, Laura Staetsky, and Fiona Steele. 2010. "Effects of Interviewer Attitudes and Behaviors on Refusal in Household Surveys." *Public Opinion Quarterly* 74 (Spring): 1–36.
Edison Media Research and Mitofsky International. 2005. "Evaluation of Edison/Mitofsky Election System 2004." Report prepared for the National Election Pool.
Ehlen, John, and Patrick Ehlen. 2007. "Cellular-Only Substitution in the United States as Lifestyle Adaptation: Implications for Telephone Survey Coverage." *Public Opinion Quarterly* 71 (Special Issue): 717–733.
Elliott, Philip. 2007. "Telephone Push Poll Raises Questions about Mitt Romney and His Mormon Faith." *Deseret News*, November 16.
Elving, Ronald D. 1989. "Proliferation of Opinion Data Sparks Debate over Use." *Congressional Quarterly Weekly Report,* August 19, 2187–2192.
———. 1992. "Polls Confound and Confuse in This Topsy-Turvy Year." *Congressional Quarterly Weekly Report,* September 12, 2725–2727.
Epstein, Joan Faith, Peggy Ripley Barker, and Larry A. Kroutil. 2001. "Mode Effects in Self-Reported Mental Health Data." *Public Opinion Quarterly* 65 (Winter): 529–549.
Epstein, Laurily, and Gerald Strom. 1984. "Survey Research and Election Night Projections." *Public Opinion* 7 (February/March): 48–50.
Erikson, Robert S. 1976. "The Relationship between Public Opinion and State Policy: A New Look Based on Some Forgotten Data." *American Journal of Political Science* 20 (February): 25–36.
Fahimi, Mansour, Dale Kulp, and J. Michael Brick. 2009. "A Reassessment of List-Assisted RDD Methodology." *Public Opinion Quarterly* 73 (Winter): 751–760.
Faulkenberry, G. David, and Robert Mason. 1978. "Characteristics of Nonopinion and No Opinion Response Groups." *Public Opinion Quarterly* 42 (Winter): 533–543.
Felson, Marcus, and Seymour Sudman. 1975. "The Accuracy of Presidential Preference Primary Polls." *Public Opinion Quarterly* 39 (Summer): 232–236.
Finkel, Steven E., Thomas M. Guterbock, and Marian J. Borg. 1991. "Race-of-Interviewer Effects in a Preelection Poll: Virginia 1989." *Public Opinion Quarterly* 55 (Fall): 313–330.

Fishkin, James. 1992. "A Response to Traugott." *Public Perspective* 3 (May/June): 29–30.
———. 1996. "Bringing Deliberation to Democracy." *Public Perspective* 7 (December/ January): 1–4.
———. 2009. "Town Halls by Invitation." *New York Times*, August 16, A9.
Fishkin, James S., Robert C. Luskin, and Henry E. Brady. 2003. "Informed Public Opinion about Foreign Policy: The Uses of Deliberative Polling." *Brookings Review* 21 (Summer): 16–19.
Fitzgerald, Michael R., Patra Rule, and Claudia Bryant. 1998. "Polls, Politics and the TV News: A Longitudinal Study of the Uses of Public Opinion Polling on the Evening News Broadcasts." Paper presented at the annual meeting of the American Political Science Association, Boston.
Fowler, Floyd Jackson, Jr. 1992. "How Unclear Terms Affect Survey Data." *Public Opinion Quarterly* 56 (Summer): 218–231.
Fox, Richard J., Melvin R. Crask, and Jonghoon Kim. 1988. "Mail Survey Response Rate: A Meta-Analysis of Selected Techniques for Inducing Response." *Public Opinion Quarterly* 52 (Winter): 467–491.
Frankovic, Kathleen. 2008. "N.H. Polls: What Went Wrong?" www.cbsnews.com, January 14.
Frey, James H. 1983. *Survey Research by Telephone.* Beverly Hills, Calif.: Sage.
Fricker, Scott, et al. 2005. "An Experimental Comparison of Web and Telephone Surveys." *Public Opinion Quarterly* 69 (Fall): 370–392.
Fulbright, Leslie, 2008. "Many Think 'Bradley Effect' Won't Hurt Obama." *SFgate,* October 21. articles.sfgate.com/2008-10-21/news/17137368_1_bradley-effect-bradley-s-loss-pollsters
Galesic, Merta, and Michael Bosnjak. 2009. "Effects of Questionnaire Length on Participation and Indicators of Response Quality in a Web Survey." *Public Opinion Quarterly* 73 (Summer):349–360.
Gallup, George. 1947. "The Quintamensional Plan of Question Design." *Public Opinion Quarterly* 11 (Fall): 385–393.
———. 1965–1966. "Polls and the Political Process—Past, Present, and Future." *Public Opinion Quarterly* 29 (Winter): 544–549.
Galtung, Johan. 1969. *Theory and Methods of Social Research.* New York: Columbia University Press.
Gawiser, Sheldon R., and G. Evans Witt. 2006. *Twenty Questions a Journalist Should Ask about Poll Results,* 3rd ed. National Council on Public Polls, www.ncpp.org/ qajsa.htm. Retrieved August 26.
Genesys News. 1996. "Unlisted Numbers: What's *Really* Important?" Spring, 1–2.
Genesys Q & A. 1997. "Number Portability." January.
Gilens, Martin. 2001. "Political Ignorance and Collective Policy Preferences." *American Political Science Review* 95 (June): 379–396.
Gilljam, Mikael, and Donald Granberg. 1993. "Should We Take Don't Know for an Answer?" *Public Opinion Quarterly* 57 (Fall): 348–357.

Ginsberg, Benjamin. 1986. *The Captive Public: How Mass Opinion Promotes State Power*. New York: Basic Books.
Goldhaber, Gerald M. 1984. "A Pollster's Sampler." *Public Opinion* 7 (June/July): 47–50, 53.
Goodstein Laurie. 2001. "Support for Religion-Based Plan Is Hedged." *New York Times,* April 11, A12.
Goyder, John. 1985. "Face-to-Face Interviews and Mailed Questionnaires: The Net Difference in Response Rate." *Public Opinion Quarterly* 49 (Summer): 234–252.
Greenberg, Anna, and Douglas Rivers. 2001. "Pioneer Days, The Promise of Online Polling." *Public Perspective* 12 (March/April): 40–41.
Greenberg, Daniel S. 1980. "The Plague of Polling." *Washington Post,* September 16, A17.
Greener, Bill. 2008. "Why Obama Has to Stay above 50 percent." *Salon.com*, October 27. www.salon.com/opinion/feature/2008/10/27undecideds/
Grove, Lloyd. 1988a. "New Hampshire Confounded Most Pollsters." *Washington Post,* February 18, A1.
———. 1988b. "Focus Groups: Politicians' Version of Taste-Testing." *Washington Post,* July 6, A5.
Groves, Robert M. 2006. "Nonresponse Rates and Nonresponse Bias in Household Surveys." *Public Opinion Quarterly* 70 (Special Issue): 646–675.
Hallett, Joe. 2006. "Blackwell also Had Problem Worker." *Columbus Dispatch,* October 24, 1.
Hargrove, Thomas, and Guido H. Stempel III. 2006. "Was 9/11 an 'Inside Job'?" http://tinyurl.com/9zb9n.
Harker, Kathryn. 1998. "Asking about Income: A Preliminary Experiment." *National Network of State Polls Newsletter* 33 (Summer).
Harmon, Amy. 1998. "Underreporting Found on Male Teen-Ager Sex." *New York Times,* May 8, A14.
Harris, John F. 2001a. "Presidency by Poll." *Washington Post* National Weekly Edition, January 8–14, 9.
———. 2001b. "Campaign Promises Aside, It's Politics as Usual." *Washington Post* National Weekly Edition, July 2–8, 11.
Harwood Group. 1993. "Meaningful Chaos: How People Form Relationships with Public Concerns." A report prepared for the Kettering Foundation, Dayton, Ohio.
Harwood, Richard. 1992. "The 'Bumps' and the Reality Are Polls Apart." *Cleveland Plain Dealer,* August 29, 4C.
Hatchett, S., and H. Schuman. 1975–1976. "White Respondents and Race-of-Interviewer Effects." *Public Opinion Quarterly* 39 (Winter): 523–528.
Heerwegh, Dirk. 2005. "Effects of Personal Salutations in E-mail Invitations to Participate in a Web Survey." *Public Opinion Quarterly* 69 (Winter): 588–598.
Heerwegh, Dirk, and Geert Loosveldt. 2008. "Face-to-Face versus Web Surveying in a High-Internet-Coverage Population." *Public Opinion Quarterly* 72 (December): 836–846.

Heerwegh, Dirk, Tim Vanhove, Koen Matthijs, and Geert Loosveldt. 2005. "The Effects of Personalization on Response Rates and Data Quality in Web Surveys." *International Journal of Social Research Methodology: Theory and Practice* 8 (April): 85–99,

Hembroft, Larry A., Debra Rusz, Ann Rafferty, Harry McGee, and Nathaniel Ehrlich. 2005. "The Cost-Effectiveness of Alternative Advance Mailings in a Telephone Survey." *Public Opinion Quarterly* 69 (Summer): 232–245.

Herbers, John. 1982. "Polls Find Conflict in Views on Aid and Public Welfare." *New York Times,* February 14, 19.

Hernandez, Debra Gersh. 1995. "Formats Recommended for Presidential Debates." Abridged from *Editor and Publisher,* November 18.

Hernandez, Raymond. 2009. " 'Survey' Telephone Calls Attack Bloomberg Rival." *New York Times*, April 7, A21.

Holbrook, Allyson L., Melanie C. Green, and Jon A. Krosnick. 2003. "Telephone versus Face-to-Face Interviewing of National Probability Samples with Long Questionnaires." *Public Opinion Quarterly* 67 (Spring): 79–125.

Holbrook, Allyson L., and Jon A. Krosnick. 2010. "Social Desirability Bias in Voter Turnout Reports: Tests Using the Item Count Technique." *Public Opinion Quarterly* 74 (Spring): 37–67.

Holmes, Stephen A. 2008. "Pollsters Debate 'Bradley Effect.'" *Washington Post*, October 12, A06.

Hopkins, Daniel J. 2009. "No More Wilder Effect, Never a Whitman Effect: When and Why Polls Mislead about Black and Female Candidates." *The Journal of Politics* 71 (July):769–781.

Howe, Peter J. 2003. "Technology and Innovation: for Many, Caller ID Frustrates: Service Often Doesn't Work as Advertised." *Boston Globe,* May 5.

Huddy, Leonie, and John Bracciodieta. 1992. "The Effects of Interviewer Gender on the Survey Response." Paper presented at the annual meeting of the American Political Science Association, Chicago.

Hughes, John. 2003. "What Do Iraqis Want? And When Can They Get It?" *Christian Science Monitor,* September 17, 9.

Hyman, Herbert H., and Paul B. Sheatsley. 1950. "The Current Status of American Public Opinion." In *The Teaching of Contemporary Affairs,* edited by J. C. Payne, 11–34. Twenty-First Yearbook of the National Council of Social Studies. Washington, D.C.: National Council of Social Studies, National Education Association.

Jackson, John. 1983. "Election Night Reporting and Voter Turnout." *American Journal of Political Science* 27 (November): 615–635.

Jackson, John, and William McGee. 1981. "Election Reporting and Voter Turnout." Report of the Center for Political Studies, University of Michigan, Ann Arbor.

Jacobs, Lawrence R., and Robert Y. Shapiro. 1995. "The Rise of Presidential Polling: The Nixon White House in Historical Perspective." *Public Opinion Quarterly* 59 (Summer): 163–195.

———. 1995–1996. "Presidential Manipulation of Polls and Public Opinion: The Nixon Administration and the Pollsters." *Political Science Quarterly* 110 (Winter): 519–538.

Jacobson, Lou. 2006. "Polls Apart: Upstart Firms May Be Gaining on Old-Line Pollsters." *Roll Call,* September 27.

James, Jeannine M., and Richard Bolstein. 1990. "The Effect of Monetary Incentives and Follow-up Mailings on the Response Rate Quality in Mail Surveys." *Public Opinion Quarterly* 54 (Fall): 346–361.

Johnson, Timothy P. 1989. "Obtaining Reports of Sensitive Behavior: A Comparison of Substance Use Reports from Telephone and Face-to-Face Interviews." *Social Science Quarterly* 70 (March): 174–183.

Kagay, Michael. 1998. "Stalking the Elusive Likely Voter." *New York Times,* October 18, 5.

———. 1999. "A Sample of a Sample." *New York Times,* November 9. www.nytimes .com/library/ national/110499poll-watch.html.

Kagay, Michael R., with Janet Elder. 1992. "Numbers Are No Problem for Pollsters. Words Are." *New York Times,* August 9.

Kane, Emily W., and Laura J. Macaulay. 1993. "Interview Gender and Gender Attitudes." *Public Opinion Quarterly* 57 (Spring): 1–28.

Keene, Karlyn H., and Victoria A. Sackett. 1981. "An Editors' Report on the Yankelovich, Skelly and White 'Mushiness Index.'" *Public Opinion* 4 (April/May): 50–51.

Keeter, Scott. 2006a. *The Cell Phone Challenge to Survey Research.* Washington, D.C.: Pew Research Center for the People and the Press.

———. 2006b. "The Impact of Cell Phone Noncoverage Bias on Polling in the 2004 Presidential Election." *Public Opinion Quarterly* 70 (Spring): 88–98.

Keeter, Scott, Jocelyn Kiley, Leah Christian, and Michael Dimock. 2009. "Perils of Polling in Election '08." Washington, D.C.: Pew Research Center for the People and the Press.

Keeter, Scott, Carolyn Miller, Andrew Kohut, Robert M. Groves, and Stanley Presser. 2000. "Consequences of Reducing Nonresponse in a National Telephone Survey." *Public Opinion Quarterly* 64 (Summer): 125–148.

Kennedy, Kelli. 2008. "Jewish Voters Report Calls Disparaging Obama." *Boston Globe,* September 16.

Kifner, John. 1994. "Pollster Finds Error on Holocaust Doubts." *New York Times,* May 20, A6.

Kinder, Donald R., and Lynn M. Sanders. 1986. "Survey Questions and Political Culture: The Case of Whites' Response to Affirmative Action for Blacks." Paper presented at the annual meeting of the American Political Science Association, Washington, D.C., August 28–31.

Koch, Nadine S. 1985. "Perceptions of Public Opinion Polls." PhD diss., Ohio State University.

Kohut, Andrew. 1983. "Illinois Politics Confound the Polls." *Public Opinion* 5 (December/January): 42–43.

———. 1993. "The Vocal Minority in American Politics." *Times Mirror* Center for the People and the Press, Washington, D.C., July 16.

———. 2008. "Getting It Wrong." *New York Times*, January 10.

Kolbert, Elizabeth. 1995. "Public Opinion Polls Swerve with the Turns of a Phrase." *New York Times,* June 5, A1, C11.

Kreuter, Frauke, Stanley Presser, and Roger Tourangeau. 2008. "Social Desirability Bias in CATI, IVR, and Web Surveys." *Public Opinion Quarterly* 72 (December): 847–865.

Krosnick, Jon A. 1989. "Question Wording and Reports of Survey Results: The Case of Louis Harris and Associates and Aetna Life and Casualty." *Public Opinion Quarterly* 53 (Spring): 107–113.

Krosnick, Jon A., and Duane F. Alwin. 1987. "An Evaluation of a Cognitive Theory of Response-Order Effects in Survey Measurement." *Public Opinion Quarterly* 51 (Summer): 201–219.

Krosnick, Jon A., and Matthew K. Berent. 1993. "Comparisons of Party Identification and Policy Preferences: The Impact of Survey Question Format." *American Journal of Political Science* 37 (August): 941–964.

Krysan, Maria, Howard Schuman, Lesli Jo Scott, and Paul Beatty. 1994. "Response Rates and Response Content in Mail Surveys versus Face-to-Face Surveys." *Public Opinion Quarterly* 58 (Fall): 410–430.

Kurtz, Howard. 2002. "A Slow News Night." *Washington Post* National Weekly Edition, November 11–17, 34.

Ladd, Everett Carll. 1980. "Polling and the Press: The Clash of Institutional Imperatives." *Public Opinion Quarterly* 44 (Winter): 574–584.

———. 1994. "The Holocaust Poll Error: A Modern Cautionary Tale." *Public Perspective* 5 (July/August): 3–5.

———. 1996. "The Election Polls: An American Waterloo." *Chronicle of Higher Education,* November 22, A52.

Lang, Kurt, and Gladys Engel Lang. 1984. "The Impact of Polls on Public Opinion." *Annals of the American Academy of Political and Social Science* 472 (March): 130–142.

Langer, Gary. 2000. "Under the Hood." *Public Perspective* 11 (September/October): 8–9.

———. 2002. "Touchpoint: Responsible Polling in the Wake of 9/11." *Public Perspective* 13 (March/April): 14–16.

———. 2003. "About Response Rates: Some Unresolved Questions." *Public Perspectives* 16 (May/June): 16–18.

———. 2006. "The Numbers Game: ABC News' Guide to Polls and Public Opinion." ABC News, September 1.

Langer, Gary, and Daniel Merkle. 2006. "ABC News' Polling Methodology and Standards: The Nuts and Bolts of Our Public Opinion Surveys." ABC News, September 1.

Lardner, George, Jr. 1985. "A Majority of the People Are against the 'Star Wars' Defense Plan." *Washington Post* National Weekly Edition, September 9, 37.

Larson, Stephanie Greco. 2003. "Misunderstanding Margin of Error: Network News Coverage of Polls during the 2000 General Election." *Harvard International Journal of Press/Politics* 8 (1): 66–80.

Lau, Richard R. 1994. "An Analysis of the Accuracy of 'Trial Heat' Polls during the 1992 Presidential Election." *Public Opinion Quarterly* 58 (Spring): 2–20.

Laumann, Edward O., Robert T. Michael, and John H. Gagnon. 1994. *The Social Organization of Sexuality: Sexual Practices in the United States.* Chicago: University of Chicago Press.

Lavrakas, Paul J. 1987. *Telephone Survey Methods: Sampling, Selection, and Supervision*. Newberry Park, Calif.: Sage.

Lever, Janet. 1994. "Sexual Revelations." *The Advocate,* August 23, 15–24.

Levin, Blair. 2008 "What Bradley Effect?" *New York Times*, October 20. www.nytimes.com/2008/10/20opinion/20levin.html?_r=1&pagewanted=print.

Lewis, I. A., and William Schneider. 1982. "Is the Public Lying to the Pollsters?" *Public Opinion* 5 (April/May): 42–47.

Lightman, David. 2007. "Mysterious 'Push Poll' Attacks Romney's Religion." www.mcclatchydc.com, November 16.

Link, Michael W., Michael P. Battaglia, Martin R. Frankel, Larry Osborn, and Ali H. Mokdad. 2008. "A Comparison of Address-Based Sampling (ABS) versus Random-Digit Dialing (RDD) for General Population Surveys." *Public Opinion Quarterly* 72 (Spring): 6–27.

Link, Michael W., and Ali Mokdad. 2005. "Advance Letters as a Means of Improving Respondent Cooperation in Random Digit Dial Studies: A Multistate Experiment." *Public Opinion Quarterly* 69 (Winter): 572–587.

Lipset, Seymour Martin. 1980. "Different Polls, Different Results in 1980 Politics." *Public Opinion* 3 (August/September): 19–20, 60.

Lockerbie, Brad, and Stephen A. Borrelli. 1990. "Question Wording and Public Support for Contra Aid, 1983–1986." *Public Opinion Quarterly* 54 (Summer): 195–208.

Malhotra, Neil, Jon A. Krosnick, and Randall K. Thomas. 2009. "Optimal Design of Branching Questions to Measure Bipolar Constructs." *Public Opinion Quarterly* 73 (Summer):304–324.

Margolis, Michael. 1984. "Public Opinion, Polling, and Political Behavior." *Annals of the American Academy of Political and Social Science* 472 (March): 61–71.

Marimow, Ann E. 2006. "Last-Minute Push Polls Send Some Voters over the Edge." *Washington Post,* November 3, B4.

Marsh, Catherine. 1984. "Do Polls Affect What People Think?" In *Surveying Subjective Phenomena,* edited by Charles F. Turner and Elizabeth Martin, 565–591. New York: Russell Sage Foundation.

Marshall, Aaron. 2010. "Most Ohioans Support Medical Marijuana, Pollsters Say, but State Lawmakers Shy Away." *Cleveland Plain Dealer*, April 11.

Martin, Elizabeth. 1999. "Who Knows Who Lives Here? Within-Household Disagreements as a Source of Survey Coverage Error." *Public Opinion Quarterly* 63 (Summer): 220–236.

———. 2010. "Can a Deadline and Compressed Mailing Schedule Improve Mail Response to the Decennial Census?" *Public Opinion Quarterly* 73 (Fall): 361–367.

Martin, Jonathan. 2007. "Apparent Pro-Huckabee Third-Party Group Floods Iowa with Negative Calls." www.politico.com, December 3.

Marton, Krisztina, and Lowndes F. Stephens. 2001. "The New York Times' Conformity to AAPOR Standards of Disclosure for the Reporting of Public Opinion Polls." *Journalism and Mass Communication Quarterly*, 78(3): 484–502.
Meislin, Richard J. 1987. "Racial Divisions Seen in Poll on Howard Beach Attack." *New York Times*, January 8, 16.
Merkle, Daniel M. 1996. "The National Issues Convention Deliberative Poll." *Public Opinion Quarterly* 60 (Winter): 588–619.
Merkle, Daniel M. and Gary Langer. 2008. "How Too Little Can Give You a Little Too Much." *Public Opinion Quarterly* 72 (Spring): 114–124.
Messer, Benjamin L., and Don A. Dillman. 2010. "Using Address Based Sampling to Survey the General Public by Mail vs. 'Web plus Mail'". Paper prepared for The National Science Foundation Division of Science Resource Statistics, March 3.
Meyer, Eugene. 1940. "A Newspaper Publisher Looks at the Polls." *Public Opinion Quarterly* 4 (June): 238–240.
Michael, Robert T., John H. Gagnon, Edward O. Laumann, and Gina Kolata. 1994. *Sex in America: A Definitive Survey.* Boston: Little, Brown.
Michaels, Stuart, and Alain Giami. 1999. "The Polls—Review: Sexual Acts and Sexual Relationships: Asking about Sex in Surveys." *Public Opinion Quarterly* 63 (Fall): 401–420.
Miller, M. Mark, and Robert Hurd. 1982. "Conformity to AAPOR Standards in Newspaper Reporting of Public Opinion Polls." *Public Opinion Quarterly* 46 (Summer): 243–249.
Mills, Kim I. 1993. "Cheers' Fans Wanted to See Sam Malone Single." *Akron Beacon Journal,* May 2, A13.
Mitofsky, Warren J. 1992. "What Went Wrong with Exit Polling in New Hampshire." *Public Perspective* 3 (March/April): 17.
———. 1996. "It's Not Deliberative and It's Not a Poll." *Public Perspective* 7 (December/ January): 4–6.
———. 1999. "Pollsters.com." *Public Perspective* 10 (June/July): 24–26.
———. 2001. "Fool Me Twice." *Public Perspective* 12 (May/June): 35–38
Moore, David W. 2005. "Three in Four Americans Support Euthanasia." Gallup Organization, Gallup News Service, May 17, 1–5.
———. 2009. "Why Pollsters Manipulate Public Opinion." www.pollster.com, January 23.
Moore, David W., and Frank Newport. 1994. "Misreading the Public: The Case of the Holocaust Poll." *Public Perspective* 5 (March/April): 28–29.
Morin, Richard. 1988a. "What Went Wrong?" *Washington Post* National Weekly Edition, February 22–28, 37.
———. 1988b. "Tracking a Formula for Success." *Washington Post* National Weekly Edition, April 25–May 1, 37.
———. 1988c. "Behind the Numbers: Confessions of a Pollster." *Washington Post,* October 16, C1, C4.
———. 1989a. "Where There's a Smoking Poll, There's Smoke." *Washington Post* National Weekly Edition, January 30–February 5, 37.

———. 1989b. "The Answer May Depend on Who Asked the Question." *Washington Post* National Weekly Edition, November 6–21, 38.
———. 1990. "Women Asking Women about Men Asking Women about Men." *Washington Post* National Weekly Edition, January 15–21, 37.
———. 1992a. "Another Contribution to SLOPpy Journalism." *Washington Post* National Weekly Edition, February 10–16, 37.
———. 1992b. "This Time in New Hampshire, A Somewhat More Graceful Exit." *Washington Post* National Weekly Edition, February 24–March 1, 37.
———. 1992c. "Surveying the Surveyors." *Washington Post* National Weekly Edition, March 2–8, 37.
———. 1992d. "Polling '92: Who's on First." *Washington Post,* June 6, A1.
———. 1992e. "Putting the Focus on Presidents and Peanut Butter." *Washington Post* National Weekly Edition, October 19–25, 37.
———. 1993a. "Getting a Handle on the Religious Right." *Washington Post* National Weekly Edition, April 5–11, 37.
———. 1993b. "Economics: A Puzzle to Many." *Washington Post* National Weekly Edition, May 31–June 6, 37.
———. 1993c. "Wrong about the Religious Right." *Washington Post* National Weekly Edition, November 1–7, 37.
———. 1993d. "Ask and You Might Deceive." *Washington Post* National Weekly Edition, December 6–12, 37.
———. 1994a. "Public Enemy No. 1: Crime." *Washington Post* National Weekly Edition, January 24–30, 37.
———. 1994b. "The Answer Depends on the Question." *Washington Post* National Weekly Edition, March 21–27, 37.
———. 1994c. "From Confusing Questions, Confusing Answers." *Washington Post* National Weekly Edition, July 18–24, 37.
———. 1995a. "What Informed Public Opinion?" *Washington Post* National Weekly Edition, June 26–July 2, 34.
———. 1995b. "How Perceptions of Race Can Affect Poll Results." *Washington Post* National Weekly Edition, June 26–July 2, 34.
———. 1995c. "Medicare Changes Get a Jaundiced Look." *Washington Post* National Weekly Edition, July 10–16, 37.
———. 1996a. "What Nature Never Intended." *Washington Post* National Weekly Edition, July 8–14, 34.
———. 1996b. "Taking the Pulse on Pulse-Takers," *Washington Post* National Weekly Edition, September 23–29, 37.
———. 1997a. "Right on the Money." *Washington Post* National Weekly Edition, March 3, 3.
———. 1997b. "Getting Behind a Bigger NATO." *Washington Post* National Weekly Edition, March 24, 35.
———. 1997c. "Public Policy Surveys: Lite and Less Filling." *Washington Post* National Weekly Edition, November 10, 35.

———. 1998a. "The Pollsters' Greatest Enemy: Themselves." *Washington Post* National Weekly Edition, February 23, 35.
———. 1998b. "Missing the Story on Bosnia." *Washington Post* National Weekly Edition, April 27, 35.
———. 1999a. "It's All in the Wording." *Washington Post* National Weekly Edition, January 18, 21.
———. 1999b. "Believe Them, or Not." *Washington Post* National Weekly Edition, July 12, 34.
———. 2001a. "Thou Shalt Not Fund . . ." *Washington Post* National Weekly Edition, April 16–22, 34.
———. 2001b. "Who Goes to the Polls?" *Washington Post* National Weekly Edition, June 4–10, 34.
———. 2002. "That Magic Touch." *Washington Post* National Weekly Edition, November 18–24, 34.
———. 2004. "Surveying the Damage." *Washington Post,* November 21, B1.
Morin, Richard, and John M. Berry. 1996. "Economic Anxieties." *Washington Post* National Weekly Edition, November 4–10, 6–7.
Morin, Richard, and Claudia Deane. 2000. "What's Up with Gallup?" *Washington Post* National Weekly Edition, October 16, 34.
———. 2003. "Reasonable Doubt: Older People Are Less Inclined to Support Invading Iraq." *Washington Post* National Weekly Edition, March 10–16, 34.
Morrison, Patt. 2008. "The 'Bradley Effect' in 2008." *Los Angeles Times,* October 2. www.latimes.com/news/opinion/opinionla/la-oe-morrison2-2008oct02,0, 261322,print.column.
Moskowitz, Joel M. 2004. "Assessment of Cigarette Smoking and Smoking Susceptibility among Youth: Telephone Computer-Assisted Self-Interviews versus Computer-Assisted Telephone Interviews." *Public Opinion Quarterly* 68 (Winter): 565–587.
Munro, Ralph, and Curtis B. Gans. 1988. "Let's Say No to Exit Polls." *New York Times,* November 4, 27.
Murray, Shoon Kathleen. 2006. "Private Polls and Presidential Policymaking: Reagan as a Facilitator of Change." *Public Opinion Quarterly* 70 (Winter): 477–498.
Murray, Shoon Kathleen, and Peter Howard. 2002. "Variation in White House Polling Operations, Carter to Clinton." *Public Opinion Quarterly* 66 (Winter): 527–558.
Nagourney, Adam. 2002. "Cellphones and Caller ID Are Making It Harder for Pollsters to Pick a Winner." *New York Times,* November 5, A20.
National Council on Public Polls (NCPP). 1995. "A Press Warning from the National Council on Public Polls." Press release, May 22.
———. 2000. "Errors Associated with 'Instant' and Overnight Polls." Press release issued by NCPP Polling Review Board, August 14. www.ncpp.org/presspost.htm.
———. 2003. "Poll of Iraq." Polling Review Board, September 15. www.ncpp.org.
———. n.d. "Principles of Disclosure." www.ncpp.org.
———"NCPP Analysis of Final Presidential Pre-Election Polls, 2008." www.ncpp.org, December 18.
National Council on Public Polls, Polling Review Board. 2006. "Statement about Internet Polls." www.ncpp.org/internet.htm.

Neblo, Michael A., Kevin M. Esterling, Ryan P. Kennedy, David M.J. Lazer, and Anand E. Sokhey. 2010. "Who Wants to Deliberate—And Why?" *American Political Science Review* 104 (August): 566–583.

Neuman, W. Russell. 1986. *The Paradox of Mass Politics: Knowledge and Opinion in the American Electorate*. Cambridge: Harvard University Press.

Newport, Frank. 1997. "The Pre-election Polls Performed Well in '96." *Public Perspective* 8 (December/January): 50–51.

———. 2003a. "Six out of Ten Americans Say Homosexual Relations Should Be Recognized as Legal." Gallup Organization, Gallup News Service, May 15.

———. 2003b. "Six in Ten Americans Agree That Gay Sex Should Be Legal." Gallup Organization, Gallup News Service, June 27, 1–6.

———. 2003c. "Public Shifts to More Conservative Stance on Gay Rights." Gallup Organization, Gallup News Service, July 30, 1–6.

———. 2003d. "Americans Maintain Support for U.S. Presence in Iraq." Gallup Organization, Gallup News Service, August 28, 1–13.

———. 2005. "U.S. Catholics Vary Widely on Moral Issues." Gallup Organization, Gallup News Service, April 8, 1–5.

———. 2006. "Where Do Americans Stand on the Wiretapping Issue?" Gallup Organization, Gallup News Service, February 24, 1–5.

New York Times. 2010. "How the Poll Was Conducted." October 28, A18.

Noelle-Neumann, Elisabeth. 1974. "The Spiral of Silence: A Theory of Public Opinion." *Journal of Communication* 24 (Spring): 43–51.

———. 1977. "Turbulence in the Climate of Opinion: Methodological Applications of the Spiral of Silence Theory." *Public Opinion Quarterly* 41 (Summer): 143–158.

Norpoth, Helmut, and Milton Lodge. 1985. "The Difference between Attitudes and Nonattitudes in the Mass Public: Just Measurement?" *American Journal of Political Science* 29 (May): 291–307.

Novak, Robert. 2008. "The Bradley Effect?" *Real Clear Politics,* February 11. www.realclearpolitics.com/articles/2008/02/the_bradley_effect.html.

O'Gorman, Hubert J. 1975. "Pluralistic Ignorance and White Estimates of White Support for Racial Segregation." *Public Opinion Quarterly* 39 (Fall): 313–330.

O'Gorman, Hubert J., and Stephen L. Garry. 1976–1977. "Pluralistic Ignorance— A Replication and Extension." *Public Opinion Quarterly* 40 (Winter): 449–458.

Olson, Kristen, and Andy Peytchev. 2007. "Effect of Interviewer Experience on Interview Pace and Interviewer Attitudes." *Public Opinion Quarterly* 71 (Summer): 273–286.

O'Neill, Harry W. 1997. "An Honorable Profession, Warts and All." Comments delivered on the occasion of receiving the 1997 Award for Outstanding Achievement, New York Chapter, American Association for Public Opinion Research, June 18, 1997, www.mediastudies.org/ho.html, August 6, 2000.

Oreskes, Michael. 1984. "Pollsters Offer Reasons for Disparity in Results." *New York Times,* October 20, A8.

———. 1990. "Drug War Underlines Fickleness of Public." *New York Times,* September 6, A22.

Orton, Barry. 1982. "Phony Polls: The Pollster's Nemesis." *Public Opinion* 5 (June/July): 56–60.

Page, Benjamin I., and Robert Y. Shapiro. 1983. "Effects of Public Opinion on Policy." *American Political Science Review* 77 (March): 175–190.

———. 1992. *The Rational Public: Fifty Years of Trends in Americans' Policy Preferences*. Chicago: University of Chicago Press.

Paletz, David L., Jonathan Y. Short, Helen Baker, Barbara Cookman Campbell, Richard J. Cooper, and Rochelle M. Oeslander. 1980. "Polls in the Media: Content, Credibility, and Consequences." *Public Opinion Quarterly* 44 (Winter): 495–513.

Pascale, Joanne, Marc I. Roemer, and Dean Michael Resnick. 2009. "Medicaid Underreporting in the CPS: Results from a Record Check Study." *Public Opinion Quarterly* 73 (Fall): 497–520.

Patterson, Thomas E. 2005. "Of Polls, Mountains: U.S. Journalists and Their Use of Election Surveys." *Public Opinion Quarterly* 69 (Special Issue): 716–724.

Payne, Stanley L. 1951. *The Art of Asking Questions*. Princeton: Princeton University Press.

Perlmutter, David D. 2002. "Americans Are Long on Opinions." *Columbus Dispatch,* May 1, A7.

Perlstadt, Harry, and Russell E. Holmes. 1987. "The Role of Public Opinion Polling in Health Legislation." *American Journal of Public Health* 77 (May): 612–614.

Perry, Paul. 1979. "Certain Problems in Election Survey Methodology." *Public Opinion Quarterly* 43 (Fall): 312–325.

Peterson, Robert A. 1984. "Asking the Age Question: A Research Note." *Public Opinion Quarterly* 48 (Spring): 379–383.

Petrolia, Daniel R., and Sanjoy Bhattacharjee. 2009. "Revisiting Incentive Effects: Evidence from a Random-Sample Mail Survey on Consumer Preferences for Fuel Ethanol." *Public Opinion Quarterly* 73 (Fall): 537–550.

Peytchev, Andy. 2009. "Survey Breakoff." *Public Opinion Quarterly* 73 (Spring): 74–97.

Phillips, Kevin P. 1976. "Polls Used to Reflect Electability." *Columbus Dispatch,* July 19, B2.

———. 1981. "Polls Are Too Broad in Analysis Divisions." *Columbus Dispatch,* September 8, B3.

Pianin, Eric, and Mario Brossard. 1997. "Hands off Social Security and Medicare." *Washington Post* National Weekly Edition, April 7, 35.

Piekarski, Linda B. 1989. "Choosing between Directory Listed and Random Digit Dialing in Light of New Demographic Findings." Paper presented at the AAPOR Conference, St. Petersburg, Fla.

Piekarski, Linda, Gwen Kaplan, and Jessica Prestgaard. 1999. "Telephony and Telephone Sampling: The Dynamics of Change." www.worldopinion.com/latenews. taf?f=d&news=3966, December 26, 1999.

Plissner, Martin. 2003. "An * for 2002?" *Public Perspective* 14 (January/February): 4–6.

Presser, Stanley, et al. 2004. "Methods for Testing and Evaluating Survey Questions." *Public Opinion Quarterly* 68 (Spring): 109–130.
Presser, Stanley, and Howard Schuman. 1980. "The Measurement of a Middle Position in Attitude Surveys." *Public Opinion Quarterly* 44 (Spring): 70–85.
Prior, Markus. 2009. "The Immensely Inflated News Audience: Assessing Bias in Self-Reported News Exposure." *Public Opinion Quarterly* 73 (Spring): 130–143.
Public Opinion Quarterly. 1987. Fiftieth Anniversary Issue. 51, supplement (Winter): S1–S191.
Rademacher, Eric W., and Andrew E. Smith. 2001. "Poll Call." *Public Perspective* 12 (March/April): 36–37.
Rainie, Lee. 2010. "Internet, Broadband, and Cell Phone Statistics." Washington, D.C.: Pew Research Center for the People and the Press.
Ramirez, Jessica. 2008. "So Right, Yet So Wrong." www.newsweek.com, January 10.
Rao, Kumar, Olena Kaminska, and Allan L. McCutcheon. 2010."Recruiting Probability Samples for a Multi-Mode Research Panel with Internet and Mail Components." *Public Opinion Quarterly* 74 (Spring): 68–84
Reese, Stephen D., Wayne A. Danielson, Pamela J. Shoemaker, Tsan-Kuo Chang, and Huei-Ling Hsu. 1986. "Ethnicity-of-Interviewer Effects among Mexican Americans and Anglos." *Public Opinion Quarterly* 50 (Winter): 563–572.
Robinson, Michael J., and Margaret A. Sheehan. 1983. *Over the Wire and on TV: CBS and UPI in Campaign '80.* New York: Russell Sage Foundation.
Romer, Daniel, Kate Kenski, Paul Waldman, Christopher Adasiewicz, and Kathleen Hall. 2004. *Capturing Campaign Dynamics: The National Annenberg Election Survey.* New York: Oxford University Press.
Roper, Burns W. 1985. "Early Election Calls: The Larger Dangers." *Public Opinion Quarterly* 49 (Spring): 5–9.
Rosenbaum, David E. 1997. "Americans Want a Right to Die. Or So They Think." *New York Times,* June 8, E3.
Rosenstiel, Tom. 2005. "Political Polling and the New Media Culture: A Case of More Being Less." *Public Opinion Quarterly* 69 (Special Issue): 698–715.
Rosenthal, Jack. 2006. "Precisely False vs. Approximately Right: A Reader's Guide to Polls." *New York Times,* August 27, 10.
Rothenberg, Stuart, ed. 1983. *Political Report,* vol.6, August 5.
———. 1985. *Political Report,* vol. 8, October 25.
Rowland, Darrel. 1998. "Abortion Poll: Government Should Have No Say in Decision." *Columbus Dispatch,* May 22, 1E–2E.
———. 1999. "Poll Indicates Support for Concealed-Gun Bill." *Columbus Dispatch,* 7 November, 4A.
———. 2010a. "Kasich up by 17 Points in Poll; Fewer Democrats Plan to Vote than in 2006 or 2008." *Columbus Dispatch*, September 17.
———.2010b. "Quinnipiac Numbers: Poll Has Strickland Gaining on Kasich." *Columbus Dispatch*, October 6.
———. 2010c. "Dueling Polls in Governor's Race: Kasich by 4 vs. Dead Heat." *Columbus Dispatch*, November 1.

Rubin, Alissa J. 2000. "Americans Narrowing Support for Abortion." *Los Angeles Times,* June 18.

Salwen, Michael B. 1985. "Does Poll Coverage Improve as Presidential Vote Nears?" *Journalism Quarterly* 62 (Winter): 887–891.

Schier, Steven E. 2006. "False Justification." *Washington Times,* June 27.

Schneider, William. 1989. "One Poll May Be Worse Than None." *National Journal,* December: 2970.

Schuman, Howard, and Jean M. Converse. 1971. "The Effects of Black and White Interviewers on Black Responses in 1968." *Public Opinion Quarterly* 35 (Spring): 44–68.

Schuman, Howard, Graham Kalton, and Jacob Ludwig. 1983. "Context and Contiguity in Survey Questionnaires." *Public Opinion Quarterly* 47 (Spring): 112–115.

Schuman, Howard, and Stanley Presser. 1977. "Question Wording as an Independent Variable in Survey Analysis." *Sociological Methods and Research* 6 (November): 151–170.

———. 1981. *Questions and Answers in Attitude Surveys: Experiments on Question Form, Wording, and Context.* New York: Academic Press.

Schuman, Howard, Stanley Presser, and Jacob Ludwig. 1981. "Context Effects on Survey Responses to Questions about Abortion." *Public Opinion Quarterly* 45 (Summer): 216–223.

Schwarz, Norbert, and Hans J. Hippler. 1995. "Subsequent Questions May Influence Answers to Preceding Questions in Mail Surveys." *Public Opinion Quarterly* 59 (Spring): 93–97.

Shapiro, Robert Y., and Lawrence R. Jacobs. 2002. "Public Opinion, Foreign Policy, and Democracy: How Presidents Use Public Opinion." In *Navigating Public Opinion: Polls, Policy and the Future of American Democracy,* edited by Jeff Manza, Fay Lomax Cook, and Benjamin Page, 184–200. New York: Oxford University Press.

Shlapentokh, Vladimir. 1994. "The 1993 Russian Election Polls." *Public Opinion Quarterly* 58 (Winter): 579–602.

Sigel, Roberta S. 1996. *Ambition and Accommodation: How Women View Gender Relations.* Chicago: University of Chicago Press.

Silver, Nate. 2008. "Debunking the Bradley Effect." *Newsweek*, October 21. www.newsweek.com/2008/10/20debunking-the-bradley-effect.print.html.

Smith, Andrew E., and Clark Hubbard. 2000. "First in the Nation: Lessons Learned from New Hampshire." *Public Perspective,* May/June, 46–49.

Smith, Ted. J., III, and J. Michael Hogan. 1987. "Public Opinion and the Panama Canal Treaties of 1977." *Public Opinion Quarterly* 51 (Spring): 5–30.

Smith, Tom W. 1984. "Nonattitudes: A Review and Evaluation." In *Surveying Subjective Phenomena,* vol. 2, edited by Charles F. Turner and Elizabeth Martin, 215–255. New York: Russell Sage Foundation.

———. 1987. "How Comics and Cartoons View Public Opinion Surveys." *Journalism Quarterly* 64: 208–211.

———. 1988. "Speaking Out: Hite vs. Abby in Methodological Messes." *AAPOR News,* Spring, 3–4.

———. 1993. "Actual Trends or Measurement Artifacts? A Review of Three Studies of Anti-Semitism." *Public Opinion Quarterly* 57 (Fall): 380–393.

———. 2002. "Reporting Survey Nonresponse in Academic Journals." *International Journal of Public Opinion Research* 14 (4): 469–474.

———. 2003. "An Experimental Comparison of Knowledge Networks and the GSS." *International Journal of Public Opinion Research* 15 (2): 167–178.

Smyth, Jolene D., Leah Melani Christian, and Don A. Dillman. 2008. "Does "Yes or No" on the Telephone Mean the Same as "Check-All-That-Apply" on the Web?" *Public Opinion Quarterly* 72 (Spring): 103–113.

Smyth, Jolene D., Don A. Dillman, Leah Melani Christian, and Mallory McBride. 2009. "Open-Ended Questions in Web Surveys: Can Increasing the Size of Answer Boxes and Providing Extra Verbal Instructions Improve Response Quality?" *Public Opinion Quarterly* 73 (Summer): 325–337.

Smyth, Jolene D., Don A. Dillman, Leah Melani Christian, and Michael J. Stern. 2006. "Comparing Check-All and Forced-Choice Question Formats in Web Surveys." *Public Opinion Quarterly* 70 (Spring): 66–77.

Sniderman, Paul, Edward Carmines, Philip Tetlock, and Anthony Tyler. 1993. In Richard Morin, "Racism Knows No Party Lines." *Washington Post* National Weekly Edition, September 20–26, 37.

Solop, Frederic I., and Kristi K. Hagen. 2002. "War or War?" *Public Perspective* 13 (July/August): 36–37.

Specter, Michael. 1996. "Russian Pollsters Are Seldom Right." *New York Times,* May 15, A1.

Squire, Peverill. 1988. "Why the 1936 *Literary Digest* Poll Failed." *Public Opinion Quarterly* 52 (Spring): 125–133.

Squires, Sally, and Richard Morin. 1987. "What Is This Thing Called Love?" *Washington Post* National Weekly Edition, November 16, 37.

Stephens, Scott, and John Mangels. 2002. "Poll: Teach More Than Evolution." *Cleveland Plain Dealer,* June 9, A1.

Stevenson, Richard W. 2000. "Tuesday's Big Test: How Deep in the Heart of Taxes." *New York Times,* January 30, 3.

Stokes, Bruce. 2009. "Not So Popular Where It Counts." *National Journal* 23 (July 25): 2.

Sturgis, Patrick, Caroline Roberts, and Nick Allum. 2005. "A Different Take on the Deliberative Poll: Information, Deliberation, and Attitude Constraint." *Public Opinion Quarterly* 69 (Spring): 30–65.

Sudman, Seymour. 1986. "Do Exit Polls Influence Voting Behavior?" *Public Opinion Quarterly* 50 (Fall): 331–339.

Survey Sampling Inc. 1997. "Sacramento Is Most Unlisted." *The Frame,* March, 1.

Sussman, Barry. 1984. "Do-It-Yourself Tax Reform: Many Think Cheating Is Okay." *Washington Post* National Weekly Edition, May 28, 36.

———. 1985a. "To Understand These Polls, You Have to Read the Fine Print." *Washington Post* National Weekly Edition, March 4, 37.

———. 1985b. "Americans Prefer Tax Cheating to Being Paid to Inform the IRS." *Washington Post* National Weekly Edition, May 13, 37.
———. 1985c. "Pollsters Cheer Up about Public's Opinions of Polls." *Washington Post* National Weekly Edition, June 3, 37.
———. 1985d. "Do Pre-election Polls Influence People to Switch Their Votes?" *Washington Post* National Weekly Edition, 10 June, 37.
———. 1986. "With Pornography, It All Depends on Who's Doing the Looking." *Washington Post* National Weekly Edition, 24 March, 37.
Taylor, Humphrey, John Brenner, Cary Overmeyer, Jonathan W. Siegel, and George Terhanian. 2001. "Touchdown! Online Polling Scores Big in November 2000." *Public Perspective,* March/April, 38–39.
Taylor, Marylee C. 1983. "The Black-and-White Model of Attitude Stability: A Latent Class Examination of Opinion and Nonopinion in the American Public." *American Journal of Sociology* 89 (September): 373–401.
Teitler, Julien O., Nancy E. Reichman, and Susan Sprachman. 2003. "Costs and Benefits of Improving Response Rates for a Hard-to-Reach Population." *Public Opinion Quarterly* 67 (Spring): 126–138.
Tenpas, Kathryn Dunn. 2003. "Words vs. Deeds: President George W. Bush and Polling." *Brookings Review,* Summer, 32–35.
Torry, Jack. 2002. "Battelle Computer under Fire for Election Flop." *Columbus Dispatch,* November 13, A4.
Tourangeau, Roger, Mick P. Couper, and Frederick Conrad. 2004. "Spacing, Position and Order: Interpretive Heuristics for Visual Features of Survey Questions." *Public Opinion Quarterly* 68 (Fall): 368–393.
Tourangeau, Roger, and Tom W. Smith. 1996. "Asking Sensitive Questions: The Impact of Data Collection Mode, Question Format, and Question Context." *Public Opinion Quarterly* 60 (Summer): 181–227.
Traugott, Michael W. 1987. "The Importance of Persistence in Respondent Selection for Preelection Surveys." *Public Opinion Quarterly* 51 (Spring): 48–57.
———. 1992. "A General Good Showing, but Much Work Remains to Be Done." *Public Perspective* 4 (November/December): 14–16.
———. 2001. "Assessing Poll Performance in the 2000 Campaign." *AAPOR News* 28 (Winter): 4–5.
———. 2005. "The Accuracy of the National Preelection Polls in the 2004 Presidential Election." *Public Opinion Quarterly* 73 (Special Issue): 642–654.
Traugott, Michael W., Benjamin Highton, and Henry E. Brady. 2005. *A Review of Recent Controversies Concerning the 2004 Presidential Election Exit Polls.* New York: National Research Commission on Elections and Voting. A Project of the Social Science Research Council. March 10.
Traugott, Michael W., and Vincent Price. 1992. "Exit Polls in the 1989 Virginia Gubernatorial Race: Where Did They Go Wrong?" *Public Opinion Quarterly* 56 (Summer): 245–253.
Tucker, Clyde, James M. Lepkowski, and Linda Piekarski. 2002. "The Current Efficiency of List-Assisted Telephone Sampling Designs." *Public Opinion Quarterly* 66 (Fall): 321–338.

U.S. Census Bureau. 2009. Current Population Survey, October.

Viser, Matt, and Frank Phillips. 2010. "Senate Poll: Coakley up 15 Points." *Boston Globe*, January 10.

Visser, Penny S., Jon A Krosnick, Jesse Marquette, and Michael Curtin. 1996. "Mail Surveys for Election Forecasting: An Evaluation of the *Columbus Dispatch* Poll." *Public Opinion Quarterly* 59 (Spring): 98–132.

Voss, D. Stephen, Andrew Gelman, and Gary King. 1995. "Preelection Survey Methodology: Details from Eight Polling Organizations, 1988 and 1992." *Public Opinion Quarterly* 59 (Spring): 98–132.

Wagner, James. 2010. "The Fraction of Missing Information as a Tool for Monitoring the Quality of Survey Data." *Public Opinion Quarterly* 74 (Summer): 223–243.

Wanke, Michaela. 1996. "Comparative Judgments as a Function of the Direction of Comparison versus Word Order." *Public Opinion Quarterly* 60 (Fall): 400–409.

Wanke, Michaela, Norbert Schwarz, and Elisabeth Noelle-Neumann. 1995. "Asking Comparative Questions: The Impact of the Direction of the Comparison." *Public Opinion Quarterly* 59 (Fall): 347–352.

Wasserman, Lee. 2010. "Four Ways to Kill a Climate Bill." *New York Times,* July 26, A23.

Weeks, Michael F., and R. Paul Moore. 1981. "Ethnicity-of-Interviewer Effects on Ethnic Respondents." *Public Opinion Quarterly* 45 (Summer): 245–249.

Weisberg, Herbert F. 2005. *The Total Survey Error Approach: A Guide to the New Science of Survey Research*. Chicago and London: University of Chicago Press.

Weissberg, Robert. 2001. *Why Policymakers Should Ignore Public Opinion Polls.* Cato Policy Analysis No. 402, 1–16. Washington, D.C.: Cato Institute.

Weissman, Stephen R., and Ruth A. Hassan. 2005. *Public Opinion Polls Concerning Public Financing of Federal Elections 1972–2000.* Washington, D.C.: Campaign Finance Institute.

Welch, R. L. 2002. "Polls, Polls, and More Polls: An Evaluation of How Public Opinion Polls Are Reported in Newspapers." *Harvard International Journal of Press/Politics* 7 (1): 102–114.

Wiese, Cheryl J. 1998. "Refusal Conversion: What Is Gained?" *National Network of State Polls Newsletter* 32 (Spring).

Williams, Brian. 2001. "Most Ohioans Back Passenger Trains, OSU Survey Finds." *Columbus Dispatch,* March 12, C5.

Winkler, Karen J. 1996. "Organizer Hails Results of Political-Science Experiment." *Chronicle of Higher Education,* February 2, A13.

Witt, Evans. 2001. "People Who Count." *Public Perspective* 12 (July/August): 25–28.

Woolley, Peter J., and Dan Cassino. 2006. "Bush Withers Republicans in Garden State Senate Races." *Polling Report,* August 28, 1, 7–8.

Wright, Debra L., William S. Aquilino, and Andrew J. Supple. 1998. "A Comparison of Computer-Assisted and Paper-and-Pencil Self-Administered Questionnaires in a Survey on Smoking, Alcohol, and Drug Use." *Public Opinion Quarterly* 62 (Fall): 331–353.

Wright, James D. 1981. "Public Opinion and Gun Control: A Comparison of Results from Two Recent National Surveys." *Annals of the American Academy of Political and Social Science* 455 (May): 24–39.

Zaller, John, and Stanley Feldman. 1992. "A Simple Theory of the Survey Response: Answering Questions versus Revealing Preferences." *American Journal of Political Science* 36 (August): 579–616.

Zinsmeister, Karl. 2003. "Summary and Analysis of the First Iraq Poll." The American Enterprise Online, September 10. www.taemag.com/issues/articleID.17697/article_detail.asp.

Zogby, John. 2008. "Polling the New Hampshire Primaries: What Happened?" www.huffingtonpost.com, January 9.

Zukin, Cliff. 2004. "Sources of Variation in Published Election Polling: A Primer." www.aapor.org/pdfs/varsource.pdf.

國家圖書館出版品預行編目資料

讀懂民調：讓公民變民調專家／Herbert Asher著；陳陸輝譯. --二版. --臺北市：五南, 2017.02
面； 公分
譯自：Polling and the public: what every citizen should know
ISBN 978-957-11-9027-3（平裝）
1.民意調查
540.19　　106000387

1P13

讀懂民調：讓公民變民調專家

Polling and the Public: What Every Citizen Should Know

作　　者 — Herbert Asher
譯　　者 — 陳陸輝(266.5)
發 行 人 — 楊榮川
總 編 輯 — 王翠華
主　　編 — 劉靜芬
責任編輯 — 吳肇恩
出 版 者 — 五南圖書出版股份有限公司
地　　址：106台北市大安區和平東路二段339號4樓
電　　話：(02)2705-5066　　傳　　真：(02)2706-6100
網　　址：http://www.wunan.com.tw
電子郵件：wunan@wunan.com.tw
劃撥帳號：01068953
戶　　名：五南圖書出版股份有限公司
法律顧問　林勝安律師事務所　林勝安律師
出版日期　2017年2月二版一刷
定　　價　新臺幣380元

凝煉知識品味閱讀

凝煉知識品味閱讀